FUTURE

FUTURE

FUTURE

FUTURE

ASTROLOGY
and the
AUTHENTIC SELF

INTEGRATING TRADITIONAL AND MODERN ASTROLOGY
TO UNCOVER THE ESSENCE OF THE BIRTH CHART

占星與真我

整合古典與現代占星學
揭開誕生星盤的本質

國際占星權威

Demetra George

迪米特拉‧喬治

著

王柏綠 ——— 譯 　瑪碁斯 Maki S. Zhai ——— 審校

ASTROLOGY AND THE AUTHENTIC SELF
FIRST PUBLISHED BY IBIS PRESS AN IMPRINT OF NICOLAS-HAYS, INC., LAKE WORTH, FLORIDA, USA IN 2008

Part 1　奠定基礎

Part 2　建立骨架

Part 3　發展結構

Part 4　活在星盤裡的人

—— 推薦序 ——

融合古典占星
與現代占星的第一本

　　近代西方占星學傳進臺灣已有將近五十年的歷史，其發展主要分為兩大脈絡，一條是普羅大眾人人上口的「星座學」與「星座專欄」，另一條則是沿著西方占星界進化軌跡的現代占星學與古典占星學，包括現代心理占星學、靈魂占星學與演化占星學，以及近二十年，隨「後見之明古典占星復興運動」而再度甦醒的中世紀占星學以及希臘化時期占星學。

　　由此可見，占星學在注重身心靈成長的臺灣是一門顯學，然而，在相關教育裡，卻始終欠缺實質的「占星師職業教育」，使得有心有能朝向職業道路的占星學子，在眾多學派百家爭鳴的時代背景中，反而迷失在看似學不盡又無法有效掌握的學科技巧，糾結著終究命定抑或自由意志的雙重枷鎖，苦惱於自身未決以及如何應對客戶的各式問題之中，戰戰兢兢匆忙上路的結果，形同盲人為盲人指路，在各自心理機轉交錯作用下，迷信與錯信的亂象可見一斑，而這些亂象都指向幾點需要省思與釐清的核心議題：

一、占星師的職業角色與定位。

二、占星師的職業倫理。

三、古今占星學技術的融合與價值最大化。

四、理論與實務兼備的教育傳承。

以上四點都直接關乎二十一世紀執業占星家如何將傳承四千餘年寶貴的占星學技術，應用於利人利己的初衷。

占星師的職業角色與定位

在遠古各大文明裡，占星師的角色多為祭司，其職責是觀測天象、推算節氣與制定曆法，在「君權神授」的時代背景中，與宗教緊密相繫，同時負起祭祀祝禱與心靈療癒的工作；而在古希臘時期，該學術是柏拉圖主張的自由七藝（Liberal arts）之一，中世紀初期到文藝復興初期，皆是學術教育裡的一門。

但是，隨著「打破神權」的文化脈動、經過十七世紀科學革命與十八世紀啟蒙時代之後，占星學原本天文觀測的面向被天文物理學所取代，而心靈現象解析與療癒的功能則由生理醫學所取代。從這裡，我們或許可以自問：「占星學還剩下什麼？」、「占星師可以做的還有什麼？」，或者，從自省的角度來看：「占星師沒做到的是什麼？」

占星師的職業倫理

哥白尼的「日心說」與開普勒的「行星運動三大定律」不只撼動了西方由來已久的宗教觀與神權主義，也震垮了以地心系統為根基的占星學。

那是四百多年前的事，如今，當諸多天文實相被揭露，當我們平心靜氣回頭審視，便能看清「日心說」與「地心說」不過是觀點與研究範圍的差異，真正震垮占星學的，是從人類內心迸發而出，那個實現真實自我的欲求，這個部分，我們可以從近代沿著存在主義所興起的人本心理學窺知一二。

同樣地，我們也可以從近代依附並借鏡心理學而轉型的現代占星學與現代心理占星學得到證實。這些現象，意味著西方占星界已經明確意識到占星師的工作方式必須有所改變，必須以人為本，以客戶的最高福祉為目標，站在理智客觀、慈悲同理的立場，促進客戶的自我覺察與自我實現。這是西方占星界借鏡心理學，訂定「占星師職業倫理」的主要目的。

古今占星學技術的融合與價值最大化

二十世紀末，占星學子與執業占星家最大的困境在於古今占星

技術與觀點所衝撞出的矛盾。現代派認為古典派過於悲觀宿命、剛愎武斷而容易造成客戶精神焦慮、喪失自信，古典派則認為現代派的自由意志毫無方向、只求療癒卻容易造成客戶更加迷茫、無法決策。以上或許都是實情，但更進一步來看，彼此的指責不正是各自所欠缺的？要破解這樣的矛盾，或許可以自問三個問題：（一）客戶為何來找占星師，而不是心理師、精神科醫師或天文學家？（二）當一個孩子出生便患有先天心臟疾病或唐氏症，那麼，對那孩子而言，那是他的命定？或是他自由意志的選擇？（三）占星師有多大的可能性接到人生正站在巔峰、開心來尋求諮詢的客戶？如果那可能性是低的，那麼客戶尋求的是什麼？

理論與實務兼備的教育傳承

二十一世紀的占星學子是幸運的，但也是繁忙疲累的。幸運的是我們身在一個古今占星學匯流且資訊豐富的時代，能夠快速地進行驗證與研究，但疲累的也正是因為資訊爆炸而出現的選擇困難與焦慮，總覺得自己學的技巧太少，而不是因為忽略了根本的基礎天文知識與單點深入占星語彙的核心內涵；在這份以人為對象，一對一的助人工作上，竟然什麼都學，偏偏就是不知如何應對客戶，這聽起來彷彿醫學院生未經實習就進了手術室為病患開刀，專業的養成總缺關鍵的臨門一腳。

《占星與真我》出版於二○○八年，正值古今占星學派彼此衝

撞與匯流的時刻，作者迪米特拉‧喬治兼備現代占星學與古代希臘占星學的專業背景，她以「尋求真實自我」為命題，於國際占星界首位提出占星師可以如何從古典占星學派與現代占星學派各取所長，並基於職業倫理的自覺與自律之上，將占星師的客觀分析技術與諮詢師的同理對談技巧加以有效整合，以達到協助客戶的目的。

　　本書雖因篇幅而縱深有限，但橫向範圍涵蓋廣泛，適合古今學派各階段占星學子與執業占星師作為學習與實務應用的指南。筆者依個人經驗另建議如下：

- 對初學者而言，本書從基礎出發，指出一條未來世代占星家應兼備理性與感性的實踐之路，指出每一步驟淺出的腳印之下，應當持續深入穩紮的學術與技術。換言之，本書中所有的專有名詞、定義與用法，都是初學者應持續深入理解、掌握與熟練的重要課題。

- 對執業占星師來說，本書從職業倫理與實務應用的角度切入，引領重新認識占星師的職業目的與角色。依六十分鐘諮詢作為計畫範本，精煉解盤技巧，並模擬回應客戶的常見問題，以期諮詢成效之最大化。

- 對於古典占星學派的讀者，本書所提出的「四女神星」與「神話隱喻技巧」，以及職業倫理相關問題等，都是值得擴充的專業範圍。

- 對於現代占星學派的讀者，本書裡所提整星座相位、廟旺弱陷行星主管系統與行星的狀態判斷，都是有助於切入星盤核心議題的關鍵技術。

- 對所有讀者而言，詹姆斯・希爾曼（James Hillman）的「橡實理論」有助於我們理解靈魂的目的與生命的價值，並在宿命論與自由意志論之間取得平衡。

　　本書不僅獲選為美國開普勒占星學院的指定讀本，美國 NCGR-PAA 專業認證占星師聯盟二〇〇八年、二〇一五年推薦讀本，至今仍為美國亞馬遜網路書店占星學專業類別的長銷書籍，而本書中文版也將是美國 NCGR 占星研究協會臺灣分會推薦書籍，以及筆者所辦專業占星師認證輔導課程的指定讀本。

　　茲此誠心推薦，願有緣者皆能受惠。

美國 NCGR 占星研究協會　臺灣分會會長／智者星象學院院長
瑪碁斯

—— 推薦序 ——

提供執業占星師與
初階學子的扎實解盤技巧

　　西方占星學的發展歷程中，最具磅礴氣勢的階段當屬二十世紀，曾發生幾項重大轉折與新技術的開發。新元素的注入，豐富占星學許多內容及詮釋觀點或方向的差異。此處僅列出與本書作者較有關聯的項目。

Ⅰ.二十世紀初，結合潛意識和人本主義等重要心理學派，形成現代心理占星學，其中容格的動力心理學說的注入，丹·魯迪海爾（Dane Rudhyar）強調以人為本的說法，影響最為深遠，約在一九五〇到一九九〇間，幾成為顯學。

Ⅱ.一九七〇年代興起小行星（Asteroids），如凱龍（Chiron）、穀神（Ceres）、智神（Pallas）、婚神（Juno）、灶神（Vesta）、暗月或莉莉絲（Lilith）等效應的解說，著重心理層面的創傷與療癒。

Ⅲ.一九九〇年代三個「羅勃」，即羅勃·漢德（Robert Hand）、羅勃·史密特（Robert Schmidt）、羅勃·左拉（Robert Zoller）掀起占星學的復古運動，重新翻譯、注釋希臘／中世紀等重要古典占

星學名著，讓一些甚為實用的古典技巧重現天日，進而再度引領風騷。

迪米特拉‧喬治從一九七一年開始學習占星學，正值現代心理占星學當道，她充分理解容格的原型學說（Archetype Theory），深入小行星效應的研究，曾撰寫這方面的相關書籍，頗受注目。後來在一九九三年讀到羅勃‧史密特注釋的古典占星學書籍，為想更澈底了解語言文法的使用，重新回到大學念希臘語／拉丁語的碩士課程，也跟隨這位大師研讀古典占星，得以在美國西雅圖的開普勒占星學院教導占星學歷史，就在今年二〇一九，總結出版大部頭《古典占星學的理論與實務：第一部》（Ancient Astrology：In Theory and Practice Part I）。

放眼當今西方占星學家，能橫跨現代與傳統領域，且都有相當成就的，可說少之又少，但迪米特拉卻辦到了。筆者曾分門別類收集各名家的著作與文章，相當敬佩她好學不倦的精神與毅力，治學嚴謹的態度值得推崇。本書開宗明義地以希臘先哲柏拉圖《蒂邁歐》（Timaeus）和著名的容格原型學說繼承人詹姆斯‧希爾曼（James Hillman）《靈魂密碼》（The Soul's Code）所解說的橡實理論（Acron Theory）來建構占星學的哲學基礎。

《蒂邁歐》整篇的核心要義就是「宇宙是有生命的，賦予靈魂和智能，所有事物都由它的心靈發散出來」，西元三世紀普羅提諾（Plotinus）在柏拉圖哲學的基礎下，發展新柏拉圖主義，提倡「太

一流溢說」，即太一（宇宙心靈）流溢出各種層級的萬有，其中行星／恆星等星體屬於中層級對應著上層級的諸神，以及下層級的塵世，他不認為行星／恆星與塵世事件具因果關係，卻有著徵象類比，因而可就天宮圖來推衍命主各項生活領域所涉及的人、事、物。

「橡實理論」則認為橡樹果實本身已經蘊含長大成為橡樹的可能性，這種潛能是天賦的，早已在那裡了。每個人從出生時刻起，就已擁有成為獨特的個體潛能，簡單地說，個體天生就已具有獨特的原型，亦即「天生我材必有用」，能活出個人天賦。迪米特拉以她多年占星實證經驗，認為藉由天宮圖諸要素的徵象類比，能推衍出命主的生命潛能，了解其個人的獨特特質，包含召喚（Calling）、命運、性格與先天意象。

這本《占星與真我》條理有序地敘說如何解盤，旨在提供給作者教導過的學生和已具初階占星學知識的學子們有個步驟循序漸進，當能突破看盤的迷惑。迪米特拉主要以古典占星學的法則作為基礎架構，逐一解說各項要素的意義與應用，再加上小行星的神話原型，來描述心理象徵及如何療癒，我想讀者只要耐心地跟隨書中敘述的解盤步驟，勤加實證，當可體會她的真心，筆者感佩她的不藏私，也從中獲益不少，故樂為之序。

天人之際占星學會顧問

秦瑞生

—— 中文版序 ——

致亞洲華文的讀者們

　　我們占星家在二十一世紀所繼承的教導，是透過全世界共同努力的發展而來，這樣的努力已經持續了四千多年，並且遍及全球。在許多不同文化的早期史料中，記載著巴比倫、中國、印度和埃及的上古先人，他們仰望著夜空，凝視著星辰，為天上與塵世間的一致性與呼應性畫下了意義——天上如是，地上如斯。

　　歷史上不同時期的文化之間都彼此存在著聯繫：遷移、入侵、貿易，甚至是更複雜的溝通辦法，於是知識隨著商人們與入侵者一起遷移，隨著天文學、星辰動態，以及占星學等科學和數學相關文本的傳播，星辰的意涵也被應用於人們的生活之中。

　　占星文本使人們更加了解個體在宇宙中所處的位置，以及開始一件事情時最吉祥的時刻，這些文本受到異地文化的熱烈歡迎，並且被熱切翻譯和傳播，這些翻譯的時期，往往促成了學習上的極大迴響，一種文化注入了另一種文化的智慧，適應並融合成屬於他們自己獨特的特色而開始新的技術，從而使整個占星學的智慧不斷擴展且越加豐富。

　　在過去一個世紀裡，許多華人傳統占星術、中醫、哲學和宗教一起進入了西方，所有這些教義，為那些將目光投向亞洲尋求靈性提升的求道者提供了洞見與益處。近年來，西方占星學湧入華文世界，很榮幸我的書《占星與真我》是東西方文化交流的一小部分，能為保存占星學傳統與傳承後世略盡棉力。

　　我從一九七一年開始研究占星學，當時的當代典範是嶄新、新興、創新的，所提倡的是現代的、心理的、人道主義、以人為本的占星學，而占星學被視為是療癒心靈與個人轉化的工具。雖然我們知道占星學歷史悠久，但鮮少有人知道這段歷史的細節。

　　在擔任現代占星家近二十五年後，我在一九九三年邂逅了「後見之明古典占星復興計畫」（Project Hindsight）發布的第一本古希臘占星學譯本，那是兩千多年來，西方占星家首次以英語進入天宮圖占星學源頭的重要原始文本。

　　和過去一樣，將文本翻譯成新的語言，激發了思想革命，幾年後，我回到大學並獲得希臘語和拉丁語的碩士學位，因為唯有如此，我才能參與這項令人興奮且如此具有開創性研究的重要機會。

　　那個學位使我有資格成為開普勒占星學院的第一批教師。二〇〇〇到二〇〇六年，我在那裡教授古代占星學史。在「後見之明古典占星復興計畫」主要翻譯者羅勃‧史密特（Robert Schmidt）的

監督下，我還教授了有史以來第一期的希臘占星學課程，於此同時，我也是一名歷經長期訓練的現代占星家，而當時開普勒的學生也有相同的背景導向（當時關於其他占星傳統和文化的信息非常少，而且有限）。在占星學理論背後，新舊思維體系的結合帶來了更深層次的理解、更精確的解釋以及諮詢時間安排的方法，但是，也出現許多挑戰、爭論，以及如何協調兩個系統之間的差異與分歧。

《占星與真我》於二〇〇八年出版，是我試圖彌合這些差異，並將古老智慧的教義融入當代職業占星師與客戶的需求之中。古典占星學可以為現代占星學的貢獻提供堅實的基礎，強化靈魂療癒與意識的成長。今年我發表了最新的作品《古代占星學的理論與實務：第一部》（*Ancient Astrology In Theory and Practice*）（Rubedo Press，2019），然而，《占星與真我》更能協助現代占星家跨越虛幻的分界，並開始以 一種易於整合與協調新舊的方式結合古典占星學。

占星學是一項生活智慧的傳統，總是採取先天本質來孕育後天的成長。我希望本書的華文讀者可以運用它，從過去的探索中，將新發現的寶貴貢獻，帶入一個正以我們無法想像的方式迅速變化的未來。人，總是看著星星找到自己的路。

感謝開普勒占星學院的學生，他們對學習的渴望激發了我寫這本書的靈感。

感謝商周出版社協力出版此書，感謝瑪碁斯為了將本書帶給華人占星師的願景，以及她的團隊——瑩穎、柏綠和芊地，這段時日以來不懈地努力，另外特別感謝秦瑞生先生為此書作序推薦。

再次感謝。

迪米特拉·喬治
二〇一九年八月十七日
尤金，俄勒岡州，美國

—— 作者序 ——

傳其心法，授其真義

　　《占星與真我》是揭示誕生星盤重要意義的指南，是為那些渴望提供客戶關於星盤深度見解，並且協助當事人擁有生活意義與目標的執業占星師所寫的。

　　個人的價值，源自於從事自己所長之事，而占星學提供了發掘並肯定個人潛能的方法。當中的討論，整合了古典占星學的基礎，能清楚且分析式地評量個人的生命潛能，同時也具備了從原型角度切入，以療癒心靈為目標的現代占星學。

　　本書是寫給我三十五年占星教學生涯中所教授過的學生，以及那些尚未相遇的學生們，在我寫作時，你們的臉孔一個個浮現在我眼前，這些字字句句，都是我想對你們說的話，希望能夠向你們傳達我的心法精要 —— 當我專注解讀客戶星盤時，從最基礎根本的法則中所萃取出的深刻洞察；而我寫作的最終動機，是希望替他人指出理解自我生命本質意義的道路，以造福他人。

　　本書並不會詳盡處理占星學的每個理論，也不會針對我所談到

的理論作完整的講述，而旨在直指星盤核心，從中提煉出生命最重要的本質，並在一小時的諮詢當中提供有意義的說明。作為占星諮詢師，我們的工作是解讀星盤，並且在有限的時間之內，傳達我們所看到最核心重要的訊息，因此，我們必須字字珠璣。我的目的是提出一種完全簡單、清晰、條理分明的方法，來判斷誕生星盤裡所揭示的生命目的，我的模式是運用古典占星的方法與準則，替以療癒心靈為目的的現代心理占星觀點，提供一個堅實的結構基礎。

綜觀全書，關鍵在於：**如何將你身為占星師所知的事，與身為諮詢師該說的事，相互結合**。作為占星師，你必須對客戶人生中可能實現的主題和事件，以及那些根據占星跡象不太可能展開的主題做出適當的判斷，在這方面，古典占星技巧可以協助你進行分析。但作為一名諮詢師，你不宜傳達可能使客戶感到絕望和失落的訊息，你的工作，是要巧妙地引導客戶遠離那些可能徒勞無功的活動內容，並引導他們走向星盤指示能夠實現生命目的的部分；作為諮詢師，你披著療癒師的斗篷。

本書中描述的所有實務技巧之基礎與報告，其哲學性的前提是建立在：**我們生活在一個充滿創造性智慧與內在秩序的宇宙意識之中，每個生命，對於更大的整體而言都具有一個目的，而占星學正是辨別這個目的的方法之一**；本命星盤則是為了助人活出這個目的而組成，通常與個人最自然和本能的反應相符，並為我們的日常生活帶來意義；它也描述了我們生來帶有的業力或命定的狀態，但是，正是我

們對命定的回應，塑造著我們的命運，而恩典確實存在於特殊狀況之中。

—— 前言 ——

誕生星盤是人生重要意義的藍圖

　　有些人來找占星師，是為了獲得關於特定問題或主題的具體資訊，有些人則是出於一時好奇，但有許多人來，是因為他們感到迷惘、困惑、驚恐，或是覺得疏離。他們的來訪是為了尋找能夠賦予自己生命意義的人事物，希望占星師能夠指引他們正確的方向。

　　這類尋求背後所隱含的疑惑，觸及了探究宇宙本質與人類立命之因的渴望 —— 是否每個稍縱即逝的生命，都有自我召喚來經驗的超然目的？而這個召喚，是否是更大宇宙有機整體裡所計畫的一部分？如果認出了這個自我召喚，是否就能夠讓我們感受到生命是內在真我的如實展現？以及是否能夠賦予我們獨特的天命之感與特定意圖的目標，藉以形塑並告訴我們從出生到死亡的發展過程中，所有日常活動的意義？

　　本書的前提是，**我們每個人都有著自己的生命目的，這個目的，在某種程度上即是「增進世上他人的福祉」，對於我們每一個人來說，去了解和完成這個目的是很重要的，而占星學可以為這種個人意義的啟發帶來洞見。**儘管占星學可以清楚描述你的個性、命運與財

富，但它的最高表現，則是成為進入你靈魂的一扇窗，協助你活出一種為了更美好的事物去展現真實自我的人生。

詹姆斯・希爾曼（James Hillman）在《靈魂密碼》（*The Soul's Code*）一書中說到：「自我召喚，與命運、個性、與生俱來的形象有關，每個人都擁有一種存在必要的獨特性，並且在它出生之前早已命定，共同構成了『橡實理論』。」他認為我們每個人都有一種圖像，引導著我們走向某個目的和命運，而這種圖像從出生的那一刻就已然存在 ①。我們將探討占星學是如何成為一種揭示命運的方法。

兩千多年以前，希臘哲學家柏拉圖在他的宇宙學論文《蒂邁歐篇》（*Timaeus*）提到：世界是由具有靈魂與智慧的生物所構成 ②，只有在這樣的世界裡，占星學才能成為自我實現的工具。

在一個有意識和生命的宇宙之中，一切事物皆源於宇宙的思想；天體以光點呈現，是高層意識可見的顯化，作為上天與地球的媒介。從神性中傾瀉而出的共振與它們產生了交互影響，在誕生那一刻的天體配置，反映了啟動人類生命所及的時空範圍，並標示著生命朝向目的前進的思維模式，如同橡實裡的橡樹，最終的結果隱含在最初的時刻；儘管苦樂參半是身為人類應有的承擔，但在某種程度上，你認知並演繹這與生俱來的目的，認同並履行著你存在的理由。

客戶經常問的一個問題是：「從我的星盤來看，我的生命應該

要做什麼？」釐清我們與生俱來的真實自我是本書的首要課題。

當代占星學——使用十顆行星、四個主要小行星和一萬二千顆次要小行星、數不清的恆星、無數的次要相位與相位圖形、數以百計的阿拉伯點，這些全眼花撩亂地排列在電腦上，還驅動著各種流年推運的選項、成打不同的宮位系統、三種互可匹敵的黃道系統、互相衝突的宮主星系統——你的挑戰是在複雜多元的徵象中找到核心、切入重點，簡明而優雅地找出星盤的重要意義。你的目標是以清晰、明瞭、明確的結構建立生命的基本骨架，並允許它自我表達的創造力，然後結合其他大量的占星因子，賦予在那時刻出生的人，具有肌理、色彩、氣味、聲音與感受的性格，以及有意識的行為。

區分本命星盤三種不同解盤方式是很重要的：

- **基本概述：**包含對星盤的主要主題的評估、個別行星的解釋、本命能量集中的區域，以及星盤中在特定時間引動的部分。
- **詳盡描述：**綜合所有主要和次要的細節，以及各種行運因子。
- **口述解讀：**在一小時或一個半小時的時間裡，涵蓋最重要的事項說明，以及回答客戶的提問，這就是執業占星師最後的工作。

一份完整的本命星盤解讀，可能得寫上數頁或者說上數小時，但實際與客戶互動時，你只能傳達星盤指涉的一小片段而已。在諮詢時，你只有很短的時間來與星盤以及它的主人做有效的連結。那麼，

要如何將你認為是星盤上必須告知的內容,以及在有限時間之內可以實際溝通的內容,在兩者之間取得協調?

　　本書建立了一個作為參考的模式:如何在一小時的諮詢時間裡,包含本命星盤與目前行運事件的分析。這個模式與其他著重整合解析的教學,其不同之處在於,它不只重視個性描述或是未來預測,雖然,這兩者都必定要包含在內,但它還包括**作為一名占星師,你所面臨的挑戰不是去展示你準確的描述與預測的技能,而是要去創造一個可以讓客戶清楚了解他們真實天性的空間,這就是誕生星盤最重要的意義。**

　　在你獲得剎那靈感的神聖火光,以及在占星學給予你啟發的禮物之前,你必須要有扎實的結構基礎,緊密地建構並牢牢地錨定在希臘人所稱的技術── 工藝方面的技術。若沒有這些穩固的基礎,即便你能給予有效正確的解讀,你還是無法成為一名占星師。希臘文字 thema 的意思是「放置或放下的事物」,同字源中,themeliakos 被翻譯為「基礎或建築基地」。這些字被希臘化時期占星家用來指稱誕生星盤,就像他們談到 thema mundi,意即宇宙誕生圖一樣。在接下來的篇章中,我們將探討如何解讀出生時的占星符碼,以作為架構我們生命形態與意義的指導方向。

　　制定一個計畫是有幫助的。你必須學到如何區分什麼是重要的、什麼是不重要的,並且迅速流暢地確認主題,整合星盤中的複雜資

訊，淬煉出重要的內容。最後，要以客戶能夠理解的語言，語調真誠且有力地讓他了解星盤的意義。

　　這裡提出的模式，會系統化地組織誕生星盤中各個組成要素，簡化其複雜度來協助你從混亂中理出頭緒，進而引導我們去探討：星盤裡的哪些活動支持我們懷抱目標意識以活出有意義的人生。

　　以下是我們即將進行的藍圖。

藍圖

第一篇，奠定基礎：

　　我們將回顧占星學的基本原理。練習整合行星位於星座、宮位，以及它所主管一或二個宮位的意義，並簡單造句。然後，我將介紹古典占星學評估行星狀態的方式，列入考量的有行星所在星座、宮位以及相位。

　　由於並非所有行星都具有相同能量得以實現所代表的事物，並為個人帶來積極的結果，因此，某些人能夠活出他們生命的特定議題，但卻未必與他人一樣有成就。像這種時候，就需要諮詢師運用最佳的技巧，來為可能尚未實現的希望與夢想，營造一個療癒的環境。

第二篇，建立骨架：

我們將討論模式的核心。古代占星家稱太陽、月亮與上升點是「生命之地」（the place of life），在傳統上，是星盤中被用來判斷壽長的五個候選因子的其中三個因子（另外還有「幸運點」和「出生前月相」），因此，它們可以說是代表星盤中蘊含生命力重要精華之所，流動並引導著我們朝向最終的生命目的。

我建議使用上升點及其主星、太陽和月亮的位置與狀態來建立星盤的基本骨架，以判斷生命目的的重要意義，因為整個生命的意義都被封存在這四個因子之中，與其他行星和小行星構成一個交互關係的網絡。步驟非常簡單，只需著重評估這四個主要因子；不過，這些因子的評估準則是廣泛而縝密的。

在這模式中，太陽代表靈魂的意圖與生命目的；月亮代表賦予靈魂生命與意識的身體，我們透過它來感知這世界並實現我們的目的；上升點與它的主星指出是什麼驅動著我們的靈魂採取行動，以及什麼樣的主題引領著生命過程。

在第二篇結束之前，你將能夠僅依據太陽、月亮、上升點及其主星的位置，描述並傳達星盤的主題。

第三篇，發展結構：

你將明白，一旦確認星盤主題後，其他所有的占星因子將如何為這中心主題增添細節。

從太陽與月亮的光線所衍生出來的幸運點、月相、月交點、蝕點，提供了第二層的意義；再以此為背景，由行星（古典與現代）、小行星、恆星和其他敏感點所形成的配置來添上細節、充實結構，並顯示相位圖形如何與主題連結。這將使你能夠判讀關係、職業、健康、財務等課題。

這個模式能夠讓你運用行運技巧的層次，去推測生命潛能開展與實現的時間。本章並非刻意將行運的探討安排在解讀程序的最後，而是，它適合迂迴穿插到諮詢過程中，以檢視相關的占星因子。第三篇的最後一章，列出了一小時諮詢的流程與時間安排，並建議在何時帶入各項占星因子的討論與整合解讀。

第四篇，活在星盤裡的人：

我們將探討如何與活生生的客戶互動，那些帶著現實問題進入你的諮詢室，並且將活出自己星盤意義的人。在可能與你信仰和價值觀不同的客戶面前，你該如何以尊重且理解的態度對待客戶？以及當客戶痛苦地凝視著你並訴說著困擾已久的夢魘時，我們又該如何處理？我們將探討如何運用神話學來醞釀話題，並進行隱喻式的探討，

否則，客戶可能會覺得太痛苦或羞愧而無法解決問題；我們將研究如何建構創傷療癒者的原型，以作為對他人慈悲與無私服務的模式。古代占星家是天地之間的傳遞者，提供神聖的容器，將神界的智慧傳遞給人類，協助他們做決定並生活下去。

我們將以占星師如何成為諮詢師的探討來為本書作結。如何藉由對各項占星因子進行深入細緻的研究，以減少對星盤理解的差距，以及當客戶身處危機，向你尋求指引的時候，你通常該說些什麼？在開始制定對客戶最有幫助的內容之前，你必須對星盤的實際情形做出明確客觀的判斷；你該如何說實話，但傳達的是希望而不是絕望？你要如何確認業力或命運的真實性，並為痛苦賦予救贖的意義？簡而言之，客戶對真實自我的願景，會怎麼激發他們活出生命的目的？以及如何促進他們在自我療癒的同時，向外擴展去造福他人？

現在你已經了解這個計畫了，就讓我們來看看你在執行時即將使用的語言吧。

PART 1

奠定基礎

───── 第一章 ─────
占星學的基本原理

　　占星學語言的主要構成要素包含：行星、星座、宮位與相位。要成功解讀星盤，必須充分了解這些符號的意義，並且具備連結與整合這些意義的能力，因為這些知識非常重要。我們首先將探討，如何將行星所在星座與宮位之個別意涵，結合成有意義的句子，然後考量這顆行星的表現是如何被自身與另一行星的關係所改變。

　　假使你已經懂得這些基本原理，請大致瀏覽本章後，至第二章繼續閱讀；如果這對你來說是全新的內容，那麼請務必先熟悉這些基本符號的涵義，同時也要對整合占星關鍵字的過程相當熟練。關於這方面的占星解釋有許多優秀的書籍，其中道格拉斯‧布洛赫（Douglas Bloch）和迪米特拉‧喬治（Demetra George）合著的《獻給你自己的占星學》（*Astrology for Yourself*），運用系統化教科書模式以及你自己的星盤，提供了練習造句與其他解讀方式的實用技巧。

　　學習解讀星盤就像學習閱讀一樣，首先要認識「字母符號」。你必須牢記行星和星座的符號，如果你還沒有掌握這一點，那麼在解讀星盤時，將無法有多大的進展。要花些時間用書寫和辨識的方法來

熟悉這些符號，之後才能進行接下來的學習。準備一套抽認卡，放在口袋裡隨身攜帶，直到將這些符號牢記在腦海裡。在第一階段，你得準備一本筆記本，在上面寫著這些符號的名稱，一行一行不斷重複練習，然後用同樣的方法練習寫下占星符號，適時修正筆順——雖然我們身處在鮮少親手書寫的電腦時代，但藉由簡單且重複書寫這些符號，你將會逐漸了解符號的意義。

一旦你學會手寫這些字母，接著開始熟悉它們的發音、識別單字。占星學裡的各行星、星座和宮位的意義，都適用這樣的方式來學習。如果當你看到行星所在星座和宮位，卻完全想不起來任何關於那些符號的關鍵字，你將無法進行下一步的學習。

所以，在你的抽認卡背面寫下各行星、星座和宮位的基本意義，持續重溫練習，直到那些意義能夠在你的腦海裡立即浮現。作為一名教育工作者，我認為一定程度的反覆背誦對於學習記憶是有幫助的，能夠最快速地達到熟練的學習成效。

占星學語言的三項主要構成要素是——星座、行星、宮位。它們各自都有基本的關鍵字，在星盤中也都具有特定的地位。將這些關鍵字結合起來，建構出符合一般語法結構的占星詞句，而這些詞句表達了行星所在星座和宮位的特殊意義，透過上下文適當地連結，進而組成具有意義的段落。

誕生星盤的結構

　　我們將使用一位名叫比爾的星盤作為案例（參見第三十五頁），以說明解讀星盤時的各項法則。誕生星盤，古代占星師稱為「本命」（nativity），是標記一個人在特定時間與地點出生時，當下環繞周圍的行星位置圖，而此人象徵性地站在圓圈的中心。如同世界地圖是以平面的方式來描繪球形的地球一樣，星盤，是將天球三維空間平面化至二維空間的展開。

　　連接上升點與下降點的水平線稱為地平線，代表著出生時，天地的相交之處；位在地平線以上的行星是天空中可見的行星，地平線以下的行星則位於地球的另一側，因此在出生時是不可見的。

黃道十二星座

　　解讀星盤的第一項要素是黃道星座。黃道十二星座如下：

♈ 白羊座	♉ 金牛座	♊ 雙子座	♋ 巨蟹座
♌ 獅子座	♍ 處女座	♎ 天秤座	♏ 天蠍座
♐ 射手座	♑ 摩羯座	♒ 水瓶座	♓ 雙魚座

　　大部分人對太陽星座很熟悉，因為那是以出生的月份及日期來區分，然而，每個人並不是只有太陽星座而已，假如你查看案例星盤的外圈，也會看到其他不同的星座。每個人在自己的星盤上都擁有十二個星座。

　　以現代占星觀點，這十二星座代表著十二種普遍的心理需求：

♈	白羊座	獨立與發展自我意識的需求。
♉	金牛座	擁有資源與獲得實質成果的需求。
♊	雙子座	與他人溝通和心智交流的需求。
♋	巨蟹座	給予及接受情緒撫慰和安全感的需求。
♌	獅子座	創意表現以及被其他人仰慕的需求。
♍	處女座	分析、分類與有效運作的需求。
♎	天秤座	與他人聯繫、創造和諧與平衡的需求。
♏	天蠍座	深度參與及強烈轉化的需求。
♐	射手座	探索心靈和拓展視野的需求。
♑	摩羯座	結構、組織與紀律的需求。
♒	水瓶座	革新、創新、創造社會變革的需求。
♓	雙魚座	致力完成夢想與理想的需求。

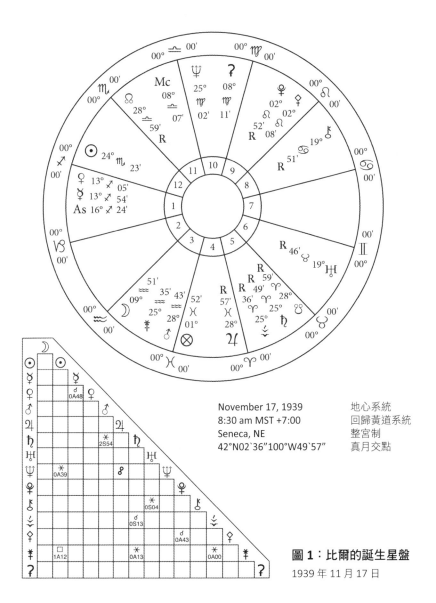

November 17, 1939
8:30 am MST +7:00
Seneca, NE
42°N02`36"100°W49`57"

地心系統
回歸黃道系統
整宮制
真月交點

圖 1：比爾的誕生星盤
1939 年 11 月 17 日

行星	名稱	星座	宮位
☽	月亮	♒	3
☉	太陽	♏	12
☿	水星	♐	1
♀	金星	♐	1
♂	火星	♒	3
♃	木星	♓	4
♄	土星	♈	5
♅	天王星	♉	6
♆	海王星	♍	10
♇	冥王星	♌	9
⚷	凱龍星	♋	8
⚶	灶神星	♈	5
⚴	智神星	♌	9
⚵	婚神星	♒	3
⚳	穀神星	♍	10
☊	北交點	♎	11
☋	南交點	♈	5
Asc.	上升點	♐	1
Mc	上中天	♎	11
⊗	幸運點	♓	4

星座	名稱
♈	白羊座
♉	金牛座
♊	雙子座
♋	巨蟹座
♌	獅子座
♍	處女座
♎	天秤座
♏	天蠍座
♐	射手座
♑	摩羯座
♒	水瓶座
♓	雙魚座

主要相位

☌	合	相一0°00'
☍	對分相一180°00'	
△	三分相一120°00'	
□	四分相一90°00'	
✳	六分相一60°00'	

　　觀察案例星盤，你會看到十二星座都畫在外圈。既然在每個人的星盤當中都有這十二個星座，那麼在每個人的生命之中都存在著這十二種需求。

宮位圈

　　十二宮位，就如同十二星座一樣。宮位是依星盤中的位置命名（第一宮、第二宮……等），而且在每張星盤上都是相同的位置。這些宮位代表黃道圈的十二個部分或區域，通常按順序編號，但也並不一定總是如此。

　　如果你立於北半球面向南方，東方在你的左邊。現在請暫停閱讀片刻，並且以這種方式調整你的方向，然後看著案例的本命星盤，並將它當作是一個鐘面。第一宮在九點鐘方向，而上升點代表太陽從東方地平線上升的地方，出生時，從東方地平線升起的星座稱為上升星座，而對應地平線之星座的精確度數稱為上升點（Ascendant），通常縮寫為 Asc. 或 As.。上升點是依據準確的出生時間來判斷，是星盤中最敏感且最重要的點之一。無論你的太陽星座是哪一星座，因為地球二十四小時自轉一周，大約每兩小時有一個星座通過地平線，因此，十二星座中的任何一個星座都可能成為上升星座。

　　在案例星盤中，出生時，在東方地平線上升的星座是射手座，對應第一宮；上升點（As.）位在射手座 16 度 24 分。

　　太陽自從東方升起，往南方的天空漸行漸高；如果你觀察案例星盤的上半部，會看到一個符號「MC」①，這代表「上中天」（Midheaven），意指太陽會在正午前後移動至天空中的最高位置，

這個位置會依緯度與季節而有所不同。

然後，太陽開始下降，當它到達西方地平線的時候則為日落，這個點被標示為下降點（Descendant），通常縮寫為 Desc。下降點一般較不會標示在星盤上，會依據使用的占星軟體而不同。

最後，太陽落到地平線以下，大約在子夜到達被稱作 IC 的下中天（Imum Coeli）；這四個點 —— 上升點、上中天、下降點、下中天 —— 定位四個方向，被稱為「四軸點」，代表星盤上強而有力的位置。

比爾擁有射手座上升於上升點，天秤座來到最高處的上中天，雙子座沒入於下降點，以及白羊座位在下中天。大部分的星盤都會顯示上升點和上中天的符號，卻沒有顯示下降點，這是因為它永遠都與位在對面星座的上升點度數相同；通常也不會顯示下中天，因為它永遠與位在對面星座的上中天度數相同。

再來找找比爾的太陽符號，你是否看到位在第十二宮內的太陽已經升到地平線之上了？現在看一下比爾的出生時間 —— 早上 8 點 30 分，大約在十一月，秋天的黎明後一個小時左右。

現在用你自己的星盤再查找一次，有看出太陽的位置是如何與你的出生時間相互對應了嗎？

　　這四個象限（由上升／下降點與上中天／下中天的軸線區分）被細分為星盤的十二宮位；有很多種劃分這些空間的方式，從而衍生出許多不同的宮位系統，例如：普拉希德斯制（Placidus）、波菲制（Porphyry）、科赫制（Koch）與其他等等。在這裡我們將使用整宮制（Whole Sign house system）。

　　整宮制是無論上升點度數為何，都將整個上升星座視為第一宮，但也要留意在整宮制裡上中天和下中天的度數，並非如象限宮位制（Quadrant house systems）那樣作為第十宮和第四宮的起始點。在下一章裡我們會針對這部分再多作討論。

　　在比爾的星盤中，上升星座是射手座，所以射手座的所有度數佔有他整個第一宮；而在射手座之後是摩羯座，摩羯座的所有度數佔有整個第二宮；水瓶座的所有度數佔有整個第三宮；以此類推。

　　宮位（Houses）象徵生活中的各種領域，就整體而言，它們代表了我們從出生到死亡所有會遇到的各種不同經驗。每個宮位都有許多不同的相關涵義，基本關鍵字如下：

第一宮	身體、外表、個性。
第二宮	個人財務、財產、生計。
第三宮	手足、親戚、短程旅行、溝通。
第四宮	父母、家庭、土地。
第五宮	孩子、戀愛、愉悅追求、藝術創作。
第六宮	健康、傷害、工作、日常生活、養生、僕人。
第七宮	婚姻、商業夥伴關係。
第八宮	死亡以及從死亡獲得的利益（遺產）、從他人手中獲得的錢財。
第九宮	長途旅行、高等教育、宗教、信仰系統。
第十宮	職業、聲譽、行動。
第十一宮	朋友、同事、團體關係。
第十二宮	悲傷、苦難、敵人、業力、隱密的事物、超然。

現在，你已經準備好結合星座與宮位的意義。請記得，**星座代表基本普遍的心理需求，宮位代表生活領域，而特定星座守護特定宮位，代表該人對特定生活領域的特定需求。**

我們每個人在生活中都有十二個星座／需求，這是我們的相似之處，然而，由於我們出生的時間不同 —— 連動著上升星座和接續

的星座宮位 —— 使得這些需求出現在每個人不同的生活領域，這就
是我們的不同之處。

✏ ----------

> 比爾的雙子座守護第七宮，雙子座的需求是溝通，而第七宮代表一對
> 一關係——特別是「重要的他人」。比爾的需求是透過與伴侶交談、
> 討論、分享資訊以及心智的交流來得到關係中的滿足。
> 你星盤中的雙子座在哪一宮呢？你在生命中哪個領域特別有溝通的需
> 求呢？

行星

占星學語言的第三項要素是行星。看看出現在各個不同宮位裡
的符號，這些是行星的符號。每顆行星都標記著所在星座的精確度數
和分。在案例星盤中，太陽是以一個圓，加上中心一點來表示，它位
於第十二宮，天蠍座 24 度 23 分。

從現代占星的觀點而論，**行星代表所有人共同的基本心理機轉
或能力，即對應到我們個性上所有不同的面向**。每顆行星都有專屬的
角色和議題，促使我們去執行或演化不同的事，就像太陽是太陽系的
中心，所有的行星都繞著它公轉，因此星盤中的太陽是我們生存的中
心或核心，即使，每顆行星在我們下決定，或採取行動之前是各自發
揮作用，但最終都必與太陽結合。

行星的心理機轉如下：

⊙	**太陽**	基本的個性、意志與有意識的目的。
☽	**月亮**	情緒、感受、習慣性反應。
☿	**水星**	思考、語言、學習以及推理的能力。
♀	**金星**	去吸引被愛與受重視的能力。
♂	**火星**	基於慾望的行動與自信的能力。
♃	**木星**	追尋意義、真理和道德價值觀。
♄	**土星**	創造秩序、形式與紀律的能力。
♅	**天王星**	獨特個體與解放的渴望。
♆	**海王星**	透過與大我的融合來超越有限自我的能力。
♇	**冥王星**	轉化與重生的能力。

　　除了行星之外，還有許多小行星和其他更小的星體，我們將在後面討論。最常用到的小行星有穀神星（Ceres）、智神星（Pallas）、婚神星（Juno）、灶神星（Vesta）和凱龍星（Chiron），有些符號可能會顯示在你輸出的星盤上。

⚳ 穀神星　　⚴ 智神星　　⚵ 婚神星　　⚶ 灶神星　　⚷ 凱龍星

在現代心理占星的模式中，行星代表人格上的各種功能，或是人類心靈運作的各種驅力；人格中的各個面向，都以行星所在星座的方式表現，又因其宮位的不同，而在不同的生活領域當中運作。就某種意義來說：**行星是指「誰」，星座是指「如何運作」，而宮位是指「領域」。**

如果太陽代表你的身分和人生目的，而它位在白羊座的話，那麼你將主要以獨立的方式來運作；若太陽位在金牛座，是以豐盛資源的作法；位在雙子座則以溝通的方式來表現。如果是太陽白羊在你的第二宮，你會傾向實現經濟獨立；若位在第七宮，你將尋求獨立的人際關係；若位在第十宮，你將在專業領域中尋求你的獨立。

太陽白羊位在第二宮的表現，可以簡單用一句話表達：「你的基本人生目的，是以創造能夠保障生活所需的資源來發展獨立。」

你還必須要整合該行星主管宮位的意義來做進一步詮釋，因此，以我們舉的例子，還務必同時觀察太陽主管的宮位，也就是獅子座守護的宮位。（在第二章我們將討論星座的主管行星。）如果獅子座守護你的第九宮（高等教育），那麼就會是透過高等教育的努力來實現你的經濟獨立；又如果獅子座守護你的第十一宮，朋友和團體關係會是你獲取金錢的重要角色；回到剛才的舉例，若白羊座守護你的第二宮，獅子座便守護你的第六宮，則健康議題和日常養生可能是你賺錢的重要因素。

✎ ----------

比爾的太陽位在天蠍座第十二宮，結合天蠍座和太陽位在第十二宮的意義，我們可以說比爾太陽的基本目的之一，是透過深度參與和深刻轉化以追求超然或探索生命奧秘；我們也可以這樣認為，透過痛苦、疏離人群與失落的經驗，他將被帶往生命更高的目的；由於獅子座守護第九宮，他在高等教育與靈性的探索，是協助他了解生命目的最重要的方式。

相位

最後一個在占星學詮釋上的主要構成要素是**相位，意指行星之間的分離弧或角距離**。當行星彼此相距特定距離時，它們以某種內在和諧或是具有挑戰性的方式發生連結，而不同的占星師使用不同的容許度（精確角度範圍）來權衡相位。相位描述了行星間相互影響並改變彼此表現的方式。

有時，你會看到星盤中描繪著連接各行星的相位線，線條上有著相位的符號，但有些時候，你也可能在輸出的星盤圖紙下方角落，看到格狀結構的相位表，以行列的方式陳列行星，並填入相位符號來表示行星之間的相位關係。

作為各種心理機轉的行星們，彼此間有的關係和諧，有的中立或敵對，就如同我們跟其他人相處一樣，對某些人保持中立，但與某

些人持續摩擦，同情或反感的狀況也存在於我們每一個人的內心裡。
古典占星學認定的有五個相位 —— 合相、六分相、四分相、三分相
與對分相，這五個相位描繪了行星之間互動順暢或困難的程度。

☌	合相	合相發生在行星位在同一星座，或是彼此位在相鄰星座但度數相當緊密的時候；合相表示兩行星的性質相互融合。
✶	六分相	六分相是兩行星相距約 60 度的時候；六分相代表行星之間溫和友好與支持的關係。
□	四分相	四分相是行星間相距約 90 度；四分相代表一種行星之間的緊張或挑戰的關係。
△	三分相	三分相是行星們相距約 120 度；三分相表示行星之間特別和諧與支持的關係。
☍	對分相	對分相是行星間相距約 180 度；對分相意味著行星之間彼此對立與矛盾的關係。

現代占星師使用半六分相（行星相距約 30 度）與補十二分相（行星相距約 150 度），但古典占星師皆不予考慮。

　　不同的占星師使用不同的容許度（範圍）來界定行星之間是否產生前述關係的準確距離。現代占星師最常使用的容許度如下：

合相	0 度左右兩側 10 度內。
六分相	60 度的兩側 6 度內。
四分相	90 度的兩側 8 度內。
三分相	120 度的兩側 8 度內。
對分相	180 度的兩側 10 度內。

從最簡易的程度來詮釋相位時，需要將一個動詞連接兩個單句來組成一個複合句；在占星學的語言裡，這包括各用一句話來形容行星所在星座和宮位，再加入描述關係性質的動詞。

如果你的太陽白羊位在第二宮，四分相位在第五宮的月亮巨蟹，其複合句就是：「你的基本生命目的是以獲得保障生活所需的資源來發展獨立性，但這在與你致力教養孩子的情緒需求之間，產生持續性的緊張。②」關於相位和容許度的理論，從西元前幾世紀希臘化時期占星學發展之後，就已經歷許多不同的改變，我們將在後面幾章追溯這過程。

✎ ----------

現在，簡單解讀比爾的星盤中，位在天蠍座第十二宮的太陽，四分相位在水瓶座第三宮的火星：「比爾基本的生命目的（太陽），是透過

深度的參與和深刻的轉化（天蠍）以追求超然的存在（第十二宮），
但這目的與他運用媒體、演說與傳播工具（第三宮）來為公正與人權
（水瓶座）自信地戰鬥的渴望（火星）格格不入（四分相）。」

通常，一顆行星與其他行星都會有一組以上的相位，這之間不
同的互動發展就能產出一段短文。短文是從評估行星主管的宮位事務
和行星的定位星，也就是依據它所在星座的主星所寫出來的。這些額
外的要素以多重且幽微的方式，在特定星盤中修飾其含義與表現，且
隨著生命歷程中某些行星圖形被觸發的時機，進而產出更多的章節與
段落。

然而，如同你可以寫出大段語句卻還不成一篇脈絡貫通的文章，
或是你尚未綜觀星盤全局就能產出一套占星詞彙一樣，你還需要做的
是整合主題，將個別相關的單句統整為具有連貫性的分析。在第二篇
中，我們將運用簡單的占星詮釋方法，來協助你從眾多要素和變化中
判斷出星盤的統一性。

占星技術不僅僅需要依據行星所在星座、宮位和相位來創造這
些既簡單又複雜的句子、描述各行星是如何以及在何處表現它自己，
也還需要了解到行星基於所在星座、宮位和相位而得以完成代表事物
的能力也各不相同，這正是所謂判斷行星狀態，這在古典占星學領域
雖然是個基礎，但在當代占星文獻中尚未廣泛地出現討論。在下一章
中，你將會學習到如何評估各行星的相對強弱。

學習指南

● 取得一位熟人的出生資料,設定並輸出作為練習用的星盤。記得選擇一位願意與你敞開討論自己星盤,並樂於回饋的對象。

● 測試自己是否已經準備好往下學習,寫出關於你所選擇的星盤的簡單句子。

● 寫下十二句,融合星座及其守護宮位的意涵。

● 寫下十句,一句描述一顆行星,整合該行星所在星座、宮位,以及它所主管的一或兩個宮位的意涵。

● 判斷三組由不同行星所組成的相位,寫下三句,一句描述一組相位,包含各行星的星座、宮位,以及連結行星之間的相位所定義的關係性質。現在先使用你所熟悉的容許度以及判斷相位的方式。本練習的目的在於評估你的解釋技巧。

● 如果你尚未完全熟練占星各組成要素的基本意義,以及如何運用那些條件造出簡單句子的話,那麼可以在進行下一章之前,先完成《獻給你自己的占星學》(布洛赫與喬治合著)的練習,或是使用列於本書參考文獻中其他適合占星初學者的實用指南。

— 第二章 —
判斷行星狀態

古典占星學的基石之一，是在對行星意涵進行詮釋前，首要評估行星狀態的重要性 —— 無論是分析本命星盤，或是運用在各式行運技法裡。

在希臘化時期、中世紀時期、文藝復興時期以及印度（吠陀）占星家們的古典文本裡，都充滿著以行星狀態為主題的大量教導，包含嚴謹的規則、公式與細節，用意在於深入了解每顆行星實現它所代表事物的有效性，以及提供生活中正向結果的條件能力。

在西方占星傳統的前二千年裡，有關行星狀態的學說一直是星盤分析中不可或缺的辨證，只是這部分在二十世紀初已不再被採用，直到現在，在二十一世紀的前十年將希臘文和拉丁文的占星文本翻譯成英文後，才又重新引用這項占星分析中的首要原則。

在此，我們將探討現代執業占星師可以如何應用這些根本的教導。這個精簡後的行星狀態分析法，將成為你解讀星盤時的必要參考，如果你想要深入鑽研古典占星學，這也能為你進一步的學習做好

準備。①

對各行星的初步分析，是建立在「並非所有行星，替個人帶來正向結果的能力都一樣」的觀念上。期望健康、財富、幸福、機會、成功與福祉，卻也可能帶來體弱、貧窮、磨難與失敗。在任何星盤中，基於狀態的不同，某些行星比其他行星較為優勢的概念，與現代心理占星的想法大相逕庭。現代心理占星認為，每顆行星在實現它所代表的意涵時，即便方法不同，但能力是相同的。

在接下來關於判斷行星狀態的討論中，我們將拋開現代占星學公認的兩項學說：十二字母法（the twelve-letter alphabet）與現代主星論（modern rulership system）。十二字母法提倡行星、星座與宮位根本上是相同的，而且還可以任意互換，但本書認為，行星、星座與宮位各有不同的意義，更是不能互換；而現代土星系統將天王星、海王星和冥王星分別指定為水瓶座、雙魚座和天蠍座的主管行星，但在本書中使用傳統配置，即土星、木星與火星是前述星座的主管行星；外行星與小行星則沒有主管的星座。

現代占星學對於處理星盤中象徵困難狀態的要素是模稜兩可的，這些要素被視為生命成長所需學習的經驗課題——前提是這些要素能被意識到且被承認。在第四章，我們將探討誕生星盤中所描繪的磨難問題，並思考如何協助客戶從他們人生的苦痛挫折中找到救贖的價值，然而重要的是，去識別發生在人們身上的壞事，以及哪些特定的

占星因子可以明確地指出這些不幸。

在以前的時代，占星師已經意識到某些星盤或行星表現出弱勢與困難的時候，這些星盤或行星的主人似乎也不太能展現出他們生命的某些部分，甚至還可能遭逢痛苦、損失與不幸；這也許看起來過於宿命論，否定了許多自救方式的價值，例如：正向思考、創造性觀點與療癒過程，這些都是被認為可以提高自我覺察和自由意志，並且一同形塑我們生命力量的方法，但現實是，對於許多人來說，儘管他們付出了最大的努力與懷抱卓越的志向，生活中仍然充滿了孤獨、未實現的潛力、苦難和失敗。

從占星的觀點來看，星盤上某些行星的不良狀態，意味著這些人可能較難找到對他們有利的方式來解決某些問題。行星的狀態不會使人傾向以好或壞的方式行事——道德行為仍留存在自由意志的範疇，它所象徵的表現是幸運或困難的人生事件，以及這些情境可能發展的結果。

吠陀與西藏占星學對此提供消災解厄的補救措施——具療癒能量的寶石、咒語、護身符與行善，另外還有禱告、冥想和靈修，也可以緩解制約的信念模式或不良的情緒習性；西方魔法的傳統則提供儀式與護身符，以避開負能量，吸引正能量；而現代心理療法則探索潛意識，讓那些被遺忘卻阻礙我們實現潛能的創傷記憶浮現出來，並予以釋放。

　　然而，作為一名占星顧問，在你引導顧客進入上述或其他以意識形塑未來的方法之前，你必須要能夠識別出星盤中出現問題的時間點，以及實際上能否採取任何的應對措施。

　　這裡提出了一個哲學性的說法：**雖然每個生命都有其目的，但並非每個人都具有相同的能力或資源來實現這個目的**。對於這些差異性，以及像是星盤中似乎未見婚姻或子女等問題時，又該如何提供諮詢？無論是透過業力、命運、神的意志、不幸或是偶然，將會是本書接下來討論的課題。現在，讓我們來思考關於各行星的兩個問題：
　　這顆行星在實現所代表的事項上，具有多大程度的效力？
　　這顆行星所代表的事項，具有多大的程度能為個人生命帶來幸運的結果？

　　每顆行星依據所在星座、宮位、相位以及與太陽的關係而調整後的表現方式，決定了它在星盤中能否具備有效及有利的能力。在評估行星狀態時，也許有時你看起來過於嚴苛和武斷，但那正是因為身為占星師的你，希望釐清並確認所看到的優劣勢在現實當下的發展。然而，作為一位諮詢師，建議你最好緩和說法，除非你確定不論是多麼嚴峻冷酷的事實，你的客戶都願意面對承擔。在實務上，你將會運用這些初步分析的訊息，解說並引導客戶在更有機會創造成就與正向結果的生活領域中多下功夫。為了完整介紹這個行星狀態分析法，我會概略提及討論中省略的部分，然後詳細說明選擇納入的內容。

行星

　　在本分析中，將區分為七顆肉眼可見的行星（太陽、月亮、水星、金星、火星、木星、土星），外行星（天王星、海王星、冥王星──矮行星），主要和次要的小行星；我們會使用全部這些行星，但是會以不同的方式來運用。

　　由七顆肉眼可見的行星擔任星座主星，同時作為該星座守護宮位的宮主星。這些宮位各有主題意涵──財務、健康、婚姻、子女、職業。而這七顆行星有責任給出判斷，並為這十二宮位帶來相關事件。只有這七顆肉眼可見的行星，我們會應用到所有行星狀態的判斷法則，另在適當情況下，才會將某些規則應用在其它的行星上。

　　雖然，我們在解釋星盤意義時會運用到外行星，但不會因為它們能提供某些判斷線索，或帶來與宮位相關的事件而納入判斷法則來做考量，因為我們並不會使用它們作為星座主星。不過外行星依然會對所在宮位的事務具有影響力，而且會為其他與之形成相位的行星帶來行動上的變化。外行星也會對生命造成深遠的影響，這部分可以從流運與次限推運中獲得驗證。

　　無論是小行星群還是其他次要小行星，都沒有主管星座，和外行星一樣，它們仍會影響著所在宮位。而它們最強大的作用，是對合相或對分相的行星產生形塑的影響力，此時就會是使用同名小行星神

話主題的時候（詳見第九章）。然而，它們也與外行星一樣，不適用於大多數判斷行星狀態的法則。

七顆肉眼可見的行星可以分為三類：性別（gender）、吉凶性（benefic or malefic）與區間（sect）。儘管這些術語在名詞釋義內有定義，但在這裡，性別將不會列入討論，也不包含區間與喜樂狀態的所有細節。

行星可以根據它們的吉凶性來分類，藉此了解到世界上有好有壞，並且同時存在著影響生命力有利與不利的條件。

吉星有金星和木星，依據它們的一般定義被認為能夠為個人帶來好處，特別是星盤中與它們主管宮位相關的主題 ②；太陽也被認為是吉星，通常月亮也是。

火星和土星則是凶星，帶來生命中的困境；水星可吉可凶，依據與它形成相位的行星而定。這項判斷法則並不是絕對，某些要素可能會改變金星與木星本來的吉星性質，以及火星與土星的凶性傾向。依據行星的整體狀態，吉星和凶星都可能變得更好或更壞，也因此，在它們所代表或主管的主題中，可能提供更多的幫助，或是幫倒忙。

克勞狄烏斯・托勒密（Claudius Ptolemy）在他的研究工作中，試圖依照亞里士多德的自然哲學（Aristotle's natural philosophy），

熱、冷、濕、乾等質料來解釋行星的差異。③

　　他認為吉星 —— 金星和木星，具有潮濕和溫暖的性質，有助於生命成長，而他將火星和土星歸為凶星，因為它們的性質是乾和冷，具有摧毀生命力的性質。

　　想想看，當種下一顆種子的時候，溫暖與潮濕有助於其生長，而太冷或缺水則有礙成長。同時，也考量一下希臘人如何看待他們的神祇：阿瑞斯（Ares，火星）嗜血而好戰，大家都討厭祂，而阿芙蘿黛蒂（Aphrodite，金星）是美的化身，受到眾人的喜愛與渴望。

　　按照我們的分析法，會**先留意這顆行星屬於自然吉星或凶星來作為評量的基準，以確認行星本質是好是壞，然後再判斷其他要素會帶來什麼程度的影響，讓行星從原有的好壞狀態變得更好或更糟。**當我們查看相位時，也會運用這種分類方法來解讀，並判斷這顆行星的意義是否會因為與金星、木星、火星或土星之間的相位結構而得到激勵或是受到阻礙。

　　第三種的行星分類是區間（依照希臘文的字面意思，意指「派別」），雖說這類別在現代占星實務上已經被遺忘，但對古代占星家而言卻是首要且最重要的考量要素之一。**區間被用來識別太陽和月亮這兩顆發光體當中哪一顆具有主導的地位。**

太陽在地平線以上（地平線是以上升／下降點軸線的度數來定義），則該星盤是日間盤；若太陽在地平線之下，則稱為夜間盤。如果是日間盤，太陽即為區間的領導，屬於這區間的行星有木星、土星和水星（當水星是晨星，也就是水星比太陽早升起的情況）；如果是夜間盤，月亮就是這區間的領導，屬於這區間的行星有金星、火星和水星（當水星是夜星，也就是水星在太陽之後升起的情況）④。請留意，每個區間都由一顆發光體帶領，也各自包含了一顆吉星和一顆凶星；而水星居間平衡，適用於不同的區間。

兩個區間——日間與夜間，可比喻為兩個政治派別。屬於區間內的行星通常能夠為個人的利益運作，它們的行動也有利於引導至正確的生命方向；而區間外的行星，不是讓人表現得偏離正軌，就是帶錯路，繞到不符合個人最佳利益的方向。區間內的行星能負起統籌生命方向，成就較令人滿意，但這些行星是否具備處理任務的能力，則取決於它們在星盤中的整體狀態。

某些與區間相關的「喜樂」（rejoicing）狀態，可以增進行星依其本質行事而促成正向結果的能力，但在此我們先不做這項考量。我們會註記星盤的區間：哪些行星屬於區間內，如何傾向為個人帶來有益的結果，以及哪些行星在區間外，較難以個人益處來運作。請留意，當吉星狀態為區間外的時候，儘管它的行動可能是歡樂與喜悅的，但這些行動也許會導致當事人脫離正軌（例如：整個大學時都忙於派對社交不讀書，因而無法畢業）。

✎ ----------

比爾的星盤中太陽位在地平線之上，所以是日間盤，太陽是區間領導，同區間的伙伴——土星和木星，具有主場優勢以帶來成功的結果；而夜間行星——月亮、金星、火星與水星（在此為夜星）——為區間外，因此它們的作用會對比爾較為不利。

黃道星座主星系統

現代占星解釋行星位於星座的方法，就像是行星依照十二種行為模式在運作，然後再加上星座所描述的十二種心理基本需求，例如：月亮位於金牛座，欣賞生活中美好的事物，但同時可能也有穩定與經濟保障的情感需求；月亮在天蠍座的人，也許有強烈和深刻的情緒特質，傾向保密並將情感隱藏在內心深處。雖然這一切的詮釋在個性和心理層面上可能都是正確的，但現代占星的方法並沒有考量到月亮金牛座的人，其月亮所在宮位和主管宮位中，可能存在更好的機會來獲得經濟保障與更高的地位；又或者，月亮在天蠍座的人恐怕需要花更多的時間，讓他或她的情感需求受到尊重和理解，甚至難以體現月亮所在宮位與主管宮位所指涉的事物。

行星位於不同的黃道星座，並非擁有相等的能力來提供有利生活的條件，這項主張對於現代占星來說無法接受認同，但這就是古典占星的基本解析原則。也就是說，星座本身決定了各行星在實現目的時得以運用的資源，而相較於其他行星，某些星座對於某些特定行星

是更為適性的。

　　這引導我們進一步探討行星主管系統（planetary rulership）的學說。希臘化時期和中世紀時期占星家運用四種（有時是五種）主星系統：廟（domicile）、旺（exaltation）、三分性（trigon／triplicity）、界（bound／term），與外觀（decan／face）；現代占星學保留廟與旺的主星系統知識（例如：巨蟹座主星是月亮，或者土星在天秤座是入旺），但失去了三分性、界，與外觀等主星系統的用法。希臘化時期占星家看待這些分類同等重要，主要用來進行不同類型的調查；中世紀的占星家並沒有區分主星系統的應用類型，而是將它們按重要程度降序排列，以決定誰是勝利星（almuten／victor）。在這裡，我們將探討如何運用廟與旺的主星系統，其餘留待更專題的研究 ⑤。

　　通常，當行星入廟（位於自己所主管的星座）會特別有力，因為它擁有所需的資源，並且能夠自給自足地實現它所代表的事物；當行星入旺（位在旺宮星座），它會在代表的事物中獲得榮譽、尊重與認同；當行星落陷（位在與廟宮星座相反的星座）或入弱（位在與旺宮星座相反的星座）則較為無力，因為它是耗竭或不受尊重的，因而能力發展是受到壓抑的。

表 1：廟旺弱陷主星系統

行星	廟 Domicile	陷 Detriment	旺 Exaltation	弱 Fall
☉ 太陽	♌ 獅子座	♒ 水瓶座	♈ 白羊座	♎ 天秤座
☽ 月亮	♋ 巨蟹座	♑ 摩羯座	♉ 金牛座	♏ 天蠍座
☿ 水星	♊ 雙子座、 ♍ 處女座	♐ 射手座、 ♓ 雙魚座	♍ 處女座	♓ 雙魚座
♀ 金星	♉ 金牛座、 ♎ 天秤座	♈ 白羊座、 ♏ 天蠍座	♓ 雙魚座	♍ 處女座
♂ 火星	♈ 白羊座、 ♏ 天蠍座	♉ 金牛座、 ♎ 天秤座	♑ 摩羯座	♋ 巨蟹座
♃ 木星	♐ 射手座、 ♓ 雙魚座	♊ 雙子座、 ♍ 處女座	♋ 巨蟹座	♑ 摩羯座
♄ 土星	♑ 摩羯座、 ♒ 水瓶座	♋ 巨蟹座、 ♌ 獅子座	♎ 天秤座	♈ 白羊座

　　行星是如何被分配到不同星座而形成主星系統呢？常見的假設是依據近似性原則 —— 行星與它們主管星座的相似性；但是，最初的邏輯是以行星與太陽的距離及速度，依照幾何順序所推定的。希臘化時期的文獻經常提及宇宙誕生圖（thema mundi）—— 世界創始時的星盤。

費爾米庫斯・馬特爾努斯（Firmicus Maternus）告訴我們這是一個教學工具而不是真實的星盤，它最初是由神祕智者——赫密士・崔斯墨圖（Hermes Trismegistus）所傳授，用以說明占星系統的基本原理。⑥ 左頁這張圖為巨蟹座上升，反映出它源自於埃及；在埃及的傳統中，新年（即世界誕生日）定於天狼星偕日升（heliacal rising）的夏日，並預示著尼羅河氾濫的時間；這時間是在夏季星盤裡，當太陽位於獅子座，隨著巨蟹座在黎明時分漸漸升起時，可以見到偕日升的恆星（天狼星）或行星（太陽）的那一刻。

因此，太陽在獅子座，而另一顆發光體——月亮，被配置在巨蟹座；兩顆發光體都居住在日照時間最長的星座。接著，根據傳說，水星快速跟隨著太陽移動，所以它居住在處女座，是獅子座的下一個星座；然後金星居住在下一個天秤座；依序火星在天蠍座，木星在射手座以及土星在摩羯座。這創始星盤進一步闡述，從月亮在巨蟹座的順時鐘方向，以扇形展開相同的行星順序：水星在雙子座，金星在金牛座，火星在白羊座，木星在雙魚座以及土星在水瓶座；與從太陽逆時鐘方向的展開順序，呈現鏡像的排列。除了太陽與月亮之外，每顆行星都主管兩個星座：一個陽性，一個陰性。在世界誕生時這些行星所居住的星座，就被認為是它們擁有最強大力量的星座。

正如你剛才所看到的，傳統的行星主管星座配置，是依據行星的距離和速度，以幾何原理來安排。而當現代外行星——天王星、海王星和冥王星被發現後，也被任意安排主管星座，取代了這些星座

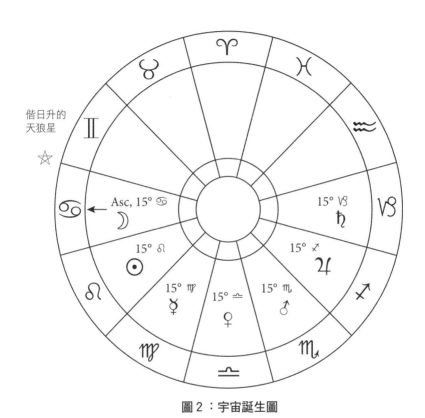

圖 2：宇宙誕生圖

的傳統主星；這些新的主星系統配置背後的原理並非脈絡分明，雖然
有部分的占星師試圖以該行星與該星座的特質相似來做解釋，然而，
現代主星系統仍沒有符合像古典主星系統中那種基本秩序與對稱性。

　　各個星座都有特定的入廟行星 —— 古希臘文歐依寇斯（oikos）
是「居所或房子」的意思 —— 意指該行星是那房子的主人、家事

經理;行星與它的居所之間,好比領主與莊園的關係;星座主星
(domicile lords)反映了古代賓客與主人之間非常重要的神聖性——
這種關係是在宙斯本人的認可下所訂定。

　　倘若出生時行星入廟(例如:水星在雙子座,或太陽在獅子
座),行星就如同待在自己的家裡一樣非常穩定,並且掌控著所擁有
的全部資源,能滿足自我需求以實現目的,這時我們會說它具有強大
的力量,是因為它擁有足夠的資源——金錢、關係、教育、資歷、
機會——帶來它所代表的任何事物;但是,當行星落陷時(位在旺
宮星座對面的星座),邏輯上的假設是它失去了專屬的資源、貧窮,
因而無法維持並支持它所代表的事物。在古代典籍裡,並沒有明確點
出行星落陷時的困難之處,古典吠陀占星學的典籍裡也未曾提及。

　　在大多數的誕生星盤中,假使一行星在另一行星的廟宮(例如:
水星在天蠍座),在這種情況下,水星仰賴著天蠍座的主星——火
星來供給所需,就像是到別人家裡作客時,必須依靠主人提供食物和
庇護。

　　主星(行星所在星座的主管星,現代占星稱「定位星」)根據
自身條件,可能有、也可能沒有足夠的資源或意願來招呼客人,因
此,從這裡我們開始看到廟宮主星/定位星,在評估狀態及解讀上所
扮演的重要角色。與此相關的是,各廟宮主星負責供應資源給任何來
到它居所的行星;例如:無論星盤中的月亮位於什麼星座,月亮都是

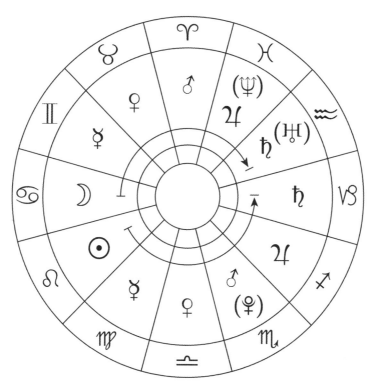

圖3：古典與現代主星系統

巨蟹座的主人，而它作為主人的職責便是款待賓客，並且依據月亮自己在星盤中的所在星座及所在宮位的意義，提供相關資源給任何位於巨蟹座內的行星。

上述情形在占星術語中稱為「容納」（reception），說明主人款

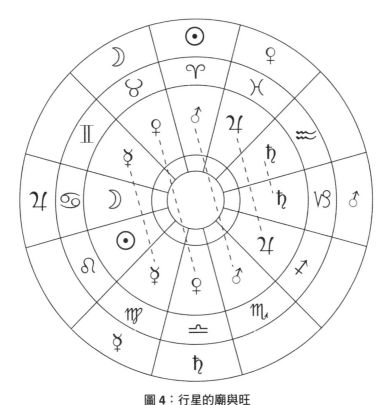

圖 4：行星的廟與旺

內圈是行星位於廟宮星座。外圈是行星位於旺宮星座。

待客人或接受客人到家裡來──我們會說金星在巨蟹座被月亮「容納」。而「互容」（mutual reception）發生在兩顆行星位於彼此主管的星座（木星位在金牛座，而金星位在射手座），這被認為因為兩顆行星交換了位置，因而互惠受益，就像是和他人互換房子時，雖然

不如在自家一樣舒適，但肯定讓你對所處的環境較易掌握，不會覺得自己只是個客人而已。

　　當行星入旺（位在旺宮星座），它會受到注目，並且被當成最受歡迎的客人；當行星入弱（位在旺宮星座的對面星座），它被形容是憂鬱或衰弱，會覺得沮喪和受到羞辱。這種指派行星於旺宮星座，其背後原理雖然尚未完全清楚，但可能與行星廟宮星座有三分相位（適用日間行星）或六分相位（適用夜間行星）的星座有關，而再次地暗示，在行星的星座主星系統中，旺宮星座的分派情形亦是從基本的幾何順序所延伸。

　　因此，當依據星座來評估行星狀態時，需要判斷是否入廟；如果是的話那很幸運，表示無論在什麼情況下，行星都擁有力量和潛能去完成它所代表的事物；如果不是，那麼接著確認行星所在星座主星（定位星）的位置與狀態，評估它在為了促使事件發展時，能夠從定位星那裡獲得的援助性質與資源多寡。當行星入旺時，預示著它透過認可與榮譽而獲得成功；當行星入弱時，便不太可能在自己及主管宮位所代表的領域獲得榮譽和認可。

　　在比爾的星盤裡，木星位於第四宮（代表家與雙親），主管第一宮與第四宮，它所在的雙魚座正是主管星座之一，因此擁有能力與資源；水星位於第一宮，主管第七宮（關係）與第十宮（事業），但這會是

個問題，因為它所在的射手座是它的陷宮星座之一；土星位於第五宮
（子女），主管第二宮（財務）與第三宮（手足）而有些不幸，因為
它所在的白羊座同時也是自己的弱宮星座；不過它與火星互容，火星
能夠給予土星力量（火星主管白羊座，而土星主管水瓶座）；火星在
水瓶座與土星互容，而其他行星則沒有入廟、入旺或入弱。太陽位於
火星主管的天蠍座，金星位於木星主管的射手座。

你會如何依據星座的主管權，將這些行星的力量由強至弱排序
以作為它們獲得資源，發揮能力的指標呢？想一想，為什麼會有人以
下列順序排名行星的強弱：

木星

火星和土星

太陽、月亮與金星、水星

宮位

在希臘化文明的時期，整宮制是占星學實踐最初七百年主要選
用的宮位系統。在整宮制當中，宮位與星座是重合一致的 —— 單
一整個星座佔有一整個宮位；這個系統被用於研究各宮所代表的主
題 —— 健康、婚姻、雙親、子女或事業。

古代典籍裡也有討論到其他宮位系統（例如：波菲制），但僅
選用於特定議題，尤其探討各行星擁有多強勁或積極的力量，又特別

是當使用在考量壽長的議題上；吠陀占星學與希臘化時期占星學一樣，慣用整宮制進行主題研究，而使用波菲制的變體系統來判斷行星的力量。幾世紀以來，各種占星傳統已經分別發展並使用多種不同的宮位系統。

在整宮制中，每個宮位都是從星座的 0 度開始，並在同一個星座的 30 度結束。上升星座決定第一宮的星座，而上升點度數就落在第一宮的某處；所有位於該星座的行星都被視為位在第一宮，同時具有第一宮所代表的主題意涵。縱然，上升度數定義了地平線，也區別出行星位於地平線以上或以下的位置與區間，但上升度數並不是第一宮與第十二宮的分界線（即使星盤中的上升點位於星座的 29 度）。上升星座的下一個星座就是第二宮，以此類推。

請留意，整宮制不等同於等宮制（equal house system）；等宮制是以上升點的度數作為宮位的起點，接著沿用成每一個宮始點度數。（費爾米庫斯・馬特爾努斯在他的著作中討論了等宮制。）整宮制沒有截奪（intercepted），古代典籍裡也沒有任何關於行星所在星座受到截奪的論述。

使用整宮制能讓星盤置於更多原型模式的討論；舉例來說，如同我們的範例星盤，每個射手座上升的人，雙子座一定是第七宮，處女座一定是第十宮，因此，所有射手座上升的人，婚姻和事業相關議題都由水星主管，因為，水星是雙子座與處女座的主星。

角宮（Angular houses）：一、四、七、十。
續宮（Succedent houses）：二、五、八、十一。
果宮（Cadent houses）：三、六、九、十二。
吉宮（good houses）：一、三、四、五、七、九、十、十一。
凶宮（Bad houses）：二、六、八、十二。

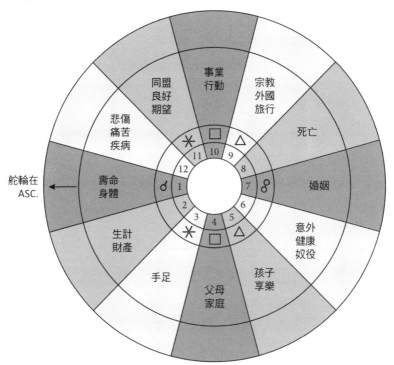

圖5：傳統上各宮位代表的意義

　　宮位將依據如何影響宮內行星的狀態進而分為三類：角宮
（angularity）、吉凶宮以及喜樂宮。⑦本書中我將著重在角宮，而
先略過吉凶宮。

現代占星仍保留了角宮、續宮，與果宮的概念，第一、四、七和十宮為角宮，第二、五、八、十一宮為續宮，第三、六、九、十二宮為果宮。**在你繼續往下閱讀之前，請先將以下觀念去除**——角宮視為啟動星座（白羊、巨蟹、天秤與摩羯座），續宮等同固定星座（金牛、獅子、天蠍與水瓶座），或把續宮當作變動星座（雙子、處女、射手與雙魚座）。

一般而言，古典占星學將角宮解釋為賦予行星力量，促使其代表意義得以顯化成外在事件。行星位於角宮通常視為最有力量，行星位於續宮的力量較弱，行星位於果宮通常被認為最無力；因此，角宮內行星所代表的意義，在人生中往往更加顯得戲劇性與突出。但是，為什麼是這樣呢？

羅勃‧史密特（Robert Schmidt）是「後見之明計畫」（Project Hindsight）——出版希臘化時期占星典籍的主要翻譯者，他依據解讀古希臘文句中有關這個概念的描述，進而提出以下看法，他說，真正適當的提問是：「行星能夠為個人專心致志地作用並引導它自己的行動與活動到什麼樣的程度？」⑧

當行星位於角宮，它的行動完全集中並專注在個人生命主題上，所以位在角宮的行星能更有效地達成人生成就；而當行星位於續宮時，它的作用力起初容易被岔離個人的生命主題，但最終還是能回歸主軸，所以照應人生成就的效力上是普通的；但是位在果宮內的行

星，其作用力是分散的，並且明顯偏離生命主題中的成就，因此就外在事件顯化的層面而言，不太會發生；以現代的想法或許會推測，行星位於果宮時的生命活動是發生在心智層次的內在世界——這是古代思想家未曾傳達過的概念。

第二種分類——吉宮與凶宮——說明行星位在這些宮位時，是否會對個人帶來有益的結果。以整宮制來看，與上升／第一宮形成六分相（第三宮與第十一宮）、四分相（第四宮與十宮）、三分相（第五宮與第九宮）或對分相（第七宮）是吉宮；而凶宮即是與上升點沒有相位的宮位。請留意，**古典占星並不將半六分相（30度）或補十二分相（150度）視為是有效的相位結構。**

凶宮是第二、六、八與第十二宮，這些分別代表生計、疾病、傷害、奴役、死亡、禁閉、損失和悲傷。除了第二宮之外，其他意義顯然都是對生活不利的主題，也許過於物質化的貪婪是萬惡之源，因此讓第二宮隱約牽連了負面涵義，不過，這只是我個人的推測。依據古典占星學，吉宮的排名從最吉宮開始降序為：第一宮、第十宮、第十一宮、第五宮、第七宮、第四宮、第九宮和第三宮；而凶宮依照凶的程度遞增排列：第二宮、第八宮、第六宮與第十二宮 ⑨；第三宮通常被形容是「吉宮裡最弱的」以及「凶宮裡最不凶的」。

在討論吉凶宮這一點上，經常讓許多現代占星學生覺得汗毛直豎。讓我們來澄清這一點：行星位於凶宮並不凶，個人的行為也不是

壞，可以確定的是，生命也不會變得很糟，簡單地說：**行星位在吉宮或凶宮，暗示相關活動的結果是否有利於生命力並實現抱負**。有些古典占星師提出，吉星位在凶宮將有助於預防某些不良後果。

若把這些吉凶宮視為有利可圖或無利可圖來思考，或許比較容易理解，因為在提及宮位時，希臘化時期的占星家經常將有利和不利這些詞彙作為好與壞的同義詞。把宮位譬喻為地點，甚至場所時，或多或少也與是否利於事業有關。

想想看，當一家商店開在絕佳的地點──鬧區大街上附有大量停車位，或者在人潮洶湧、主要十字路口的購物中心；現在，再想像將同樣的商店開設在一條不起眼的小巷裡，或者設在逛街的人不大可能會冒險經過的城市危險地帶；如此，就可以很合理地推斷，設在第一個地點的商店會比設在第二個地點較有利可圖，所以，這就是吉凶宮的差別。位在這些宮位內的行星，其作用在於為個人帶來有利或不利的成果──這不僅僅就財務而言，對生命的長遠影響也同樣適用。

當我們開始解釋行星意義時，我們會關注那些位在星座有力，但宮位無力的行星，以及星座無力，但宮位有力的情形。而且請記得，當你在特定議題上運用衍生宮（derived houses），凶宮就能成為吉宮。（例如：在討論事業主題時，第十宮是其代表的宮位，而第二宮是自第十宮起算的第五宮──第十之五宮，兩宮之間有三分相位，因此在討論事業時，第二宮就是吉宮。）

　　考量宮位分布的分析裡，我們首要查看行星的**相對角宮**，這分布狀態視同行星能否完成任務的有效性指標，並藉此了解行星是透過哪些做法來關注並展開個人的生活；接著，我們將判斷該行星的位置是位在吉宮或凶宮，點出它作用的結果是否有益或有利；我們會用同樣的原則觀察肉眼可見的行星、外行星與主要小行星。

　　在比爾的星盤中，金星和水星位在第一宮，是角宮、吉宮，也是最好的宮位；月亮、火星與婚神星在第三宮，是果宮、力量弱，但略吉；木星在第四宮，是角宮也是吉宮；土星與灶神星在第五宮，是續宮也是吉宮；天王星在第六宮，是果宮與凶宮；凱龍星在第八宮，是續宮與凶宮；智神星與冥王星在第九宮，是果宮與吉宮；穀神星與海王星在第十宮，是角宮與吉宮；太陽在第十二宮，是果宮與凶宮。

　　所以，吉星金星、水星（通常也是吉星，是因為它與金星相近）、吉星木星、小行星穀神星及外行星海王星都位在角宮，它們的活躍度是完全專注於個人的生命議題，同時也意味著戲劇性與重要意義的事件。因為這些宮位也是吉宮，它們的結果可能是有利的。

　　灶神星、凶星土星與凱龍星位在續宮，代表著它們在完成生命目標與實現抱負的專注力只有中等程度，雖然灶神星與土星位在吉宮第五宮是有利的，但凱龍星位在凶宮第八宮則較不利。月亮、婚神星、凶星火星、天王星、智神星、冥王星與太陽都位在果宮，意味著這些行星

的行動力被分散，讓比爾無法專注在他終極的人生目標。只有太陽在凶宮第十二宮及天王星在凶宮第六宮，代表不利與無益的行動結果。

到目前為止，依據區間、星座主星系統和宮位，你覺得哪顆行星是最有效與最有利的呢？考量木星為區間內，位於自己主管的雙魚座，位於角宮且為吉宮，因此它成為了最佳行星的有力競爭者。

相位與相位結構

除了區間、黃道星座與宮位位置之外，還有一個非常重要的標準，會影響行星帶來效應的方式，這就是涉及行星之間的關係或相位結構的相位理論。

行星的意涵不只受到與其他行星相位結構的影響而改變，也可能因此獲益或受剋。我們將在後面討論古典占星的專有名詞**「獎賞」（bonification）與「腐化」（corruption），指的是行星受到其他行星影響後，其意義變得更好或更糟的狀況。**

羅勃·史密特教授的希臘相位理論，是一個高度成熟與複雜的系統，描述了行星如何透過相位結構交流協商，促使個人的命運得以實現。

史密特依據所閱讀的古代典籍，將相位結構區分為兩種：一種是以**星座**為基準，並參照行星見證的過程，正因行星見證了相關宮位

代表的某些主題（如婚姻或子女），也提供了關於其宮主星的證詞；另外一種是以**角度**為基準，描述行星與另一顆行星在容許度 3 度內可以確實看到對方，藉由相互注視，影響彼此代表的意義。他也解釋所有**虐治（maltreatment），即為某行星組合導致另一行星困難的特質特別突顯的狀況。**

我將大幅度簡化史密特的模型，如有遺漏與過於籠統之處，先此致歉。如果你決定要進修的話，但願在這裡習得的內容，能夠讓你領會更多進階相位理論的教導。以下討論內容如有錯誤，我願負責。

本段重點並非解釋如何詮釋行星間的相位，而是闡明行星與其他行星的相位結構標準將如何有助於判斷行星是否具備帶來有利成就的能力。**行星之間有兩種方式可以產生連結：一種是以星座相位，另一種是角度相位。**首先，我們會從星座相位探討行星間的關係，同時也會討論容許度（Orb）；然後，我們將會討論在什麼情況下，這些關係會增強或阻礙行星產生有利結果的能力。

星座的相位結構來自於星座間自然的連結，是基於以黃道圈內的各種正多邊形連接各個星座。六邊形連結相同性別的星座（火象與風象的陽性星座，土象與水象的陰性星座）；四邊形連結相同模式的星座（四正相位的啟動、固定、變動星座）；三角形連結相同元素的星座（三分相的火象、土象、風象和水象）。因為是以星座本身透過幾何結構的連結，所以位於該星座相位結構內的行星，無論相距多少

度數，彼此之間都具有本質的相連。

這些幾何結構的形成是以星座為主——六邊形的六分相連結；四邊形的四分相與對分相連結；三角形的三分相連結。

現代占星所謂的合相，在古典占星學裡並非是一種相位結構，更確切地說，是行星位於相同星座中彼此本質的一種混合；像現代占星的半六分相及補十二分相，因為沒有正多邊形能連結這些星座，所以在古典占星裡並不認定這些是相位結構。行星位在這些無連結的星座中，稱為不合意（aversion），各自迴避，彼此無任何交集，因而被視為是最不幸的情況。

在星座相位的結構中，各行星經由所在星座的幾何關係，賦予彼此連結或缺乏連結的判斷，而不是以行星之間的容許度或分離弧作為判斷。

兩行星之間的相位結構，說明它們互動的本質，在現代占星的相位理論中也是如此。根據希臘化時期占星家的解釋，**合相是各行星的本質和諧地融合在一起** ⑩；**三分相與六分相，被形容是有幫助且具有支持的關係，即使是與凶星的相位亦然；四分相代表著嚴厲與不和諧的關係，如果涉及凶星，則會帶來傷痛；對分相表示對立的關係，如果涉及凶星，則更糟**。以星座相位而非角度相位來討論行星相位結構時，稱為整宮相位。

　　第二種希臘化時期的相位學說是以角度，而不是以星座為基準。在此概念中，每顆行星被形容是以等分（partile）的精準弧距，自左右兩側射出共七條射線——六分相（60度）、四分相（90度）、三分相（120度）和對分相（180度），這意思是一行星可以「望」並「看到」另一行星。

　　在希臘典籍裡代表相位的希臘字，其所有的意義都與視覺有關——「去看」、「去望」、「去凝視」、「去細看」、「去瞧」；在拉丁文中，「相位」的單字，衍生自 adpicere 這個詞，意思是「去看」。依據這個學說，行星只有在3度容許度內的合相、六分相、四分相、三分相或對分相時，才「看」得到另一顆行星；另外月亮的相位容許度為13度，並且可以跨星座，這是嚴格且正式的相位定義。當兩行星之間存在這種以角度判定的相位時，彼此已進入了直接的關係，透過相互的「注視」，得以實際影響雙方的意義。羅勃特・史密特提到：古籍中有許多相位的解釋，都歸類於這種以角度為基準的關聯；因此，我們將會採用這種以角度為準的相位關係。

　　雖然，相位結構與相位描繪了行星之間各種彼此相關與相互影響的方式，但尚有其他的條件會促使行星在對於個人有利的事務上，其能力大大地增強或者嚴重地受損，傳統上稱之為「獎賞」（bonification）與「腐化」（corruption）。當一行星透過自身與另一行星的關係而受到「獎賞」時，會在展現更多正面特質的過程中得到協助，能表現得比一般情形更好，為人生帶來期望的成就；

當一行星因為自身與另一行星的關係而受到「腐化」或「虐治」
（maltreated）的時候，會損及它實現成就的能力，而表現得比它一
般差的時候更差，或者受到妨礙而無法有好的表現，甚至，不只有行
星各自代表的意義得到增進或惡化，連帶它們主管的宮位也會受到相
同的影響。

古代占星家寫出凶星（火星與土星）的七種惡行 ⑪，並意味著
吉星（金星與木星）也有七種善行；包括受到這些行星相位射線的攻
擊，或被包圍（enclosed）⑫，或者位在這些行星主管的星座，又或
者位在對其事務不利的宮位內。

在此，我們將會使用這理論的精簡版。請記得，在我們的判斷
流程中，將只查看一顆行星與其他行星的相位結構與相位關係，並不
會解釋這些組合的意涵，而是要判斷行星如何幫助或傷害另一行星帶
給個人有利結果的能力。

一行星在顯化其事件時的能力可能是強而有力的，但也許正因
為那股力量而與個人的最佳利益發生對立，例如：具有力量的火星位
在第六宮時，可能產生重大疾病，反而不利於個人的健康與福祉。

當行星與吉星金星、木星形成合相、六分相或三分相的星座相
位結構時，代表它會獲得共鳴、幫助、支持與肯定，又如果是在 3 度
容許度之內（或是月亮的 13 度容許度）與吉星有相位，或被吉星包

圍，那麼該行星會受到獎賞，而獎賞能夠強化行星的正面意義，使它更仁慈，並抑制它的負面意涵。

如果行星在星座相位結構裡被凶星火星或土星以合相、四分相、對分相來看見，那麼它所代表的意義，將受到不和諧、衝突與否定；若又是在 3 度容許度內（或月亮的 13 度容許度）與凶星有相位，或被凶星包圍，則該行星正受到腐化，或受到虐治，而行星受到虐治，其正面意涵會被壓抑，阻礙它有好的作為，也會以某種方式損害它，增加其凶性的傾向。

以下，我們會使用修改過且極簡的方式來使用傳統的相位結構與相位理論：

我們將只檢視五種「托勒密相位」（Ptolemaic aspects）——合相、六分相、四分相、三分相與對分相。

- 我們會考量整宮相位，但假使兩行星間的相位越接近精準容許度之內，則關聯性越活躍。我們會以和諧或不和諧來區分這樣的互動。
- 我們將假定行星與其他行星形成 3 度容許度內的相位，或者月亮與其他行星有 13 度容許度內的相位時，會對彼此的意義產生衝擊與影響；這 3 度的範圍可以跨星座（例如：太陽位在獅子座 1 度與位在摩羯座 29 度的火星呈對分相）。
- 我們會特別注意：當行星與吉星呈整宮相位的合相、六分相與三分

相，將能夠獲得支持與肯定；當行星與凶星呈整宮相位的合相、四分相與對分相，則會帶來困難與否定。

- 我們也會特別關注：當行星與吉星有 3 度容許度內的相位，或受其包圍而受到獎賞的例子；我們也將說明當行星與凶星有 3 度容許度內的相位，或受其包圍而出現腐化或虐治的狀況。

　　請記得：

- 相位結構可以是和諧的（同星座／合相）、有幫助的與同理的（三分相以及較弱的六分相）、嚴酷與不和諧（四分相）以及帶來痛苦（如果涉及凶星）或對立（對分相），若又涉及凶星則會惡化；這是相位結構本身的狀態，而非受到獎賞或腐化／虐治的條件。
- 與凶星三分或六分相不會帶來更大傷害；與吉星四分相或對分相，吉星的優點會受影響，但也不會造成傷害。
- 獎賞的情形限定於：行星與吉星（金星或木星）合相、三分相或六分相，強化了增益個人的行為能力，而使該行星代表的事物對個人更有利。
- 腐化／虐治的條件限定在：行星與凶星（火星或土星）形成合相、四分相或對分相，使得該行星在促進個人相關事物時，獲得最佳利益的能力受到損害。
- 相位結構說明兩行星之間的互動方式，而相位是表達行星如何為彼此帶來好壞的影響；獎賞讓一行星表現更好，腐化／虐治讓一行星的表現更糟。

比爾的星盤中，金星在射手座沒有獲得任何的支持（沒有與木星合相、三分相或六分相），但也沒有遭到否定（沒有與土星合相、四分相或對分相）；水星在射手座與金星合相，獲得幫助和獎賞，它並且沒有被凶星傷害；而月亮與婚神星從金星獲得較弱的六分相援助，但與火星合相受到傷害；請留意，婚神星與火星在 3 度內合相，因此受火星的虐治，儘管，火星與金星六分相有獲得較弱的援助。

木星沒有與金星形成六分相或三分相，所以沒有得到任何助益，也沒有與火星和土星四分相或對分相，但是，它受到兩顆凶星的包圍，因此可能有些遭受虐治（較細緻的分析會注意到金星的射線介入其中）。灶神星與土星受到金星三分相的援助，並且沒有受到凶星的傷害；天王星受到木星六分相的些微幫助，但被火星的四分相所傷。凱龍星得到木星三分相的援助，但受到火星四分相的傷害；而智神星與冥王星得到金星三分相的支持，但受到與火星對分相的傷害；穀神星與海王星沒有得到援助也沒受到傷害；太陽獲得木星 4 度內三分相的援助，但受到火星四分相的傷害。

從上述情況考量，你認為哪顆行星得到最多援助，受到最少傷害，而得以展現它最佳的結果呢？

太陽與月亮的現象

行星與太陽的運動週期稱為會合周期（synodic cycle），也稱為日相周期（solar-phase cycle）。⑬ 當行星繞著太陽運行時，它們在黃道上的相對距離變化會產生特定的關係，周期裡的這些關鍵點也會影響它們的能力是否有效與有益。隨著行星運行發生與太陽之間的距離變化，可以發現具有規律性的可視現象，那些與它們的可見度、速度、視覺上的順逆行，以及在太陽昇落時的相對位置有關；除了月亮之外，所有行星的速度與可見度，都取決於它們與太陽的距角（elongation）。

一般來說，當行星穿越東方或西方地平線時，其代表的事物較能夠表現出來，但結果的好壞，則依它的性質與狀態而定。**所有的行星位在太陽前後 15 度內都無法被看見，此時會使用術語「在太陽光束下（USB）」（under the sun's beams）來描述這種狀態；在中世紀時期，有時會更進一步地以「焦傷」（combust）來表示行星位在太陽前後 8 度內的處境。**

當行星在太陽光束下，它的力量會因為受到太陽強烈的照射而減弱，而它所代表的意義也會跟著被太陽吸收或取代，例如：假使金星位在太陽光束下，太陽因為與吉星接近而受惠，會表現得更像是金星的行為，但同一時候，金星無論在代表自己，或是要對所在宮位及主管宮位表現其意涵時，最終都會受到相當大的困難，又或者對個人

起不了任何的作用。在太陽光束下的行星勞而無功，抑或在外人看來似乎也效果不彰。曾有占星師指出，如果行星位在「太陽的核心」（cazimi），也就是與太陽同度數，或在同度數的左右任一側合相時，會是例外 ⑭；又如果行星入廟或入旺，則比較不會因為受到焦傷或在太陽光束下而失勢或減弱。

　　行星運行速度——快、平均或慢——會是決定它活躍度的關鍵；通常，速度越快的行星（除非在光束下）越活躍，從這裡我們可以推測有機會發生更多與行星代表意義有關的事件——多次婚姻、較多小孩、多才多藝等等；相反的，運行較慢的行星能量較弱，因此，它所代表的事件較少發生。⑮ 所有行星與太陽合相時，移動速度最快；當它們即將逆行停滯時，會開始減速漸慢（約略是太陽對外行星的盈三分相位置），然後在逆行期間保持慢速。而在逆行轉順行之後，再次加速（約略是太陽對外行星的虧三分相的位置）。如果你有電腦占星軟體，可以設定顯示出各行星的速度，然後比對表 2 的行星平均速度，來判斷行星運行是快速、平均或慢速；或者，你可以使用星曆表，查找計算兩日之間行星黃道經度的差距，確定它在這一天之內運行得有多遠，再將取得的數據與表上的平均運行速度作比較。

　　行星的順行和逆行運動都與它們的移動速度有關。**當一顆行星根據周日運動（順時針東升西落），同時在黃道星座上逆時針向前推進時，我們稱之為行星順行（direct）。**行星順行時的移動速度，大約較平均速度稍快或稍慢，但是，**當地球繞著太陽公轉至該軌道周期**

的某些時刻，行星在星座背景下的運動，看起來會像是在往後退，這種向後退行的動態稱為逆行（retrograde）（每天同一時間觀測時較明顯）。當行星逆行時，其移動速度非常緩慢。

表 2：行星的平均運行速度

♄ 土星	0 度	每日 2 分
♃ 木星	0 度	每日 5 分
♂ 火星	0 度	每日 31 分
♀ 金星	0 度	每日 59 分（與太陽同）
☿ 水星	0 度	每日 59 分（與太陽同）
☉ 太陽	0 度	每日 59.16 分
☽ 月亮	13 度	每日 11 分

根據**古代占星家的說法，逆行行星是「徒勞無益、無用、無足輕重」而且「活動力差、虛弱且不穩定」** ⑯ 這些符合一般給予行星速度的相關解釋；在希臘文中，逆行意味著「向後走」，「按原路返回」或「召回」，因此，逆行行星會被解釋為取消，或取回先前給予的東西；而**現代占星對逆行的定義，指向行星功能內化至心理的狀態，相較於一般普遍標準，意味著需要透過更加個人化的方式，去重新思考與重塑它的表達方式。**

當行星偕日升或偕日降的時候（在太陽上升前 15 度內，或在太陽下降後 15 度內），或在出生前後七日內有停滯轉順行或轉逆行，

都會是一種特殊的狀態，稱之為關鍵相（phasis）；行星於關鍵相的時候，代表能量集中，該行星代表的事物充滿著生命，是好是壞，則依其它要素而定。如果該行星狀態不佳、位置不佳，或具有凶性，那麼它帶有問題的意涵可能支配著生命經驗；如果行星狀態佳、位置優越，並具有吉性，那麼它更加幸運的表徵得以豐富人生。

在這關於行星狀態的介紹中，讓我們先不考慮偕日升與偕日降，但我們應該在諮詢前查閱星曆表，檢視在客戶出生前後七日內是否有任何行星停滯。

在比爾的星盤中，太陽 15 度內沒有行星，所以沒有行星在太陽光束下；木星、土星、天王星、凱龍星與海王星全部都是逆行，因此較無力或活動力較低，連帶延遲了它們的特性，使之轉向內化或個人化它們的表達方式。查閱一九三九年十一月十七日的星曆表，我們看到水星停滯，並即將在出生二天後的十一月十九日逆行，因此，可以視為是關鍵相與強化。水星是第七宮（關係）與第十宮（事業）的主星，我們可以推定比爾的人生經驗幾乎都與這兩個領域有關。比爾出生後八天，十一月二十五日，木星停滯轉順行，這比原定的規則多一天，但是，我們分析時還是需要考量這項資訊，因為木星作為第一宮（生命力）與第四宮（家庭與父母）的主星，其意涵會被特別強調出來。

當考量月相時，我們需注意是月**盈與增光（從新月到滿月）**，

或是月**虧與減光（從滿月到新月）**；一般而言，因為是光線增強的階段，所以月盈比月虧有利。我們也要注意月亮的**速度**，它的每日運行的距離介於 11 度至 15 度之間，日平均速度約為 13 度；**速度越快，則影響力越活躍，事件越多，機會也就越多。**接著，我們要判斷月亮與星盤中其他行星是否有**入相位** ⑰，因為古代哲學中，月亮被認為是傳遞其他行星的光線到地球，透過分析月亮與其他行星形成的相位，將有助於理解行星的意義。

最後，我們將探討出生在「月亮空亡時期」（void-of-course）的人。**希臘化時期占星家定義「空亡」為月亮在一天一夜內，或以 13 度為標準，沒有入相位其他行星的情況（請記得只用七顆肉眼可見的行星），並且在這 13 度的範圍月亮可以跨星座；**而有其他占星家特別定義至 30 度的移距，這與現代占星的月亮空亡不同，實屬相當罕見的現象。

希臘化時期的占星文本中認為「月亮空亡」指的是流浪者、吟遊詩人，或者漫無目的地遊蕩，它可能意味著一個人沒有好好發揮職責，甚至少了世俗之見，無法像一般人那樣地在意生活或踏實地把事情完成。

✎ ----------

在比爾的星盤中，月亮減光，移速 12 度 03 分，較平均速度慢；在它通過水瓶座的期間，依序入相位金星、水星、天王星、太陽、婚神星、

灶神星、土星和火星，因此不是空亡，是中等活躍度且有利的月亮。

　　在你對星盤中的行星意義做出判斷之前，首先，你必須評估它產出結果的能力，以及這些成果是否符合個人最佳利益。第九十頁的表3，總結了我們收集到有關各行星的所有資訊，並且指出各個因子的意涵。

- 區間內的行星，具權威性來推動它的主題，並為個人生命帶來較佳的結果。
- 行星位在自己具有主管權的星座，能擁有權力掌握資源（入廟），並獲得崇高的地位和榮耀（入旺）。
- 來自角宮或續宮給予的力量與專注力，又位在彷彿好地段的吉宮，將有利於展開人生。
- 相位結構與相位表示行星彼此之間的互動與影響，就像是它們在相互協商著個人的命運一樣。
- 獎賞與腐化的狀態，能夠強化或傷害行星代表的意義，幫助或妨礙個人的幸福與福祉。
- 可見度讓行星進入聚光燈下，使它的主題能夠被看見與覺察；速度等同於活躍度，可以創造更多的能量和實現其意義的機會；順行能確保前進的動力。

　　因此，行星最好的狀態是 —— 區間內，位在具有自己一個或一個以上主管權的星座，位於角宮與吉宮，受吉星的獎賞，可被看

見，運行速度快，順行，並且為偕日升或偕日降；而行星最糟的狀態是——區間外，落陷或入弱，位於果宮或凶宮，受制於凶星，被凶星腐化，在太陽光束下並且逆行。

大部分行星或多或少會落入這一連串檢視的某項狀態，身為占星師，你的工作就是要去權衡所有正負面的因子，針對「行星能否有效並有利運作」的整體能力做出判斷。

當你查看星盤時，只需全面分析七顆肉眼可見的行星，因為這些，也只有這些行星會是宮主星，執掌了生命所有的主題；訓練自己不僅要識別行星所在宮位，也要查看它主管的宮位，然後判斷它究竟具有什麼樣的主管權。檢視外行星及小行星們的所在宮位，來了解它們如何影響個人的抱負，以及在相位結構中受到凶星或吉星多大程度的傷害或幫助，還有，它們是順行、逆行或在太陽光束下；但請記得，區間分類與星座主星系統不適用於外行星與小行星群。

太陽天蠍座位於比爾的第十二宮（痛苦／轉化）並主管他的第九宮（宗教、旅行、教育），作為區間的領導具有極大的權威為他帶來有利的成果，可是太陽在天蠍座沒有任何的主管權，因此，它沒有辦法掌握自己的資源，或者獲得期待的地位，反而需要望向定位星火星以謀求資助；太陽位在果宮會讓它的行動力被分散，是無益於事務的位置，然而它以三分相，從幾乎成關鍵相、十分強大且有力的木星那裡得到

幫助與肯定。

月亮水瓶座位在比爾的第三宮（手足、溝通），主管他的第八宮（死亡、遺產）；屬於區間外，也不是位在它具有主管權的星座，因此必須檢視它的定位星土星來尋求資源。月亮位於果宮，力量弱，但為吉宮，能以六分相獲得金星的些許幫助；但是，它被同星座的火星所傷。月相為盈，運行速度慢，但是與其他行星有許多入相位。總體來說，月亮沒有擁有很多的資源，但也不意味它是悲慘的。

水星射手座位於第一宮（個性、自我），主管第七宮（關係）與第十宮（職業）是很有意思的；它不屬於區間內，而且落陷，既沒有權威，也無法對它主管領域提供有效的資源，而必須望向它的定位星木星，以獲得極大的支持，然而，木星強而有力又位在吉宮，因此它所關切的事項會是生命中主要的關注。水星在出生後二天逆行停滯，是關鍵相狀態，也強化了它所代表的意義，此外，透過與金星合相得到獎賞，沒有受到火星或土星的傷害，因此其結果可能是好的；月亮入相位於水星。

金星射手座，也位在第一宮，主管第六宮（健康）與第十一宮（朋友）；區間外，不在任何廟宮或旺宮星座，也不在它們的對宮，沒有得到支持或傷害，所以必須看金星的定位星──木星強而有力並且專注在比爾的第一宮吉宮裡；月亮入相位於金星。金星具有宮位優勢，也擁有自然吉星的性質，但整體條件而言，屬於一般且中性。

火星位在水瓶座第三宮，主管第五宮（子女）與第十二宮（痛苦、損失）；區間外，因此在追求其目的時不具有權威性；它是無力的，但在吉宮、果宮，既沒有得到獎賞也沒有受到虐治。整體看起來似乎無力，但火星透過與土星的互容獲得了很大的力量；土星是它的定位星，因此火星能夠像位在自己的星座一樣，擁有資源並能有效運用；但是，即使擁有資源，火星的所在宮位致使它為其主管事項帶來不利的狀態。

木星位在雙魚座，是比爾的第四宮（家、雙親），並且主管他的第一宮（自我）與第四宮；區間內，位在自己主管的星座，因此得以透過運用它所擁有的資源而變得更有力量；它位在一個強勢、角宮與吉宮的位置；雖然木星看起來似乎被兩顆凶星包圍，但幸好金星位於雙魚座13度射入了有利的射線，因而抵擋了凶星的圍堵；木星逆行，這是它唯一的難處，但在出生後八天內轉順行，位於關鍵相的邊緣，是個強化的狀態。整體來說，木星狀態甚佳，是該星盤中最有力的行星。

土星在白羊座，位於比爾的第五宮（子女），主管第二宮（財務、生計）與第三宮（手足、溝通）；區間內，且位於狀態中等的續宮吉宮，因此，即使它陷入弱白羊座而看起來似乎狀態不佳，但由於與火星互容，且火星是它的定位星，賦予它如同入廟的力量，因而挽救了一點名聲；土星也從三分相得到金星的幫助，但它是逆行，所以，土星透過它的區間狀態、星座主管權及宮位位置而處在一個相當不錯的狀態，只是緩慢逆行是它唯一的缺點。

表 3：行星狀態

行星	區間	星座	宮位	相位結構	太陽／月亮
☉ 太陽	喜		果宮／凶宮	幫助 1x 傷害 1x	
☽ 月亮				傷害 1x	可見，增光，慢速
☿ 水星	不喜	陷宮	角宮／吉宮	幫助 1x	可見，順行，關鍵相：停滯轉逆行
♀ 金星	不喜		角宮／吉宮		可見，順行
♂ 火星	不喜	與土星互容	果宮／吉宮	幫助 1x	可見，順行
♃ 木星	喜	廟宮	角宮／吉宮	也許受到包圍的虐治	可見，逆行，關鍵相：停滯轉順行（八天）
♄ 土星	喜	弱宮，但與火星互容	續宮／吉宮	幫助 1x	可見，逆行
♅ 天王星			果宮／凶宮	幫助 1x 傷害 1x	逆行
♆ 海王星			角宮／吉宮		可見，順行
♇ 冥王星			果宮／吉宮	幫助 1x 傷害 1x	可見，逆行
⚳ 穀神星			角宮／吉宮		可見，順行
⚴ 智神星			果宮／吉宮	幫助 1x 傷害 1x	可見，順行
⚶ 婚神星			果宮／吉宮	幫助 1x 虐治 1x	可見，順行
⚵ 灶神星			續宮／吉宮	虐治 1x	可見，逆行
⚷ 凱龍星			續宮／凶宮	幫助 1x 傷害 1x	可見，逆行

學習指南

- 依據本章所提供的示範，製作一張可以列出每顆行星狀態的表格，並使用你準備的星盤練習。

- 寫下各行星的分析，詳細說明其狀態，判斷它以有利方式實現代表事項的整體能力，但請務必包括它的所在宮位及其主管宮位、區間狀態、黃道星座主管星座、相對角宮位置以及其宮位獲益與否，是否受到其他行星的幫助或傷害，有無特殊的太陽現象（例如：太陽光束下、逆行或關鍵相的狀態），以及月亮是否入相位。

- 切記，你尚未對星盤上的行星意義作解說，只是先評估狀態。

- 從最活躍與最有利，到最不活躍與最不利，依序列出行星。

PART 2

建立骨架

—— 第三章 ——

星盤概述

　　現在你已經仔細檢視過行星狀態，可以開始描述它們在星盤中的意義了。在本章中，我們將討論如何彙整你所需要的資訊，以便向客戶解釋星盤。首先，你必須對取得的出生資料有信心，然後決定星盤使用的預設選項。事先備妥並熟悉星盤中各個重要的點和目前的行運要素，以此了解星盤的概況。接著，在開始為客戶提供諮詢之前，請先與客戶做初步的訪談。

驗證出生資訊

　　閱讀星盤的第一步是取得個案的出生資訊。假如這訊息是經由口頭回覆而非書面記載的話，請再次與你的客戶做確認，詢問資料的提供來源，並評估是否可信；最可靠的資料來源是出生證明，若能取得，請盡可能使用這類資料。倘若資料記錄的出生時間顯示為小時、半小時或四分之一小時（例如：下午 3:00、下午 3:15、下午 3:30 或下午 3:45），這數據有可能已經四捨五入過，那麼在推進軸點進行精確的行運預測時，就需要注意有沒有誤差；出生時間每差距四分鐘，在軸點上大約會有一度的變化，當軸點有二到三度的差距時，便

意味著以慢速運行的外行星，過境的時間點會早幾年或晚幾年發生。

　　並非所有的出生證明都包含了「出生時間」這項資訊。如果客戶提供的出生證明上沒有註明時間，請詢問該證明書是出生紀錄（一般執照或護照等官方證明文件，只有個人資料而不會記載出生時間），還是原始出生證明的影本。若經確認這是一份出生紀錄，請你的客戶聯繫其出生地管轄的戶政機關，並特別要求提供原始出生證明的副本，而不是出生紀錄。如果出生證明上面仍是沒有載明時間，那麼就必須仰賴父母或親戚的記憶了。

　　母親的記憶可能會令人有點棘手，因為一九四〇年代以後，大部分的人都在醫院生產，女性被關在沒有窗戶的房間裡，還被施打著麻醉劑，那很可能使她的記憶紊亂；另一方面，許多在家生產的人完全沒想到要記錄出生時間，有時，你可以從父親或其他親戚那裡得到佐證，他們可能記得是在早上上班的時候，或晚餐後，又或者是在某個時段接到電話通知出生這件事。嬰兒手冊和出生告示也可能會包含了時間資訊。

　　永遠都要詢問客戶所提供的時間，是否為其他占星師校正過的出生時間、是某個人用靈擺搖出來的結果、抑或是某位靈媒的說法，在使用這類時間資訊時，總是讓我感到非常地猶豫。對於使用流運（transit）、推運（progression）或太陽弧（solar-arc）來比對行星通過軸點時會有戲劇性外在事件的占星校正理論，依我個人的經驗來

說，也是質疑其有效性的，因為，我不斷地從出生資訊非常可靠的星
盤上，看到很多時候行星通過軸點時，並沒有發生所謂的外在事件。

　　假如出生資料中沒有時間資訊供你使用，又或者時間記錄非常
不確定，那麼你仍然可以解讀星盤，只是由於時間資訊不完整，某些
部分的解釋相對上就比較概括籠統，而不會那麼具體詳細。在這些情
況下，我會以中午十二點來設定星盤，如此，月亮便會位在可能度數
範圍內的中點，然後再觀察各行星位於什麼星座，行星間的相位以及
通過本命行星的流運狀況，而此時，任何涉及宮位或軸點的因素都不
會列入考量。如果你得到的時間資訊是在誤差一小時以內或更小，並
且在這段誤差時間內上升點不會移換星座，那麼你在解讀時，只需要
排除有關流運行星通過軸點的內容；稍後，我將提供有關於上升點在
那一小時之間移換星座時，該如何判斷上升星座的線索。

　　某些占星師喜歡使用日出盤，也就是太陽位於上升點的星盤，
在這種情況下沿用的宮位被稱為太陽宮位，他們以一般的方式解釋這
些太陽宮位相對於太陽的意義；這個方法確實具有一些參考價值，但
建議在解釋太陽盤（日出盤）的時候，不要使用宮主星。

星盤的預設值

　　在你開始設定星盤之前，要先決定使用哪一種宮位系統（整宮
制、等宮制、普拉西德斯制、波菲制、科赫制、瑞吉歐蒙它納斯制、

阿卡比特斯制等）和黃道系統（回歸、恆星、日心），然後決定是否
加入小行星；如果你是古典占星師，是否要包括外行星——天王星、
海王星和冥王星，接著決定要使用哪個公式（日／夜）來計算幸運點
（希臘占星稱 Lot of Fortune，中世紀占星稱 Part of Fortune），選用
平均或真實的月交點，啟用哪些相位和容許度；此外，如果你正在準
備太陽回歸盤，請確定要以出生地或現居地來設定位置，以及其太陽
是否需經過歲差調校。

目前我的預設值，和本書中所使用的設定是：
- 整宮制宮位系統。
- 回歸黃道。
- 四個主要小行星（穀神星、智神星、婚神星和灶神星）。
- 數十顆次要小行星，包括凱龍星。
- 五個托勒密相位（合相、六分相、四分相、三分相和對分相）。
- 相位主要從星座考量而非容許度，倘若度數越緊密，則該相位的影
  響越活躍。
- 不考慮星座外的相位，除非運行較快的行星即將在 3 度內入相位速
  度較慢的行星。
- 太陽回歸盤使用出生地，以及未經歲差調校的太陽。

設置星盤

　　列印一份本命星盤給你的客戶是個好點子，如果你的占星軟體

可以選擇顯示星座和行星的符號圖例，那就更好了。不過因為每個人對於相位和容許度的見解不同，使用顯示相位線的星盤，或是附上棋盤格狀的相位表，都可能令人混淆。所以，假使你的列印資訊包含相位內容，需要清楚了解自己的使用偏好，並確認列印的內容有無正確地呈現你的設定。有些程式會顯示行星元素與模式的柱狀表格，但這些數值可能會誤導你。我們將在後面討論這個部分，屆時再由你判斷是否要包含那些數據。

　　本命星盤與次限推運盤的雙圈盤是我主要使用的圖表，本命星盤在內圈，次限推運盤在外圈（見圖表 6）。為此，我手動增添了以下的符號：

- 使用依黃道次序排列的次要小行星表，列出每張星盤中我所使用到的小行星。
- 我會留意與四軸點合相的小行星，特別是與上升點、上中天、太陽、月亮和上升主星合相的小行星。
- 如果與客戶個人名字相符的小行星出現在列表中，或是有看到他們伴侶的名字，我會加上去。
- 如果看到有個主題正在展開，會添加其他與該主題相關的小行星。

　　待會我會更詳細地解釋這些符號，除非你已經有使用小行星的經驗，否則請暫時不要做任何調整，只需要先確認穀神星、智神星、婚神星、灶神星與凱龍星的位置，並且讓自己熟悉它們的符號。

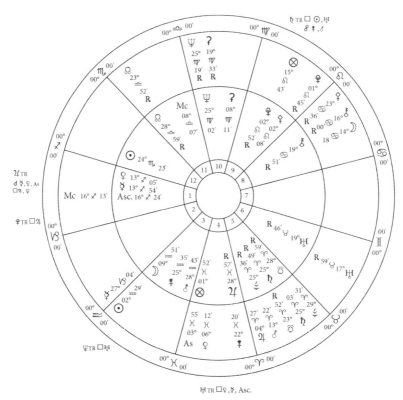

圖6A：本命星盤與次限推運盤的雙圈盤與註釋

現在，你已經準備好瀏覽星盤：

一、判斷本命出生時的月相，現在的次限推運月相，此月相週期開始
　　和結束的日期，以及上一次的次限推運新月期的日期；我們稍候
　　將會對這部分詳細說明。

二、檢視次限推運盤，比較次限行星與本命行星的位置。

三、檢視次限軸點（上升、上中天、下降、下中天）或是次限內行星
　　（太陽、水星、金星、火星、穀神星、智神星、婚神星或灶神
　　星）是否與任何次限行星、本命軸點或本命行星，有 1 度容許度
　　內的合相或對分相。若有，請標註圈起來。

四、如果次限外行星（木星、土星、天王星、海王星或冥王星）與次
　　限行星、本命行星或本命四軸點有 15 分容許度內的合相，也把
　　它圈起來。

五、注意次限月亮的所在星座和宮位。

六、注意是否有次限行星剛推移進入新的星座，或者在今年有轉順行
　　或逆行的情形（為此，請查閱星曆表上的推運日期）。

　　雖然次限推運盤中可能還有許多其他重要的因子，不過到目前
為止考慮這些就可以了，因為單單檢視次限推運盤所能判定的事項有
限，並非特別例外。

　　你可能會只想列印當前的流運盤，或是再多加一圈流運盤成第
三圈，但我建議你不要這麼做，原因在於占星學生僅使用電腦軟體，
而不以查閱星曆表來判斷當前流運的缺點是：他們通常對行星的各種
速度、周期、逆行狀態，以及行星在特定期間的運行範圍缺乏概念。
請查看星曆表，從木星開始，逐一檢視到冥王星，注意這些外行星在
欲諮詢的一年期間內行進多遠，並留意它們是否有停滯、轉順行或逆
行等現象。在腦海中記下各行星的相關度數，然後比對次限推運盤的
星座度數，在外圍相應的位置寫下各流運行星的符號，還要留意在該

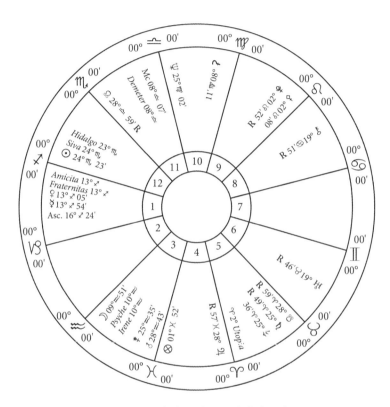

圖 6B：附有次要小行星的本命星盤

年度的運行過程中，是否會與任何本命行星形成精準的相位；強硬相
位（合相、四分相、對分相）的效應通常更為戲劇化，但溫和相位
（六分相和三分相）也不盡然那麼無關緊要；如果流運內行星──
水星、金星和火星──在本命行星上停滯，或者在特定的宮位裡逆
行，這也是需要注意的重要訊息，但並不需要去考慮流運行星過境次
限行星的狀況。

　　最後，也讓自己了解一下明年即將發生或最近已經發生的日月蝕，查看哪一個本命宮位會被引動，以及它們是否在 3 度內與任一行星合相；如果你是希臘占星或中世紀占星的占星師，請留意這時候的流年小限宮位和流年小限主星相應在太陽回歸盤中的位置。如果你尚未熟悉這些占星術語，在後面的章節會有更全面的定義及討論，或者也可以到名詞釋義中查閱了解，待你讀完本書之後，再回到本節仔細完成你的檢核表。

了解星盤概況

　　現在，你已準備好隨著你的視線瀏覽星盤，進而綜觀了解星盤的整體概況。在這裡，你必須讓自己熟悉星盤的布局，並在一些極普遍的常態觀察與十分明確具體的判斷之間找到良好的平衡。隨著練習，你將能分辨出哪些是特別突顯，且最有可能成為重要的提示。

　　首先，要注意上升星座，任何與上升點合相的行星，以及上升主星的所在星座、宮位和相位結構；然後注意太陽和月亮的所在星座與宮位，並確認是否有任何行星或小行星與這兩顆發光體緊密合相；在某程度上，上升點、太陽和月亮是代表生命的三個主要因子，經由分析這些因子的元素，將能提供你有關客戶基本特質的線索。

　　火元素與**自由**有關，**風元素**與**變化**有關，**土元素**與**穩定性**有關，**水元素**則帶有**情緒的安全感**；火元素與風元素彼此理解，土元素和水

元素之間亦同。依據太陽、月亮和上升點的元素,查看是否出現了主要主題與次要主題?而這會影響你給予客戶的建議。

　　例如,太陽和月亮位在土象星座而上升點位在水象星座的女人,會強烈地希望維護她生活中的安全和保障,如果她覺得自己的婚姻問題重重,但這婚姻卻能提供她在經濟上的保障,那麼,就別太快勸她在流運困難時離婚,而是建議她先尋求其他的解決方法,尤其在尚未具備得以承擔自己和孩子生活的謀生技能或資源的情況下;但如果這三個因子是由火元素與風元素主導著自由或變化的主題,那麼她可能更適合開始獨立謀生。這裡的重點是,建立一個通用的準則,一個理應足以影響你用來參考並推導出所有後續具體描述的框架。

　　另一個讓你能夠了解星盤概況的考量,是觀察有無哪些星座或宮位內出現星群(三顆或更多的行星位在同一星座或宮位)而被突顯出來,這些行星將指出重要活動的領域。此外,任何與四軸點合相,或是位於角宮內的行星或小行星,將在生命中發揮主導的作用;同時注意本命月相,用以評估太陽/月亮的能量如何共同運作。當你熟練瀏覽相位圖形的技巧之後,請留意是否有任何三刑會衝或大三角,但是請記得,涉及外行星的相位是屬於世代性的,而非特定個人的。同時也請查看是否有任何行星逆行,並確認月交點和幸運點的位置。

　　為了判斷整體最強勢的元素,我不建議採用任何將行星、四軸點、月交點和特殊點(希臘點或阿拉伯點)進行元素與模式計分的制

式表格，因為當你開始添加更多的小行星和特殊點，並且選用不同的宮位系統時，從根本上，這些變項與計分原理並不相符，其結果甚有可能是誤導的。我並未發現半球（上半球的外向／下半球內向）的說法有效；相位圖形的學說（例如：碗形，所有行星都是在180度弧度範圍內；提桶形與碗形相似，但其中一顆行星與其他行星對分相，形同提把）是由二十世紀的占星家所開發的，在運用十大行星系統時，此學說能提供一些見解，但是，當你開始在星盤裡顯示小行星之後，隨著星體數量的增加，這些圖形也跟著變得毫無意義；所以請切記這一點：如果你要使用相位圖形，那麼必須僅限用於十大行星系統。①

最後，查看星盤的哪些領域正受到外行星過境的挑戰，這些領域可能正是你客戶關心的重點；再次提醒流運行星（以合相、四分相、對分相）過境四軸點（以及太陽、月亮、上升主星、水星、金星和火星）會是需要特別留意的情況，如果發現有流運行星已經、或是即將進入下一個星座，則需要注意該行星所過境的宮位。

此刻在你的分析中，只需簡單識別星盤內是什麼樣的構成組合，哪些是能量集中的地方，而不是試圖去判斷它們的意涵。以下，是初步了解星盤概況的檢核表，可以協助你決定可能想要說明的領域：

● 列出上升點、太陽和月亮星座的元素，查看是否有火／風，或土／水的顯性主題？它們是否平均分布？或是缺少哪些元素？它所顯示的個人基本特質是傾向自由、變化、保障還是安全？

- 注意上升星座，以及任何在第一宮內與上升點合相的行星／小行星或恆星；注意要使用古典主星系統來界定上升點的星座主星（火星主管天蠍座，木星主管雙魚座，土星主管水瓶座），以及該星座主星之所在宮位與所在星座的主星；上升主星是否也主管另一個宮位？有哪些行星／小行星／恆星與上升主星合相或對分相？與恆星的對分相則不列入考量。

- 列出太陽和月亮的所在星座和宮位，以及它們主管的宮位，哪些行星和小行星與發光體合相或對分相？哪些恆星與發光體合相？

- 注意有無任何行星在其星座入廟、入弱、入旺或落陷。

- 列出本命月相與次限推運的月相。

- 列出月交點與幸運點的位置，並注意此人是否在日月蝕期間出生；確認你的電腦軟體所設定的幸運點計算，是依據日夜間出生而轉換公式。

- 列出任何位在角宮的行星。

- 列出任何星群或其他的相位圖形。

- 列出任何逆行行星，或在太陽光束下（與太陽相距 15 度範圍內）的行星。

- 列出重要的次限推運與流運相位，以及一年中，日月蝕發生的度數。

　　現在，請參考我們的範例星盤，看看如何檢核上述各項並條列記錄。

✎ ----------

男性，生於一九三九年十一月十七日，上午 8 點 30 分，塞內卡，內布拉斯加州／整宮制

1. 分析三個生命主要因子的元素：上升點在火象，太陽在水象，月亮在風象；關於元素的分布與平衡，他缺乏土元素；透過太陽、月亮和上升點的元素解析得知，上升點和月亮位在火象和風象，其自由和變化的主題能彼此互動，而太陽著重在情感的安全與連結；然而，缺少了土元素所代表之取得物質與財務保障的傾向。

2. 上升星座是射手座，金星和水星合相上升點，其主星木星逆行於雙魚座第四宮（家、家族），並主管第四宮所職掌的家，與象徵事業第十宮內的海王星呈對分相。

3. 太陽位在天蠍座第十二宮（痛苦、轉化），主管第九宮（高等智慧），與位在金牛座第六宮（傷害、生病、工作）並且逆行的天王星呈對分相；月亮在水瓶座第三宮（交流、手足），主管第八宮（死亡、繼承），與婚神星和火星呈較寬度數的合相，並且與冥王星和智神星呈對分相。

4. 木星入廟雙魚座，強而有力；水星落陷射手座；火星與土星互容。

5. 月相為蛾眉月階段。

6. 月交點在白羊座——天秤座，位於第五與十一宮（子女、朋友）的軸線；幸運點在雙魚座第四宮（家、家族）。

7. 水瓶座守護的第三宮（交流、手足），宮內有星群——月亮、婚神星和火星。

8. 角宮行星——海王星位在第十宮，木星位在第四宮，金星與水星位在第一宮（事業、家庭生活、自我）；上中天與下中天的軸線落在第十一／五宮。

9. 主要的整宮相位圖形——角宮內有海王星、逆行木星，以及與金星／水星所形成的變動星座三刑會衝；太陽、逆行天王星和火星／婚神星在果宮形成固定星座的三刑會衝；太陽、逆行木星和逆行凱龍星形成水象星座大三角。（Rx 通常代表逆行的縮寫。）

10. 木星、土星、灶神星、天王星、冥王星和凱龍星都是逆行。

11. 截至二〇〇六年秋季，流運冥王星四分本命木星（上升主星），而且即將進入整宮第一宮；流運土星對分本命婚神星和本命火星；流運木星與本命太陽合相；次限上中天／下中天與本命上升點／下降點的軸線合相；二〇〇四年十月到二〇〇八年三月之間的次限月相是盈凸月；一九九二年十月的次限新月位在摩羯座 19 度。

初步訪談

雖然你可以在每一次的諮詢當中運用相同的基本流程架構，但是你的方式、語氣以及描述內容的複雜度，將因每位客戶而有所不同。當你準備好、也熟悉了星盤，在正式開始解讀之前，你仍應與客戶做初步訪談，因為你必須在諮詢開始後的三分鐘內決定諮詢的方法。這裡有兩組重要的問題，可協助你決定後續進行的方式，請教你的客戶：

- 您以前的占星背景是什麼？這是您第一次讓人解讀星盤，或是以前有過相關的諮詢經驗？您是占星學學生，還是執業占星師？您熟悉行星、星座、宮位和相位的基本意涵嗎？您知道什麼是流運嗎？
- 您是否有任何特殊問題或疑慮是希望我在本次諮詢中處理的？

　　如果這是第一次解讀星盤，而且你的客戶也不了解占星相關詞彙的話，那麼一切請保持簡單明瞭，並且在你的解盤過程中盡量避開行話；對於已有豐富占星經驗的客戶，可能會覺得基本解盤很乏味，不值得浪費時間和金錢，所以你在解讀時可以包含更多的內容，並且引用各種技法上的術語。使用相同的星盤來練習這兩種解盤方法，每一種都以口語說明；你僅僅只是知道星盤的意涵是不夠的，必須在面對每個理解程度不同的客戶時，還能夠確實貼切地傳達訊息。

　　在開始正式諮詢之前必須做的第二件事，是釐清客戶來找你的原因；請客戶簡短地介紹自己（在三分鐘之內），包含生活環境和相關問題，而他們的回應也會使你明白他們的期望，以及他們希望你在諮詢中處理的問題是什麼。

　　如果客戶關心的問題是什麼時候賣房子，那麼就討論這件事，而不是提到伴侶間的虐待關係；如果客戶想知道星盤暗示的生命方向是什麼，那就不要談論現在是不是購買新車的好時機。儘管，你想要給客戶一份星盤的綜合摘要，但務必在諮詢中留下足夠時間來關注他或她所陳述的問題。

　　我們稍後會再討論更多與上述情況的相關問題，但是現在，你會想要懂得如何使你的解讀變得淺顯易懂或深入複雜，以及從星盤的一般綜合檢視中，找出什麼才是諮詢的特定重點。當你的客戶正在說話時，可以一邊觀察準備好的星盤，一邊注意客戶訴說的煩惱擔憂是發生在哪些層面，相應在星盤裡的這些領域發生了什麼事。雖然本書中所展示的模型，其最終目標是為了解客戶的生命目的，但你還是必須知道如何處理特定的問題。

學習指南

使用你的練習星盤：

- 取得並驗證出生資訊，確定其來源與可靠程度。
- 準備所需的星盤。
- 列出前一章描述的要點。
- 選定一個主題（關係、健康、職業、教育等）記住它，然後去探索研究。
- 判斷本命星盤裡能量集中的領域，以及哪些領域目前正受到引動。

——— 第四章 ———
上升點、上升主星與人生方向

誕生星盤所能解讀的，不僅是個性上的描述，或是對事件的預測，它還可以是推動人生意義的生活指南。雖然，解釋星盤的技巧可以是極為複雜的，但也可以相當簡單扼要。古代占星家將太陽、月亮和上升點視作「生命之地」，你可以只取用這三個因子來構建一個生命目的的基本架構，其他所有添加在基本主題之上的細節，皆從這些生命之地開始發展。

太陽和月亮代表靈魂和身體。太陽代表靈魂的意圖，是人類心智中神性的部分與生命的目的；月亮象徵著賦予靈魂生命的身體，是感知這世界的感官，以及在日常生活與世俗事務中實現目的的工具；上升點指出驅動靈魂的基本動機，而上升主星則是引導生命前往它的目的地。

在本章中，我們將研究上升星座、第一宮內行星以及上升主星，各自在達成生命目的時所扮演的角色。而在下一章，我們將看看太陽和月亮在敘述生命的本質意涵時有何貢獻。

在開始前，先補充幾句話；**星盤描述的方式有兩種：一種是記述性的，另一種是處方式的。記述性方法是簡單描述一個人的性格與行為；處方式的方法是提供訊息幫助客戶運用他們的資源而活得有意義、有目標。**從這一點來看，我們的諮詢將是處方式的，我們將把焦點放在如何從星盤中萃取意義，並向客戶描述他們可能的生命目的，這不僅是告訴客戶他們是擅於溝通、態度嚴謹、善於分析等等，而是建議他們如何運用這些特質，為自我的生活賦予意義。

上升點

上升點可能是星盤中最為敏感且最為個人的因子，因為它指出了當孩子在特定時間與地點出生時，從東方地平線升起的黃道星座和度數。上升點標示天空與地球在當天日昇之處交會的位置，即是讓這孩子與同一天出生的其他孩子有所不同的原因。

古人認知上升點是「看著時間」（horoskopos），是「時辰的記號」（hour-marker）；作為生命之地，它指的是當生命轉生成為肉身的一瞬間，當新生兒作為獨立個體進行第一次呼吸的那一刻。

有時，「上升」一詞指的是上升星座的精確度數，例如：金牛座 23 度；而在其他情況下，它指的是第一宮的整個星座。上升度數確立了地平線，標記著出生當天的日出點和日落點，從而區分了可以看見星體的上半球與看不見星體的下半球之間的界線。上升點所在的

星座即為第一宮，希臘化時期占星家認為該宮位具有氣息、靈魂、生命與舵輪的意涵，而舵輪控制著船舶的航行裝置，其背後蘊含古書中將生命視為「航海之旅」的隱喻；隨著上升點，一個帶有意志的靈魂，為了在時間與空間中實現它的目的，因而進入了物質的身體，並且開始它的旅程；這就是生命進入有形世界的地方。

在希臘化時期的占星學，上升主星的解析，是用於陳述整體生命成就的通用技巧之一；上升主星如同舵手或操舵員，它的指令能夠引領生命之船前往它的目的地；在印度／吠陀占星學中，上升點稱作「浮升點」（Lagna），也是解盤的主要部分；上升主星的重要性一直延續到現代已成慣例，有時被稱為「盤主星」（chart ruler）。

讓我們從上升點開始深入檢視，接著運用範例星盤作教學說明，然後，再針對範例描述，討論如何解釋上升主星；如此，你就可以看到從何處逐步建構解盤的內容。

上升星座的性格描述

在最外界的層次上，上升星座描繪外在的性格、外貌，以及由某種心理需求所驅動展現的人格，代表此人向世界投射出的形象；這種外在形象，往往與實質的認知不同，然而這會是與人初次相識和日常的接觸當中，所表現出來的人格，你可以稱它作個人的「包裝」。在某種程度上，當我們邂逅他人並進行一般互動時，我們不會顯露內

在的自我,而是上升星座賦予的人物角色,掌管了多數時候我們在人前呈現的特質。

每個黃道星座都可以被視為是所有人類共同基本心理需求的一部分,我們表達性格的方式也包含了上升星座的心理特徵。例如:如果你是上升雙子,你的性格喜歡社交、多才多藝、好奇心強、善變,並且喜歡追求經驗的廣度而非深度,那麼這個角色對外展現的方式,則是透過心智的接觸,以及與他人的交流來滿足心理需求。

調整角色的表現

行星或小行星與上升點合相,以及行星位在第一宮內的時候,會將其特質添加到性格表現上,它們代表最先出現並占據核心的原型性格,在引導生命的過程中具有強大的影響力。因此,如果你有象徵年長的土星與雙子座上升點合相,那麼你的思想和言語往往會比較嚴肅、沉默寡言與保守;要是代表戰士的火星與上升點合相,那麼你的性格可能更有衝勁,也可能會以文字為武器。請注意,你不需要在這個時候描繪行星與上升點的星座合相,或者就這一點來討論它們的狀態,你只要在研究該行星所執掌的主題時,再把這合相狀態列入考量即可。

在你的解讀當中,先從與上升星座相關的人格特質開始,描述其性格特徵與心理需求;如果有任何行星或小行星與上升點合相,再

修正人格表達的方式；因為這些行星與上升點（使用整宮制時）位在
相同星座，所以你可以選擇是否要討論它們在星座內所受到的調整；
若有行星入廟、入旺、落陷或入弱，這可能很重要，而需提出討論。

比爾擁有射手座上升，水星和金星與上升點合相，小行星 367Amicita
和小行星 309Fraternitas 與金星水星精準合相，它們都在與上升點 3 度
容許度的範圍內。

比爾的外在人格具有爽朗坦率與知性探索的特質，強烈的理想性和寬
廣的眼界（成熟的射手座表現），然而有時，他的觀點會比較教條式，
而且過於生硬，近乎不明智（不成熟的射手座表現）；水星與上升點
的合相暗示，儘管他可能在口頭上不著邊際，關心的是傳達一個大方
向而非細節（水星落陷），但他投射出知識淵博與善於溝通的形象；
金星位在上升星座為他的形象增添了魅力、磁性和外表的吸引力；小
行星 367Amicita 和小行星 309Fraternitas——代表比爾的外在性格很重
視朋友和兄弟情誼，亦成為他的一種風采。

驅動靈魂的動力

在較深的層次上，上升星座的元素也指向靈魂的主要動機；什麼樣的
核心驅動力會使一個人採取行動且持續不懈呢？

- 火象星座上升的人，其驅動力是來自於行動的自由，掌握自己生命
  的力量以及影響力，或者是能將他們的願景顯化的地方。

- 風象星座上升的人，其驅動力是不設限地探索與表達他們的想法，並且因他們的想法和發言獲得正面的肯定。
- 土象星座上升的人，其驅動力是尋求生活中的人身與物質保障——有遮風蔽雨的房子，有存款積蓄在銀行，以及擁有使他不會成為無家可歸與貧困的知識技能。
- 水象星座上升的人，其驅動力是尋求情緒的支持、安全感、情感連結與親密感，不斷確認事情是否如表面上看起來一樣安然無恙，沒有問題。

　　延伸到生活環境中——人際關係、工作、信仰系統或團體關係——若能培養並容許這些核心驅動力表現出來，那麼個體就會是順利發展的狀態；但是，當環境不允許或否定這些基本需求時，這種情況遲早會變得令人無法忍受。在觸及底線之前，這個人得衝出他的藩籬。這項根據星座元素驅動靈魂的資訊，可以幫助你在遇到無法確認出生時間的客戶時，得以判斷上升星座為何；而根據上升星座的元素特徵，我們可以判斷比爾靈魂的動機。

　　因為射手座是一個火象星座，激勵比爾的靈魂採取行動的核心驅動力是自由與獨立，渴望支配他人的權力（或者至少不讓任何人來支配他），並且在他的世界中具有影響力；當他在努力的過程中受到束縛、控制或感到挫敗時，火象上升的特質可能會使他改變方式，而變得過於激進，因為處在權力被剝奪的情況，並不是他能夠接受的選項。

流運或次限推運到上升點

在這個時候，你必須決定接下來要討論什麼，顯而易見的可能選項是上升主星，它提供了滿足核心需求的關鍵；不過，這個動作會把你帶離上升點，而上升點這裡也許還有一些事將會先發生，尤其如果有任何流運行星或次限行星通過上升度數的時候，會是先整合它們的好時機。而另一個可能帶出整合的時機點，是在你探討上升主星的狀態之後。**請記得，在轉向觀察其他因子之前，先查看流運與次限推運引動上升點和上升主星的時間點。**

在你的描述中，可以討論任何流運或次限推運觸發上升點的時機，又或者最近已發生或未來一年即將發生的日月蝕。

二〇〇六年十一月撰寫本文的時候，我們觀察到比爾的星盤中，次限上中天位在射手座 16 度 9 分，與本命上升點射手座 16 度 24 分呈等分相位（相同度數）；同時，流運木星很快就會進入射手座引動他的第一宮，在二〇〇七年二月前，與本命金星、本命水星以及本命上升點合相，之後逆行又順行，直到二〇〇七年十一月才遠離；快速瀏覽一下就可以看出，在同一時期，流運冥王星也將與上升主星木星形成四分相，而流運天王星將在二〇〇七年與上升點形成四分相。

你可以決定是否等到解讀星盤時，再一起討論所有這些引動的時間點；但無論如何，你已經知道在未來這一年裡，比爾星盤中最敏感的點將

會被引動，在那段期間可能出現突然重大的變化。我們將在第六章更
詳細討論如何解釋流運與次限推運。

上升點是舵輪

　　現在我們來到星盤最重要的行星之一——上升主星。一旦確定
了上升星座的元素所顯示的基本動機，就可以判斷這個人是如何本能
地表達這種驅動力。**上升主星提供了此人在哪個領域被驅動、並採取
何種行動的相關訊息，以及這些行動將引領他實現生命目的到什麼樣
的程度。**

　　從更廣泛的意義來說，**上升主星的狀態以及它與上升點的關係，
已經說明了這個人是否擁有資源與能力將生命的過程指向一個更明確
的目標**；如果資源不足且能力有限，那麼生命可能呈現漫無目的的四處
漂流，這個人也許難以訂定或完成明確的目標，或者像是被無法控制
的力量給牽著走。

　　在希臘化時期占星學當中，舵輪是第一宮的象徵之一，指的是
舵，控制行船方向的機械。成功的生活可比喻作是一趟成功的航海行
程，船隻到達目的地的時候，貨物完好無損。第一宮內的行星位在靠
近舵輪之處，也許亦掌把著舵，以至於它們代表的事項，對於推進生
命之船的航行非常具有影響力；但是，是舵手在發出指令，嚮導著船
隻前往它的目的地，在這裡，擔任此一角色的行星是上升星座主星，

或是稱作上升主星。

上升主星是舵手

　　上升星座主星，或稱上升主星，是一顆極為重要的行星，引領著生命前往它的目的地，暗示了舵手的原型性格。舉例來說：如果上升主星是金星，那麼戀人指引了人生的旅程；要是火星，便是戰士；若是月亮，則是母親。它所在的宮位決定了將被哪個主題左右並引導人生的方向。舉例：如果上升主星位於第七宮，人際關係將引領人生；假使位於第十宮，事業將推動著生命前往它的目的地。上升主星訴說了它所採取的行為方式；例如上升主星位於白羊座，意味著強而有力、自主且果斷的行動；上升主星位於摩羯座，象徵有條不紊與策略性的規劃；上升主星位於雙魚座，代表情緒與藝術的感受力。**上升主星的所在星座和宮位，共同指出一個人將在何處採取何種行動，以驅動靈魂的核心動力來推進他們的生命。**

　　上升主星的狀態，依據其區間、黃道星座主星、宮位位置、吉凶星的協助與傷害，以及與日相周期的關係，決定了它在任務中得以發揮的效力，為生命帶來有利結果的調節力，以及使生命之旅最終有所成就的能力。

　　行星／小行星與上升主星的相位結構，提供了更多有關於上升主星如何運作的細節，一旦你考慮了這些星盤要素，便可以接著詳述

上升點與上升主星被引動的時間點。在本章稍早之前已列出了比爾星盤中的這一部分，但是，我們會將解讀放到第六章再來討論。

解讀星盤中的上升點

對於上升主星，有兩種層次的詮釋。**第一層，描述行星本身以及它的表現**，而這部分必須連同它與其他行星的相位結構一起解釋，特別是合相；然後你必須將以下考量整合，包括它的表現是如何被它所在的星座而影響，以及它是如何影響它所在的宮位以及它主管的宮位，這將構成一個以現代占星觀點的全面分析。然而，古典占星的方法增加了**第二層次的解釋─評估行星的狀態**，以衡量它如何能夠有力地將生命引導到它預定的目標。如果你是初學者，可能會想從第一層次開始練習；但是，倘若你是一名中階學生，或者已經準備好接受額外的挑戰時，那麼請嘗試第二層次的詮釋，這是以古典占星師理解行星狀態的方法來進行全面的分析。

○ 第一層：誰？如何？在哪裡？

一、判斷並描述上升主星的特質。

二、如果上升主星與另一行星、小行星、恆星、月交點或幸運點合相的話，會受其影響。

三、描述它們的星座和宮位的分布，因為它們指出這個人可以採取何種行動，以及在何處尋求得以滿足激勵靈魂的核心需求。

四、這顆行星還有主管其他的宮位嗎？另一個主管的宮位主題也會在相關動態中發揮作用。

○ 第二層次：有效或無效？有利或是不利？

一、上升主星的所在星座是否與上升星座有相位？僅考慮五個托勒密相位（合相、六分相、四分形、三分相、對分相）──換句話說，判斷上升主星是否位在利於生命事務的吉宮中。如果與上升點有星座相位的結構，那就意味著負責達成目標或滿足核心動機驅動力的舵手，與舵輪裝置之間，存在著聯繫和溝通的管道，當指令傳達與執行行動之間有明確的溝通管道，便可意識到指令的動態；假使上升主星與上升星座之間沒有任何相位，意味著雙方沒有清晰的對話管道，那麼生命可能缺乏明確的方向感而漂流，甚至輕易地被帶離了航道。

二、行星是否位於自己主管的星座（入廟或入旺）？如果是的話，就有足夠的資源來實現目標，或者在其意涵上取得高度的地位；它是否處於落陷或入弱的星座呢？如果是的話，它可能是舉目無親，資源匱乏或不受尊重，能力受到挑戰而難以獲得期望的成果。

三、如果行星的所在星座使得它無法獲得自己的資源，那麼它是否可以依據行星狀態與相位結構，從它所在星座的主星（也稱為定位星）那裡獲得援助？

四、這顆行星是位在角宮、續宮還是果宮？它所關注的，有多大程度能夠被引導至個人的目標？

五、行星是否透過與金星或木星的合相、三分相或六分相而獲得了幫
　　助？行星是否因為與火星或土星的合相、四分相或對分相而受到
　　阻礙？

六、行星是否為逆行？從古典占星的觀點來說，逆行行星的力量被削
　　弱了，使得人們較難以實現該行星在生命中所代表的意義，它所
　　代表的事項可能半途而廢，無功而返，或者也可能到人生晚年
　　才有所成就；從現代占星的觀點而論，這個人所面臨的挑戰，是
　　透過內在對話而非外在過程，進而發掘表現該行星作用的替代方
　　式，使其本質的展現更具個人化。

七、行星是否在太陽光束下？如果是的話，那麼它的本質會被太陽吸
　　收，太陽將變得更像那顆行星；但是，它自己所代表的事項、所
　　在宮位以及主管宮位的力量，都會被削弱。

八、行星是否有接收來自月亮的入相位，因而在其象徵意涵的表現上
　　獲得月亮的幫助？

✎ ----------

比爾的射手座上升主星是木星。比爾試圖以木星的意涵來滿足這些需
求（火象上升），包括尋求哲學性的意義，傳播知識，並以雙魚座的
靈性視野與藝術創造力的方式應用於家庭、家族、雙親、土地和房地
產（第四宮）；來自家族和家庭相關事物（第四宮）的精神性動機（雙
魚座）使他堅守道德的大道（木星），從而獲得力量和影響力（火象
上升）；因為木星位在雙魚座，是自己主管的星座之一，而它位在雙
魚座守護的宮位，所以不需考慮其他的宮位；小行星烏托邦（Utopia）

位於白羊座 2 度，與木星 3 度容許度內跨星座合相，而比爾的哲學傾向是將其理想國的願景映照在個人家庭的領域；海王星，代表錯覺與想像的行星，位在代表專業的第十宮與代表純熟技術的處女座，它與木星對分相，暗示它將比爾在這世界裡具藝術或靈性活動的生命力，吸引進社會認可的領域；太陽，作為區間領導，與區間夥伴木星形成一個有利的入三分相，照亮了對宇宙真理深思熟慮的洞見。

雖然，水星和金星位在第一宮也可能把手伸放在舵輪上，進而對生命的方向發揮強大的引導力，將它們所關注的人際關係與職業（水星主管第七宮和第十宮），以及健康和群體關係（金星主管第六宮與第十一宮）作為主要議題來投入；但是，木星是自然吉星，是上升主星和生命之船的舵手，依然具有職權將生命帶往它的目的地。

在我們先前各行星的分析中，可以確定木星是整張星盤中狀態最佳的行星；木星在雙魚座與上升射手有星座相位，因此上升主星和上升點之間，雖然有壓力但仍然可以溝通，表示它所下達的指令能使生命有利地完成目的，然而，過程中可能需要克服一些障礙；木星位在雙魚座，是它自己主管的星座，因此可能從雙親與房產（第四宮）獲得重要資源，使其努力得以成就；木星位在角宮，因而獲得有利於執行事務的力量，並且將所有的行動集中在它的人生目的上。

木星既沒有得到吉星金星的幫忙與協助，也沒受到火土那兩顆凶星的傷害和否定。（進階分析裡或許會考量木星被火星和土星圍堵的可能，

但由於金星射線的介入而無效。）木星是可見的（沒有在太陽光束下），所以它的意義能夠顯現並促成結果，但它正在逆行，從古典占星的觀點看來，意味著有些好事會中斷，或者在人生後期發生；從現代心理占星的角度來說，逆行狀態暗示比爾會不斷反覆思考他的信仰體系，並於內在驗證其真實性，而非完全仰賴外界權威的說法。木星剛通過關鍵相一天，在比爾出生後八天轉順行，其殘餘力量的強度滲透於生命之中。木星從月亮接收到六分相位，因而在顯化其代表事務中獲得了協助。

現在，你可以加入行星狀態的分析，然後作一個關於這張星盤的說明了；但是，請重新架構你對生命目的的理解。

比爾投射出一種廣闊的、理想主義的、哲學探索的天性（射手座上升），尋求權力和影響力（火象星座）以實現他的烏托邦理想（木星作為上升主星），那是一種對於鄉土與家庭事物（木星位於四宮）予以憐憫，並從靈性洞見（木星位於雙魚座）油然而生的理想；他擁有所需的資源（木星入廟），也能專注地（木星於角宮）實現這個目的，並且具備克服沿途障礙的能力（木星與上升星座四分相）；而最後的成果，可能是在他的人生後期（木星逆行）達成。

學習指南

- 檢視你的練習星盤，試著描述上升星座及其主星所涉及的所有要素，按照比爾的星盤範例，準備一篇文字分析。
- 根據上升星座的元素與模式，描述其外在性格，如有任何行星或小行星與上升點合相，則調整其表現方式。
- 依據上升星座的元素特徵，描述驅動靈魂的主要需求。
- 描繪上升主星的狀態，會在哪一領域採取什麼樣的行動來滿足激勵靈魂的核心需求，以及這項因子將如何影響實現生命目的的能力。
- 提及上升點或上升主星與任何重要的流運和／或次限推運的行運時間點，但把它們放到後面再解釋。
- 總結時，將資料重新組織成一份簡單扼要的說明，陳述其生命目的。

—— 第五章 ——
太陽、月亮和生命目的

　　現在你已經描述了上升點及其主星，對於激勵靈魂採取行動的核心驅動力已經有了概念，了解什麼行星和宮位將引導此人完成轉生的目的，以及這將會是一段以何種方式成功的人生旅程。

　　接下來，我們將探討星盤主人的人生目的，以及它在日常生活中會如何表現，而這些問題的答案，都與太陽和月亮有關。希臘化時期占星家稱太陽和月亮是「掌管個人所有一切的統治者」，形容它們具有影響整個人生的權能 ①。

　　古人所知的七顆肉眼可見的行星當中，實際上，太陽是最大的星體，而月亮是最小的，但是，經過精密的幾何和比例演算，當滿月從東方升起的那一刻，太陽剛好在西方落下，從地球的角度來看，兩者的大小相同。太陽和月亮，共同管理了日與夜的循環過程，甦醒與睡眠、活動和休息 —— 我們在這種節奏下，度過了人生中的每一天、每一個月以及每一年。天宮圖中，太陽與其他星體的區別在於，它是一顆恆星，恆星的性質和成分，彷彿是一部巨大的火力發電機，這點與行星不同。

　　事實上，地球上大多數的生物，在生長過程中最重要的能量來源就是陽光，因此，古人理所當然地將太陽視作是生命的源泉來崇拜。柏拉圖（Plato）認為天體之中，恆星比行星更為神聖，因為恆星的運行存在規律，跟行星的不規則運行相當不同。如今我們已知太陽是太陽系的中心，所有的行星都繞著它轉，因此，**太陽可以說是我們存在的中心或核心，所有的占星因子都與它有關。**

　　太陽是黃道十二星座中獅子座的主星，同時與宇宙生物之心、人類的心臟有關。許多古代醫學認為心智位於心臟的部位；西元二世紀希臘化時期占星家維第斯・瓦倫斯（Vettius Valens）寫道：「太陽象徵著國王、靈魂和心智。」② 在被希臘人占領前，美索不達米亞早已發展占星學，並使用了兩千多年，當時的占星家是祭司，負責解釋行星的動態以傳達神的旨意，他們將這些訊息轉達給國王，得以遵循神的意志來治理國家。

　　古希臘哲學家認為，靈魂是人類心智中神性的部分。在占星學中，人類的心智正是經由太陽與神性產生直接的連結，因此，透過太陽，最能清楚知道神要賦予個人的意旨為何。月亮，既不是恆星，也不是行星，而是一顆繞行地球的衛星，雖是憑藉反射太陽而發光，但卻成為夜空中最明亮的星體。

　　亞里士多德（Aristotle）提出一個宇宙模型：即天體中的一切，都由乙太（aither）這種神聖的物質所構成。在月亮的天界之下，所

有一切皆由火、土、風、水這四種元素組成。這些元素經由熱、冷、濕、乾，四質料交互變化著，通過月光的流溢進入地球的自然領域，傳遞神聖天體的作用影響，因而有助於元素在物質世界中展露其象徵的意義，並具體地表現其過程。

太陽與月亮的增溫與冷卻，支配著亞里士多德所說的：元素在「成長與腐敗」的過程，或是去而復來的周期循環。**因為月亮距離地球最近，被認為與人體具有密切的關聯，因而與健康有關**。維第斯·瓦倫斯（Vettius Valens）寫道：「月亮代表王后、受孕以及身體。」③因為太陽是晝之王，月亮是夜之后，在人間的國王和王后，相當於天上的神和女神的原型代表。

佛教哲學講「人身難得」，是因為他們認為只有人身才能達到證悟，肉體的生滅區隔了人類生死的界限。當靈魂／心智進駐身體而存活時，它就有可能實現自我，然而，得以實踐的程度則取決於身體的性質、力量與能力。

月亮是天界和地球之間聯繫的最後一環，它接收太陽的活力熱能，並以增光、減光等不同的月相階段，將光線反射到地球。**從占星的觀點，月亮意味著將太陽所代表的神聖意志，透過人類肉身來具體實現的過程，並且進入到日常生活和世俗事務之中，使我們的行為能夠利益他人。**

因此我們可以說，太陽和月亮這兩個發光體是蘊含生命力重要精華之所在，是盛載著最為濃縮、為了維持生命最為必需之能源的容器，正是將能源引導流向重要生命目標的地方。

太陽與月亮是代表人類性格的兩個主要符號，各自有其廣泛的特定意義。

其實所有行星都至少有三類不同的意義。首先，各行星在任何星盤上都具有一般性的意義，對應到個人基本性質中的某些特性，希臘人將這項機能的術語命名為物質（ousia），或「靈魂的本質」。每顆行星在每個星盤中都有著相同的靈魂機能。

每顆行星代表具體的物質、性格特徵及人的類型，並與特定的顏色、金屬、石頭、植物、氣味和味道相關，也與鍊金術相對應。

羅勃・史密特（Robert Schmidt）指出：從占星學的宇宙模型來看，行星的角色是傳遞者，介於神性層次某些屬靈的能力，以及在物質層次的具體顯化。

除了這些一般意義之外，**每顆行星都會影響所在宮位的意義，並根據它在星盤中的主管宮位，執掌一或兩個特定主題**；這類意義將因星盤而異，因為星座所守護的宮位是從人出生的那一刻才定下來。

身為占星師，你必須熟悉各行星代表的所有意義，因為在解盤的過程中將會運用這些知識；但是，**就諮詢目的來說，我們會將太陽視為指出生命目的的內容，而月亮則代表這個目的將如何作用於我們的日常活動之中。**

太陽象徵著概念上的形象，然後依據月亮所定義的形體具體呈現。我們的假設是，誕生星盤中包含著必須將它活出來的先天模式，如果個體能夠展現、並且活出那樣的模式，那麼它將會給生活帶來一種有目的的意義。

在希臘占星學詳細且全面的研究當中，太陽和月亮以外的行星也參與決定一個人命運的本質。在此，我們將使用太陽和月亮符號的主要象徵，作為揭開生命本質意義的指南。

○ 太陽

太陽代表個人本質的光芒核心 —— 靈魂、心智和意識、活力與生命力，基本的自我意識、生命目的，以及實現這一目標的意志源泉。請記得，**太陽同時描述個人的基本特質以及該特質的生命目的，因此，所謂過著有意義的生活，我們所要做的就是呈現真實的自我。**上升主星指出了由核心驅動力所驅動的、繼以實現生命目標的性格能力；而太陽，依據所在星座與宮位，描述了在其目的之下、更深層次中所努力綻放的本質。

○ 宮位的考量

隨著解盤技術變得熟練，你會逐步發展出在還沒開口之前，看一眼星盤就能將所有的占星因子收入眼簾的能力。然而，假使我們必須要對這些占星因子進行排名，也許最重要的是**行星的所在宮位及其主管宮位**。

太陽的所在宮位意味著生命目的展現的生活領域，而太陽的主管宮位指向了生命目的所表現的主題。基於古典占星法則，行星主管的宮位與所在宮位之間的確切關係，可以更正式地這樣陳述：行星有義務對其**主管宮位**提供判斷並實現所代表的**事物**，並透過它**所在宮位**代表的**活動**來實現。

例如：如果太陽位於人際關係的第七宮，並且主管代表事業的第十宮（由獅子座守護），那麼你就知道十宮主星位於第七宮，因此，太陽所代表的生命目的的內容，與透過夥伴關係來完成事業相關的事務有關，而這可能意味著建立、參與婚姻關係或商業夥伴關係，是一種能支持職業生涯發展的行動；此外，參與和職業目標相關的人際關係，即是此人今生要做的事。

同時，在第二個層次，你需要考量**太陽所在宮位的性質，其相對角宮會告訴你，太陽背後有多少力量在支持它專注任務，而宮位性質的吉凶，可以透露將有多少程度的可能，其結果是有利的。**

作為諮詢師的你，可能並不一定要分享這些訊息，但身為占星師，這會讓你知道該如何進行討論，因為不是每個人都具有相同的精力或優先順序可以投入實現生命目的；但也有可能，那目的是非常直接的，有些人可能認為財務安全，符合家庭期待，或者享受當下才是更有意義的自我展現。

站在諮詢占星師的立場，你必須要能夠辨別出客戶的背景，什麼對他們來說是最重要的，並且，尊重他們所做的選擇。

○ 星座的考量

從詮釋解讀的觀點來看，太陽所在的黃道星座描述了靈魂目的的表現方式、能讓太陽閃耀的燃料品質，並去成為重要的，而那意志的來源也將促進目的顯化。

假如上述例子中的太陽是位在第七宮，主管第十宮獅子座，以整宮制來說，太陽一定是位於金牛座（並且上升為天蠍座），而這靈魂的目的將以穩定且富有成效的方式表現，為物質世界的感知和感官鑑賞注入它發光的能力，堅持與務實的天性就是能夠使其目的顯化的意志源泉；此外，土地、藝術或與財務資源相關（所有金牛座主管的活動）的專業合作夥伴也許有助於事業的內容。

為了根據星座的行星主管系統來評估太陽的狀況，你需要留意太陽位在哪一個星座，如果太陽位在獅子座（在自己的廟宮星座）或

白羊座（旺宮星座），就在心裡標上加號，代表擁有資源或獲得榮譽；如果太陽落陷於水瓶座或入弱於天秤座，那麼就在心裡標上減號，並且注意可能存在缺乏資源或不受尊重的情形。

從心理占星的角度來說，因為天秤座和水瓶座都是「他者導向」的星座，無論是天秤座的一對一關係，或水瓶座的群體關係，太陽的獨特性會因考量與他人的關係而黯然失色或相形見絀；在重新釋意後，你也可以建議此人的人生目的是將自己與他人合而為一。

如果太陽在其他的星座，那麼請查找該星座主星（它的定位星），並觀察其主星所提供的資源性質、多寡，以及太陽從中取得的可能性。在上述的例子中，太陽在金牛座，並非位在自己主管的星座，所以請查看星盤中其定位星金星的配置和狀態。

○ 相位的考量

查看太陽是否與另一行星、小行星、恆星、幸運點或月交點位在同一星座；這些天體或特殊點的意義將有助於表達生命目的，所以現在是納入解釋的時候了，它們與太陽度數越緊密，影響力就越活躍；至於次要小行星，我通常不會用超過 3 度的容許度。在這裡，我們遇到一個現代占星和古典占星之間的主要差異 —— 但這並非是個無解的問題。

在現代占星學中，行星與太陽合相時，會增加行星的重要性和

影響力，兩個原型如同團隊，合而為一地發揮作用，因此其基本生命目的將包含與太陽合相的行星或小行星的性質。

　　古典占星認為，如果行星或幸運點在 15 度容許度範圍內位在太陽光束下，則會被太陽的光束曬傷，而它所代表的意義及主管宮位的主題，其力量都會被削弱。然而實際發生的情況是，太陽接收並吸納這些星體特性之後，成為自身表現的一部分，並向外輻射，因此，與水星合相的太陽，將會更像是一個多變精明的太陽，當行星的力量被太陽接收而削弱後，同時也增加了太陽本身的力量；如果行星位在自己主管的星座，那麼它較有能力與恢復力來抵禦太陽光束下的不良影響。

　　任何與太陽四分相或對分相的行星或小行星都會產生動態張力，因為它們自己的議題通常與太陽表現的目的相互矛盾或相反。在評估太陽狀態時，務必判斷它是否因為與火星或土星形成合相、四分相或對分相，而在產生有利結果時遭到腐化與傷害；也要檢查它是否與金星或木星形成合相、六分相或三分相，從而獲得獎賞與增強。太陽永遠不會逆行。

○ 一般的考量

　　你可以將我所提供關於描繪太陽的說明，調整之後，用於解釋其他的行星。

　　如果你是初學者，請專注在太陽的基本生命目的與它相關的意志來源，包括它所在的黃道星座與宮位，它所主管的宮位，以及任何與它合相的行星或小行星。然後檢視是否有其他行星與太陽呈四分相或對分相，因為，那將形成太陽在表現時的障礙或挑戰；同時也查看與太陽三分相或六分相的行星，因為它們能夠給予太陽支持的力量。

　　這裡特別重要的是，要思考如何將太陽的基本生命目的，以及為了實現由核心需求驅動的生活目標而存在的上升主星之性格能力，整合為一體。

　　如果你是中階或高階的研習者，並且對你的解讀流程有信心，那麼請根據行星狀態開始合併分析，這是你最終想要達到的目標，但上述重點仍需優先處理，直到這些原則成為你的第二本能，否則，你會容易混淆困惑，解盤時的根基也不會那麼地穩固牢靠。

　　最後，我們針對太陽提出一個具有挑戰性的哲學問題，並在討論諮詢章節時再完整地探討。我們在此的假設是：每個人都有一個生命目的，如果能夠展現出來的話，將會為生命帶來意義。但是，你要如何解釋難以表現該目的的星盤呢？或是，其目的的結果是導致其他人不利的回應呢？作為一名諮詢占星師，當客戶的星盤反映了生活中的障礙、挫折、缺乏目標或未能實現的可能性，你該如何處理？這些都是你與客戶互動時必須考慮的問題。

✐ ----------

比爾的核心本質是由位在第十二宮的太陽天蠍所塑造的，在上升射手表現得充滿活力與外向的社會角色背後，他是一個非常重視私密的人，具有深度穿透性的洞察力，能看透任何事情表面下——隱藏的議題、強烈的激情，以及對他人的深刻依戀；十二宮裡的太陽暗示各種痛苦的來源，存在疏離感，對他人無私服務的召喚，並尋求揭露隱藏的事務。他持續不斷地探索驅策他自己與他人潛意識的動力，而那是形成內在力量和造成自我折磨的緣由。

太陽主管第九宮（獅子座守護第九宮），與宗教、高等教育、長途旅行以及多元文化觀點有關，而感覺被孤立與被拒絕的痛苦（第十二宮），可以想像比爾的生命目的為靈性教導（太陽守護第九宮），應用於轉化自我（太陽天蠍座）和利益他人（太陽在第十二宮）；為了思量難以形容的事物而隱居的渴望（太陽在第十二宮），被第六宮內的天王星推向兩極化，在基本特質裡增添了一種叛逆與不守常規的特點；天王星能對具有豐富資源及始終如一（金牛座）的工作領域、日常生活和健康危機（第六宮），造成持續的破壞與創新。

因為太陽位於果宮，所以沒有太多的生命力關注它的目標，至少外在顯化是如此。從心理的角度來看，靈魂目的的實際工作可能發生在內在層面，因此，第十二宮易導致不利結果的問題本質，可以被理解為在遭遇困難時的心理障礙，讓人在面對逆境時，會對於那些把難題帶入意識的人感到怨懟不滿。而太陽位於第十二宮，能照亮被隱藏和壓

抑的所有一切。太陽不在自己擁有任何主管權的星座，因此也無從獲取它自己的資源；當太陽從木星，也就是上升主星那裡獲得三分相位的幫助，同時也受到定位星火星四分相位的阻礙，因此，展現生命目的的能力可能運作不佳，容易被其他議題取代而難以發揮，需經歷各種困難，或者到生命後期才得以展開。

月亮

月亮是身體的一般象徵，相對地，太陽是心智的一般象徵。就本身而言，月亮意味著我們在兒時早期受到孕育的印象，是如何烙印成我們身體的形象、直覺，以及我們對生活的情緒反應 —— 所有前期的認知能力。

當我們依據自己的本能和感受在回應情境時，當我們「不假思索行動」時，這些行為往往可以追溯到早年在母親的影響下所生活經歷的事，因此，**月亮影響著我們受撫育和安全的感覺，我們如何培育他人的表現方式，以及我們如何應對生活中的情緒壓力。**

就像海洋潮汐受到月相調節一樣，我們體內的潮汐，猶如情緒變化所帶來的潮起潮落，皆屬於月亮執掌的範疇；雖然月亮象徵著所有這些類似的特質，但在評估它為生命目的所扮演的角色時，就如同描繪太陽的方式，必須將其視為個體透過生活中的日常行為，將生命目的的概念性的願景帶入了現實世界。

○ 宮位的考量

月亮所在宮位象徵的活動領域，是個人試圖建立情感的親密關係，連結與舒適，以及將生命目的帶入日常生活的範圍。月亮主管宮位所代表的意義（無論巨蟹座守護哪一宮位），也被納入了將其生命目的帶入日常生活的各種活動之中；月亮試圖以它所在宮位的行動來實現它主管宮位的事務，其相對角宮與吉／凶宮顯示月亮擁有多大的力量去產生影響力，以及這些結果對生命是否有利。

○ 星座的考量

月亮所在的黃道星座描述了實現生命目的的方式，象徵可以讓個人感受到情緒滋養、舒適與安全的性質，並撫育培養相同的回饋能力。月亮在巨蟹座或金牛座代表自給自足，受到與月亮意義相關的尊重，以及本質具有實現太陽意志的能力；月亮在摩羯座或天蠍座暗示在尋求情感滿足與實現目的時會遭遇挑戰，其定位星提供了額外的訊息，指示月亮從定位星那裡所能獲得的資源。

○ 相位的考量

首先，看看月亮是否與另一行星、小行星、恆星、幸運點或月交點合相，這些星體所代表的意義，將在實現生命目的的日常活動中貢獻自己的特質。任何行星或小行星與月亮呈四分相或對分相，會產生一種動態上的緊張狀態，因為它們自己的議題通常與個人試圖實現的目標相互矛盾，而幫助與阻礙的因子將來自於吉星與凶星。

太陽和月亮的考量

月亮永遠不會逆行，但可能因位於太陽光束下而受苦，也就是在新月之前或之後一天內出生，從地球看不見月光的時候，使得月亮的力量有所降低。然而，如果月亮在巨蟹座或金牛座，這狀況便會有所改善。檢查月亮的運行速度，盈或虧，以及是否正與其他行星（跨星座13度內）產生相位，又或者是空亡，然後做出判斷：月亮是如何，在何處，與誰一起在日常生活中實踐太陽所象徵的生命意圖？月亮的能力可以發揮多大的有效性，並且以帶來有利結果的方式，獲得生命力、資源以及援助？

比爾的情緒本質是由第三宮內的月亮水瓶所塑造的，相較於激情、激烈、具有一切強烈特質的太陽天蠍，月亮水瓶是情感疏離、冷靜，並且期望在利他主義和人道主義的驅動下創造社會變革。

在黃道星座方面，太陽和月亮為四分相結構，暗示比爾的本質裡存在著思維和感覺之間的緊張關係，他可能會在感受和想法之間經驗衝突；太陽天蠍隱藏的情感需要能浮出表面，進入個人意識的覺察，如此他才能更加理解自己在溝通訊息底下深層的流動。

月亮位在代表溝通的第三宮，有談論感受的情感需要；月亮主管第八宮（巨蟹座守護第八宮），與死亡、因死亡產生的利益、性慾（現代

占星觀點，古典占星不這麼認為），以及與心理無意識的主題有關；比爾透過談論這些主題建立情感上的親密感。月亮試圖透過它在第三宮的活動來實現八宮的事務，可能還有一些與遺產（月亮主管第八宮）和手足（月亮位於第三宮）的相關事務，或者與手足密切相關的共同財務資源。第三宮也代表了當地社區，月亮在此處也許透過參與社區互動來培養人才和受到栽培。

月亮與冥王星和智神星有緊密對分相，指出對愛人的深層依戀，內在的女性（月亮）被塑造成一個強大（冥王星）並具備智慧（智神星）的女人，透過對信仰系統（第九宮）的挑戰（對分相）試圖教養他人（月亮）。月亮也與婚神星（婚姻的重要指標）和火星（維護權益與衝突的原則）星座合相，比爾在一個忠誠的關係中（月亮與婚神星合相）對自由有情感需求（月亮水瓶），他的婚姻可能充滿權力與控制的鬥爭（婚神星與火星合相），爭論不同的信仰體系（融合與九宮冥王星的對分相）和養育方式（火星主管代表子女的五宮）。月亮與火星在第三宮可能意味著與手足和夥伴的衝突。

月亮在果宮，但為吉宮，不過沒有自己的主管權，所以，儘管它通常的表現是有利的，但仍暗示沒有那麼多動力去將它所代表的事物表現出來；再次，從現代占星的觀點，在果宮的行星可被解讀為具有活躍的內在世界，因此，月亮會忙於思考、學習、閱讀以及交談。月亮以六分相位，從金星獲得了一些幫助，但也因為與火星的合相而嚴重受阻；月亮的定位星／主星是土星，位於掌管子女的第五宮，入弱、逆

行且與南交點合相，使它看起來軟弱無力，因為土星與火星互容，擁有隱藏的力量能提供資源給月亮，但是與子女輩分的夥伴溝通，可能會變得緊張和焦慮。月亮在面對情緒需求時，頗具挑戰性，並在試圖建立情感上的親密關係時，可能遭遇些許矛盾和阻力。

太陽的意圖經由月亮拋下船錨定位在這世界的方式，主要是以創新、進步、自由思考和人道主義的方式（水瓶座），在當地社區傳播訊息（第三宮）。

現在讓我們從上升點及其主星，太陽和月亮的分析當中提綱挈領，並總結比爾的基本生命目的可能是：

✎ ----------

驅動靈魂的核心需求，是尋求更廣闊的家族和家庭組織的願景；生命目的是結合個人轉化與解放的靈性教導，並透過社區生活傳播創意發展之相關訊息來表現；太陽和月亮位在果宮的位置，代表生命目的的重要工作是發生在思想與靈性實踐的內在領域。

讓我們來看看這些陳述是否符合比爾的生命主題。在人生的早期，比爾在一九六八年至一九七二年期間為電影製片人，記錄了在西海岸蓬勃發展的新時代公社，獲得國家榮譽獎。三十年後，他製作了一部公共電視紀錄片，表彰創新社區計畫和全州社區互動成果。目前，他的事業之一是整建與興建合作式住宅，他最近買了一個大房

子，用於建立一個重視靈性實踐的共同家庭社區。現在你可以看到，透過追蹤這三個主要生命之地的線索，你能將星盤解釋得多遠，它們可以提供詮釋本命星盤的基本骨架。

在檢視比爾星盤的過程中，從上升點、上升主星、太陽和月亮之間與關係網絡，你還觸及了許多其他與代表生命力主要因子有相位的行星。你已經闡明了塑造這個人生活經歷的重要主題，星盤的基本訊息已經開始呈現，而且應該相當明確。但是，星盤中可能仍有部分內容，是你認為重要但尚未說明的，你可以擴展這些主題，從概述中所列出的其它因子來增加其他的細部考量。

根據諮詢的剩餘時間以及客戶詢問的重點問題，你可以繼續檢視星盤中其他的重要因子。

學習指南
- 檢視你的練習星盤中，所有與太陽和月亮相關的因子。
- 依照比爾的星盤範例，準備寫下分析；為你的每一條陳述，在括號中，註記相關的占星因子；概述任何與太陽和月亮相關的重要流運和／或次限推運，但是將這些資訊待到下一章再解釋。
- 用一段陳述來作結，將內容重新彙整為簡明的摘要，整合的重點有：上升點、上升主星、太陽和月亮，闡明其生命目的。一百字內即可。

───── 第六章 ─────

流運和次限推運的行運預測

　　我們已檢視了描繪行星在出生那一刻分布位置的本命星盤，並將它解釋為星盤主人一生的性格描述。我們已經將本命星盤作為一種指標，指出能夠引導個人朝向有目的生活的各項活動。但是誕生星盤也是一個人的命運地圖，指出本命星盤對於各種事件將在何時發生的承諾。

　　現代占星認為，行運因子可以預測一個人成長的契機，以及在自我提升和發展過程中需要克服的障礙性質；丹·魯迪海爾（Dane Rudhyar）認為占星學裡的行運，就像是一張逐步揭開生命潛能的時間表。

　　一般來說，當人們日子過得順遂時，不太會徵詢意見或諮詢；但是，當生活開始不順，像是人際關係、工作、健康或信念……遭遇困難或損失時，人們會感到焦慮、恐懼和不安，此時，他們傾向於尋求洞見或建議，希望知道他們現在到底發生了什麼事，還有最後的結果究竟會如何。

　　這正是許多人會來到占星師諮詢室的時候，而這些危機和改變的關鍵時刻，經常可以從占星預測的行運因子中辨識出來。占星學主張能夠預測未來，這使得它在古代成為首選的占卜系統。

　　事實上，自古以來，占星師主要提出的問題之一是：接下來會發生什麼事？**從古典占星學的觀點，行運因子可以預知人生起伏中有利和不利時期的興盛與衰落。**此外，它們還能顯示何時會結婚、生小孩、健康危機或職位升遷等具體事件。有些是好事，有些則是不幸。

　　現代占星學認為，行運因子顯示我們生命中的過渡期和變化期，存在著讓我們得以釋放和轉化過去進而成長的機緣，以便新的事物能夠出現，並且得以顯化。

　　正是因為處於這些危機時刻，人們才可能認真看待他們的生活，詢問自己是否做了對的事情。他們經常懷疑有無其他可能的方向或路徑，能使他們更加幸福圓滿。此時即是星盤中行運因子所指出的危機點，以及思考人生意義方向的交叉點。當客戶進入諮詢室，大多都是他們感到脆弱，能夠敞開心房並接納其他可能之時，也會比較頻繁地去思考自身生命的真實意義；因為就他們的理解，突發狀況帶來的威脅將瓦解破壞他們的生活。

　　現代占星學有許多不同的行運預測技巧：流運（transits）、次限推運（secondary progressions）、三限推運（tertiary progressions）、

太陽弧推運（solar-arc）、主限向運法（primary direction）、日月蝕
（eclipses），以及在西方占星學行運技法中，最為首要的太陽回歸
（solar return）；古典占星學復興之後，帶來許多其他的技法——小
限流年法（profections）、行星期間法（planetary periods）、赤經時
間法（ascensional times）、界主行運法（circumambulations）、時間
主星法（decennials）、黃道釋放法（zodiacal releasing）和法達大限
法（firdaria）——這些通常不會被收錄在現代行運技法全集裡；初
學者對於要使用哪一種行運技法，在何時使用，以及如何判斷這些技
法的重要程度，可能會感到不知所措。

希臘化時期（時間主星法／ time lords）、中世紀／阿拉伯（法
達大限／ firdaria）或吠陀（達沙大運／ dashas）等，是以長期的行
星主期間和副期間來決定在較寬的時間區段中，哪一行星主導著流運
與推運的發生。

這些行運區間的價值，在於能夠觀察某一時期的生活模式，這
會比僅僅速覽單一流年即將發生的事件顯得更為全面。然而，現代西
方占星學都不大了解這些行運區間的運算方法。

相反的，現代占星學主要仰賴外行星過境星座來討論長期影響，
但比起個人事件，通常與世代和社會的趨勢變化較有關聯；它還關
注每顆行星在流運周期中所形成的困難相位，例如：土星每二十八到
三十年回歸一次，每七年就會發生與本命土星四分相或對分相的節

奏──在一個展開的循環中傳達特定事件的意涵；次限推運的月相可以用來分別描繪八個三到四年的不同時期，以作為在三十年的發展周期中依序更迭的各個階段。

總括來說，現代占星師一般主要使用「外行星流運盤」和「次限推運盤」來比對本命星盤，然後預測未來一年可能會發生的主要影響與事件。

主要的行運預測流程

以下是現代和古典占星師在行運預測時主要流程的說明，以及如何考量優先使用哪些行運技法的建議。本章的第二部分，著重於介紹如何運用流運和次限推運，以及在一小時的諮詢時間之內可以實際涵蓋的內容。在後面的章節中，我們將討論次限月相周期、流年小限和太陽回歸盤。本書將不討論其他古典行運技法。

○ 次限月相周期（**Progressed Lunation Cycle**）

假如你不是使用古典的時間主星技法來判斷較長期間的行運狀態，那就從次限月相周期開始進行行運預測。**次限推運中，每三十年將發生一次次限新月（次限月亮與次限太陽合相），引動某種新的願景或志向的展開，這種願景或志向在二十一年後逐漸成熟，周期結束時取得結論並彙整。**

從一個人目前的次限月相可以知道，現在正處於這三十年次限月相周期的哪個階段；查看次限新月對應在本命星盤中的度數、所在宮位，以及與哪一本命行星合相，這些將提供我們關於整個周期意義的重要資訊。有些占星師也會查看次限新月的莎比恩符碼（Sabian symbol），一種體現關於未來新方向的象徵性意象。這個方法將在第八章中詳細討論。①

○ 流運外行星的過境（Outer-planet Transits）

你可以評估外行星（木星、土星、天王星、海王星、冥王星）過境個人行星與四軸點的意義，因為這些都是敏感點；也可以將次限月相周期作為評估單一行星過境時的背景，以獲得洞察。

例如：流運冥王星在次限新月階段過境本命月亮，其意義是截然不同於次限殘月階段的過境。當流運行星趨近本命行星時，在那段期間個人的感受是強烈的，逐漸形成積累的壓力，將在合相時最為集中高壓，然後在離相位的過程，強度逐漸下降；流運行星來回逆行於本命行星時，其效應特別強烈；流運行星過境一星座和宮位時，也會在相應的時間長度中，為其帶來重要的意義。流運外行星過境本命外行星所代表的影響是世代性的，而非個人的。如果流運外行星與本命行星或敏感點沒有形成相位，那麼我們將不會帶入討論，只會快速提及一下它正引動的宮位。

○ 流運內行星的過境（Inner-planet Transits）

　　流運內行星的過境（月亮、太陽、水星、金星、火星）是移動得如此快速，所以帶來的效應是短暫的；除非，它們在本命行星上停滯又逆行，因而延長了影響的時間。

○ 日月蝕（Eclipses）

　　日蝕每年大約發生兩次，你理應要將日蝕發生的度數記在腦海中。如果日蝕與本命行星或四軸點形成相位，依重要性為合相、對分相或四分相（3 度或更小的容許度），那麼在日蝕後的六個月或更長時間內，它可能對該行星所代表的意義產生重大影響。

○ 次限推運（Secondary Progressions）

　　觀察次限推運時，內行星通常比外行星的影響力更大；次限月亮的所在星座與宮位尤其重要，因為次限月亮每二十七年繞行星盤十二個星座一圈。次限月亮對本命行星或敏感點有三個月的影響期：1 度內入相位，1 度內合相，1 度內離相位；當次限四軸點或次限內行星，與本命行星或本命四軸點於 1 度內有相位時，這可能很重要；還有，當次限行星移換星座或即將進入到下個星座的那一年，可能會促使個人在該行星所代表的相關事務上有重大的轉變，因為現在它位在不同的星座和宮位。

○ 太陽弧推運（Solar-arc Directions）

有些占星師使用太陽弧推運時，會採用次限太陽的動態並用相同的速度移動著每顆行星，每年大約為 1 度，然後注意太陽弧推運的行星，與本命行星和四軸點是否合相，以作為該行星本質相關事件即將發生的信號。

○ 太陽回歸（Solar Return）

如果你想要探討一個特定年度的行運，太陽回歸是相當實用的（參見第十二章）。但在某程度上，現代占星家同時使用歲差調校和未經歲差調校的回歸盤，以及本命出生地和地理換置的回歸盤，因此，最終可能會得到四個太陽回歸盤，這可真是令人困惑又極待釐清的混亂。

所以我現在已經開始欣賞希臘占星方法的單純，其中，太陽回歸盤主要作為個人生日的流運盤，在生日當天流運行星之於本命星盤中的相對位置，將對於這個生日到下個生日之間的整個年度都有影響；我不再將太陽回歸盤視為獨立的星盤（無論如何，幾乎沒有）。

○ 年主星（Annual Lord of the Year）

附加於太陽回歸盤的，是自流年小限法（profections）上升點而來的年主星。這顆行星在本命星盤、太陽回歸盤，以及它與本命星盤的相對位置，皆指明了這一年度的主題基調。年主星過境本命星盤的

其他行星，或流運行星過境本命星盤中的年主星，都會特別活躍與「激烈」。此外，任何位在年主星主管宮位內的行星，同樣會在本命星盤及流運時被引動（見第十一章）。

○ 月亮回歸（Lunar Return）

如果你想探討特定月份，請將上述檢視太陽回歸的相同方式用在月亮回歸上；你可以留意次限月亮是否與本命行星有任何 1 度內的相位；也可以查看流年小限的流月宮位及其主星；還可以評估流運內行星過境本命位置，或過境到正被檢視的主題宮位。

○ 流運法（Transits）

現在讓我們進一步仔細研究，如何在一小時的諮詢時間之內運用流運和次限推運。② 在這裡，你會學習到如何判斷最重要的行運引動，這也是最容易識別的時間點。在第十二章中，我們將討論流年小限法和太陽回歸盤。

簡單來說，流運是行星目前在天空中的位置。流運學說認為，當行星過境不同的星座時，它們會依據自己的特質來活化這些星座的性質，這是世運占星學當中預測世界事件的基礎 —— 例如：一九八二年至二〇〇八年間冥王星在射手座，將對於宗教和信仰系統（射手座）的領域引發動盪及轉變（冥王星），而冥王星在二〇〇八年進入摩羯座時，將引發政治體制和商業合作上的混亂與風暴。

在個人本命星盤的層次上，流運行星在出生後經過各黃道星座，無論這些星座守護哪些宮位，都將會被過境行星所引動；如果射手座守護你的人際關係第七宮，那麼當冥王星行經射手座的時候，你也許會經驗婚姻當中的動盪與轉變，若是射手座守護你的第十宮，那麼你的職業生涯可能會出現鬱積後的宣洩淨化。假使流運過境的星座中有任何行星或任一四軸點—上升點、下降點、上中天或下中天，體驗也將變得更加強烈；本命行星本身所代表的意義，以及它主管宮位的主題，都將會被流運行星的力量與特質所引動；這就是為什麼自我的某些部分不會在其他時候，而是在我們生命中的特定時期「站上前線」的原因。

當你研究占星學的時日越久，會越自然而然地開始持續追蹤每顆行星在隔年即將經過的黃道星座，以及它在行經該星座時明確的度數範圍。定期地查看星曆表，或使用電腦軟體做個星曆表會是個不錯的點子；然後，提前一兩年瀏覽一下，以便了解每顆行星的動態，像是它的逆行期間和停滯期間，以及進入不同星座的時間點。

你必須知道每顆行星在一個星座停留多長的時間，這與它的速度及距離太陽的遠近有關。內行星水星和金星是與太陽較接近的行星，每年都會繞行一周，因此，除非有逆行，否則在每個星座內大約會待上一個月左右；火星繞行一周約兩年，每個星座約停留兩個月；小行星繞行一周約四年，每個星座約四個月。外行星則更遠，木星公轉一周十二年，在每個星座約停留一年；土星在每個星座停留約兩年

半；天王星七年；海王星十四年；而冥王星因離心率的緣故，在每個星座停留約十二年到二十四年之間。

因此，你可以看到內行星通過一個星座所影響的時間很短 —— 今天在這裡，明天就走了。所以，除非客戶想要了解特定日期或月份的訊息，才會檢視水星、金星、小行星的流運。即使在評估隔年的主要影響時，火星的優先順序也是較低的，相形之下，**移動較慢的外行星，因為停留時間更長，影響力更集中，因此這些才是你需要關注的流運。唯一的例外是，如果水星、金星、火星或主要小行星，在本命行星或軸點上，因為逆行而停滯的時候，那麼就值得提出來。**

但是，從古典占星學的角度來說，如果這些內行星當中，有任何一顆恰好正是任一時間主星技法的時間主星，那麼該行星在那段時間的流運將具有相當大的影響力。

初學者經常會問，流運行星需要與本命行星或四軸點多接近，人們才會感受到流運的影響？以最一般的程度而言，一旦流運行星進入一個星座，那麼整個星座就會被引動，而且，任何行星位於該星座的任何度數都會被「通電」，因為星座本身蘊含能量，因此，在分析一張誕生星盤目前的行運影響時，無論宮位內有無行星，都需要留意是哪一宮位受到流運外行星的引動；如果流運土星正行經第二宮，你可以預想財務的緊縮與限制；若流運天王星正行經第四宮，那麼家庭生活狀況可能會不穩定且有變化；然而，這些判斷仍需要依據流運行

星在該宮位停留多長時間而定。

如果流運冥王星位於星座的起始度數，對該宮位的引動可能持續十二至二十年左右，那麼你對它的評估只能列在最一般的影響力；假使流運冥王星位在該星座的 27 度，它仍然會活化那個宮位很多年；但若是木星位於該星座的 27 度，那可能在一個月之內就會離開那個星座了。

除了流運行星過境星座而引動星座之外，在每個人的星盤中也可能影響著不同的宮位，當越接近任何位於該星座的本命行星，也越發增加它們的影響力，所以下一個需要留意的是，流運行星是否會與本命行星或四軸點合相，然後查看流運行星是否會與其他本命行星、月交點或四軸點產生對分相或四分相。

所謂的「硬式相位」是指合相、四分相和對分相，其影響力通常比六分相和三分相等「柔和相位」更為戲劇化且更加深遠；而當流運外行星過境發光體（太陽和月亮）、內行星（水星、金星、火星、主要小行星），甚至與木星和土星形成的相位，都會比過境天王星、海王星和冥王星，更加屬於個人層次且更為強烈；反過來看，天王星，海王星和冥王星的影響力較為擴散彌漫，並影響著整個世代。

當流運行星與本命行星或四軸點於 5 度內合相或形成相位時，那麼就是該提醒注意的時候了。像冥王星這樣運行較慢的行星，精準

相位發生的時間可能是五年後，所以要用較小的容許度，但像木星或土星等運行相對較快的行星，可能是幾週或幾個月的事，適合使用較大的容許度。

如果即將在未來一年的時間內形成精準相位，務必提及並詳細說明，若它是在後續幾年才形成精準相位，那麼只要順便提一下就可以，而不需要花時間長篇討論和解釋，除非你的客戶要求對即將發展的趨勢，進行一個長期的概述解讀。

外行星每年都會有一段逆行的時期，此時追蹤它們在天空中的動態，它們似會向後移動一段時間之後，才恢復向前順行；在星曆表中，當它們逆行時，黃道度數會減小，然後當轉順行之後，度數便開始增加。其實，它們可能會在那段時期，來回通過一顆本命行星三次，在某些狀況下也可能持續數年。

第一次順行通過時，會使情況成為焦點。當流運行星轉向逆行第二次通過時，對個人而言，這個情況通常會發展成再也無法忽視的存在，此人可能會被迫進行某種調整來適應。當流運行星恢復順行，第三次通過時，往往會伴隨著改變的完成與決定。

第 156 頁的表 4 標示了每顆外行星過境特定行星或四軸點的平均持續時間，以及每顆流運行星引動的能量類型。

作為諮詢師，你可以靈活運用前述的關鍵詞句，向客戶解釋不同行運行星為本命星盤中的宮位和行星帶來的各種影響，你會想要讓客戶在面臨人生危機的困難與轉變時期，依然能夠對最終結果抱持自信積極；但作為占星師，在你開始深入解讀之前，應該意識到每一位客戶在那過程中可能遭遇的問題性質，並且留心自己不要落入使用流運技巧來對特定日期進行預測，原因很多，因為事件通常不會「按部就班」或在精準的時間點發生，只能以一個概略的期間來討論。

古典占星學認為，火星和土星的過境會造成問題，火星帶來衝突和分離，而土星帶來結束、失敗、困難和否定的經驗；木星的過境通常被視作是非常積極的明燈，帶來成功、榮譽和幸運的事件。

古人不知道天王星、海王星或冥王星，但我們現在初步的解釋是：天王星會對現狀帶來意料之外的破壞、不穩定、焦慮、不安、反叛和逃脫禁梏的渴望——從侷限與阻礙新興成長的任何狀況中解放而出的各種行為；海王星帶來混亂、恐懼、欺騙、幻覺、逃避現實的渴望，成癮的脆弱，不清晰並且容易受騙，讓你想要超越有限物質世界的嚴酷與功利，而與某種理想、浪漫、富同情心的世界聯繫在一起；冥王星帶來劇烈、情感宣洩、憤怒、毒物爆發、毀滅、迷戀、對抗他人對你濫用權力、死亡以及揭露隱藏祕密，迫使你釋放過往的無意識，拋開那些讓你陷入痛苦甚至自我毀滅的生存模式。

表4:流運行星 ③

行星	行星周期	一般過境期間	機會與挑戰
♂ 火星	2 年	1 個月	有機會採取行動並為你所想要的事物奮鬥。在過程中,可能會發生衝突與糾紛。
♃ 木星	12 年	3 個月	出現拓展你的視野與體驗豐富生活的機會。過程中,事情可能變得過多或誇大。
♄ 土星	29.5 年	18 個月	有機會能專注、界定及體現你所想要的。過程中可能必須停止拒絕承認並面對現實。
♅ 天王星	84 年	2 年	將你自己從過去的限制中釋放解脫的機會。過程中既有的結構可能會崩解。
♆ 海王星	164 年	3 年	有機會能體驗深刻的靈性觀點與感受。在過程中,固有的結構可能會消融。
♇ 冥王星	248 年	3 年	生命領域有機會能轉化與重生。過程中,原有的結構可能會被破壞摧毀。

古代占星家試圖去判斷可能發生在個人身上的事件類型，並運用行運技巧去預測這些事件何時發生，推測生命中較長的幸運期和不幸期。

心理占星師檢視一般的**趨勢**，傾向於認為一切都可能有收獲，探索事件發生的意義以及對情況改變時的反應，而不討論事件本身。更多以科學為導向的占星師試圖弄清楚特定事件發生的精確日期。

作為諮詢占星師，你必須在這個光譜上找到自己的位置，但更重要的是，**你必須衡量客戶想要的，以及討論該議題是否覺得舒服，然後調整你自己的濾鏡，依現況過濾內容。**

在最基本的層面上，就是要了解到生命當中唯一不變的，就是它是一個不停變化的過程。變化就是成長，是生活，停止變化就會停滯不前與死亡，因此，在某種程度上，流運象徵著我們的生活持續轉變並動態轉化，它們最終的目的是要促進個人不斷成長。然而事實上，有時不幸的事並不會使我們積極地成長，反而可能讓人很難在迷霧中找到希望，最後，你必須對自己誠實，去了解客戶即將發生什麼事，以及最終有什麼能夠改善或不可能改善的事。

解釋流運

有些基本準則可以幫助你正確地解釋流運，前兩個是相互關聯

的。基於這些原則,行星在任何行運技法中引動或表現事件的能力,都直接連結到它在本命星盤中的狀況。

流運,或者說任何行運技法,都無法憑空產出在本命星盤中不曾承諾可能發生的事件。**你必須先確定本命星盤中特定主題代表因子是否支持事件的發生**;如果有,那麼該事件對個人是有利還是不利?例如:若是所有與婚姻主題相關的代表因子都是虛弱的(見第十一章),那麼即使是木星過境,或在次限推運引動,又或者成為時間主星,也都不會出現任何一種持久的婚姻關係;這是許多占星師在他們的解釋中所犯的錯誤,客戶問:「我什麼時候會遇到那個對的人,然後結婚?」占星師回應說:「呃,明年木星將過境進入你的第七宮,或者明年木星與你的金星合相,那段期間看起來應該會有姻緣。」但是,即使本命星盤已有暗示,在預測何時會發生之前,你仍然必須先評估婚姻是否是該流年的主題。

與此相關的是,任何星盤中的流運行星或時間主星,不僅與它的先天本質(如天王星的變化或土星的限制)緊密連結,也和它在本命星盤中的狀態息息相關,因此,一個有力且有利的本命木星,當流運經過相對角宮位置的時候,通常會產生有益的事件,但是虛弱且受到虐治的本命木星,流運時,就無法充分給予它所代表的全部好處。

第三個準則是,**不是每個流運都會發生事件**。身為占星師的你會遇到這種情況:某一次,行星過境上升點的時候出現了戲劇性的影

響，然而下次遇上同樣的過境時，卻什麼也沒發生。或是土星過境壓在某個人的月亮上頭會有可怕的經歷，但在另一張星盤上，同樣的過境卻幾乎沒有感覺。

這些運用本命行星狀態作為該行星能力指標的說法，只能解釋部分不同時期和各種星盤之間的差異。希臘占星學的初步研究指出，古代占星家認為，當一顆行星成為時間主星的時候，它在那段時間內會「開啟」功能；在那段期間內，當它流運過境其他行星，以及其他行星流運過境它的時候會比較為活躍，這或許可以解釋，為什麼過境到四軸點和行星，卻不一定會顯化成外在事件。依據流運或推運通過四軸點代表人生重大事件的這種假設，用來回溯校正不知出生時間的星盤，可能會是個特殊的問題；就經驗顯示，即使出生時間資訊非常準確，但情況仍會不同。

以下是一小時諮詢時使用流運的簡單摘要。

- 僅使用外行星的流運，除非內行星正在停滯。
- 如果你是古典占星師，當內行星恰好是你檢視期間的時間主星，那麼可以使用內行星的流運，並且以該時間主星技法作為背景來檢視與解釋它們的意義。
- 注意各流運行星正在引動的宮位。
- 注意流運行星是否正與本命行星或四軸點形成合相、對分相，或四分相。

- 要知道每顆行星的速度，這會告訴你流運何時開始影響以及持續的時間。
- 流運行星與本命內行星或四軸點形成相位時，其效應更強，感受也越屬於個人的體驗；流運行星與本命外行星形成相位，則屬於部分世代的影響。
- 查看一般的**趨勢**，而非具體日期。
- 流運行星的力量，以及被流運引動的本命行星所代表的事件性質，取決於這些行星在本命星盤中所主管的主題、所代表的意義，以及它們的狀態。
- 並非所有流運都會產生外在事件。

　　我們想像比爾在二〇〇六年十一月生日的前幾天來尋求諮詢，欲檢視截至二〇〇七年十二月底未來一年的流運（參見第 102 頁圖 6A）。不要只是簡單地從你的電腦程式列印流運狀態，請拿起星曆表並逐頁查閱，先了解流運的時間點，然後再解釋它們。

　　二〇〇六年十一月二十三日流運木星進入比爾的第一宮，並停留到二〇〇七年十二月；一月底它會與金星和水星合相，然後二月中以前與上升點合相；木星會在四月於射手座 19 度停滯，然後逆行，並在五月至六月間在這些點上再次通過；它在八月順行，並在九月至十月間最後通過這些行星；它在離開該星座之前，將在十二月與自己的本命位置形成四分相；就所有實務上的目的來說，二〇〇七年大部分的時間，

都在流運木星過境上升點及第一宮內行星的氛圍之中。

冥王星自一九九五年進入射手座之後，就一直在第一宮內，重點是，它將在二〇〇七年二月以前與本命木星形成精準四分相位，並持續刺激直到二〇〇八年十一月；因為木星是上升主星，也是該星盤中最強勢的行星，所以這個流運是很重要的。

事實上，流運冥王星四分相位於第十宮內的海王星並沒有那麼重要，因為，與比爾同年齡中的每個人都有相同的相位發生。但是因為海王星與木星有聯繫，當木星被引動時，海王星位於第十宮的職業象徵就有其意義了。

自一九九八年以來，流運海王星就一直在水瓶座第三宮，且將持續到二〇一二年；在二〇〇七年間，它在該星座引動的度數是 17 至 22 度；比爾沒有任何行星位在水瓶座、獅子座或天蠍座的那些度數上，天王星位在金牛座 19 度，受到四分相的影響。但是，天王星是世代行星，所以不需要太過注意流運海王星的過境，只要留意流運海王星將在二〇〇八年四分相本命太陽，而那將會是重要的影響。

自二〇〇三年四月以來，流運天王星在雙魚座一直引動比爾的第四宮，並且將持續到二〇一一年；在二〇〇七年一整年，它將從雙魚座 10 度運行到 18 度，因此將會四分相金星、水星以及上升／下降點的軸線；而四分相上升點的高峰期會是在二〇〇七年四月、九月與二〇〇八年

一月。

二○○七年九月，流運土星將結束它在獅子座兩年半的過境，該星座
守護比爾的第九宮；目前，流運土星正四分相他那位於天蠍座 24 度的
太陽，二○○六年十二月，它將在獅子座 25 度停滯，然後對分相位於
水瓶座 25 度的婚神星；流運土星將在春天逆行時四分相天王星，並在
進入處女座之前，於七月至八月間，再次接觸太陽、婚神星和火星。
同時注意到，流運凱龍星將於二○○七年一月與月亮合相。

　　現在，讓我們試著了解一下整體情況，並考量哪些是最重要的，
然後，再開始描述個別的流運。

　　首先，是否涉及了比爾星盤中最重要的四個因子 —— 太陽、月
亮、上升點或上升主星？有的，四個裡面有三個，所以你知道這是重
要的一年。

　　土星象徵限制，它正在敦促太陽要專注在比爾的人生目標上，
這樣他才能夠為自己的努力獲得認可。從更廣泛的意義來說，流運土
星過境太陽，刺激他去意識到自己尚未實現的潛能，它提出了一個疑
問：我長大後想當什麼？以比爾的年齡，疑問可能是：我是否達成了
我的人生目標？

　　在同一時間，主要象徵解放的流運天王星，它正在刺激著上升

點採取激進的變革，而流運木星代表個人成長與知識傳播，加上流運冥王星強化並轉化著木星所代表的意義，也就是，木星主管第一宮的上升（自我）和第四宮（父母、家庭），所有的這些都暗示著一幅畫面：有個彈簧線圈正在被土星不斷地壓縮著，同時也增加了能夠將它彈出，並且釋放自我的天王星力量。因此，在探討流運象徵的行運時，你主要的討論將會著重在上升點、上升主星與太陽，而木星通過自己主管的射手座時，通常預告這將會是一段豐收的時期。

流運土星位於第九宮，與第九宮主星太陽形成四分相，它正在向比爾施壓，要求他對他廣泛智慧的概念、靈性信仰以及對外國事務的興趣，進行深刻的思考與現實的評估 —— 並召喚他去展現他的目標，包括傳遞這些遠大的願景。

流運木星在第一宮，為他的個人冒險提供了成功的機會，敦促他擴大旅行與教育的範圍，並且提出自己的見解，它將引動水星，指出溝通能力的進步，同時引動金星，預示著金錢、藝術和浪漫的追求。

流運天王星在第四宮將造成比爾家庭的不安，破壞內在穩定的力量，隨著它與上升／下降軸線的四分相，將促使他的內在個性突破社會人格，進而改變他的觀點以及與他人的互動。

流運冥王星正處在為他的人格與身體帶來長期再生的最後一段

時間，也正是最積極展現並建立個人權威感的時候，它的最後一幕將
與木星形成四分相，木星是上升主星，並且主管第四宮的家庭和雙
親，可以預期在他生命中某種家庭的結構將被毀滅並被他人所取代，
在這過程中，在他星盤裡最強大和最良好的木星力量將被催化，引領
他的哲學性視野投向人生的目的地。

次限推運（progressions）

次限推運技法是現代占星師使用的第二項主要行運技法。**流運
描繪了行星在天空中實際變化的位置，而次限推運則更像是在象徵意
義的層次上運行。**推運方式以出生之後行星的日運行來計算，並象徵
性地將它們與更長的時間區段作比例連結。

雖然有幾種不同類型的推運技法（主限推運法、次限推運法、
三限推運法），但這裡僅討論次限推運法，我們將檢視次限推運行星
與本命星盤的相對位置，但不會將次限推運星盤視作獨立的星盤。

**次限推運的基本前提是一個簡單的公式：一天的時間相當於一
年的時間。**例如：如果你對一個人第十年的人生行運感興趣，請打開
星曆表到出生月份那一頁，並在生日日期之後，往後數十天即是。
（要精確計算會比這複雜，但這是一般原則）。

出生之後第十天的行星位置對應至出生當天位置的分布，提供

了當每顆行星隨著時間推移時，它所代表的天生潛能，是如何透過行經的星座質料與沿途遇到的行星，相互結合發展的相關訊息。

這個過程的意涵是引人深思的，它意味著我們在出生後的幾天裡，度過了我們整個人生的每一天，而每一天都是人生相應年份的迷你時空膠囊，在那一天的經歷是那一年的預覽，慢慢地解開二十四小時微觀世界的細節，進入一個一年三百六十五天的現實世界。

本質上，次限推運是我們生命最初的幾個月當中所經歷的過程，這些過程將對於我們的人生逐漸發生影響；因此，它們喚醒了我們還是嬰兒時，在認知前期所烙印的記憶。根據占星師布萊恩·克拉克（Brian Clark）的說法，次限推運行星在星盤的繞行運動，描繪了心靈在各方面的熟成過程和心理成長的狀態 ④，其發展的時間表和計畫是在出生後的幾天內，由行星間的運行與互動所定下來的內容。

整本書已經詳細說明了次限推運和其他類型推運技法的細微之處和複雜性，但我們將專注在，當你把本命星盤和當前行運結合到一小時諮詢當中，應當要注意什麼樣的內容。以這行運技法檢視特定年份的時候，需要注意的四個主要步驟是：

一、次限行星或次限四軸點與本命行星形成精準相位。

二、次限行星或次限四軸點移換星座。

三、出生時逆行，但在次限推運時轉為順行的次限行星；或在出生時

順行，但在次限推運時轉為逆行的次限行星。

四、次限月亮的星座、宮位和相位（在第七章我們會檢視次限太陽／
次限月亮的月相）。

星曆表將會告訴你，運行速度較快的內行星（太陽、水星、金星和火星）將在三個月內穿過幾個完整的星座，那相當於涵蓋星盤中一整個象限，幾乎等同於九十年的人生；月亮每個月繞行十二個星座一圈，因此，通過本命星盤所有宮位需要二十八到二十九年。這些內行星不但會變換星座，而且可能與一些行星合相，並和其他行星產生相位，相形之下，速度較慢的外行星可能在次限推運的生命時間中，只移動個幾度，與其他行星沒有太多的直接關聯。

因此，用流運檢視時，你主要需要關注的是外行星的運行，但是用次限推運觀察時，要專注在內行星的動態，因為外行星的次限推運通常是微不足道的，只有少數的例外。上中天的次限推運運行速度與太陽相同，每年大約 1 度，其他三個軸點的次限推運位置根據次限上中天的移動而變化；次限推運的四軸點很重要。

太陽的日運行速度為此技巧提供了基本的度量。只有當次限太陽、次限水星、次限金星和任一次限四軸點，位在本命行星的 1 度範圍內的時候才需要注意；接近 1 度內的入相位範圍表示去年；精準合相表示正在討論的當年；1 度離相位範圍代表次年。次限月亮也能使用相似的 1 度原則，在其條件下，1 度內入相位範圍是前一個月；精

準合相是討論中的當月份；1 度離相位範圍是下個月。次限火星，二分之一度（30 分）入相位範圍是去年，二分之一度離相位範圍是次年；主要小行星則用四分之一度（25 分）來判斷相關重要年份；次限外行星的位置必須與本命行星或四軸點僅有幾分的差異，才能夠從本命原有的終身影響力，區別出不同的作用。但請注意，如果次限水星、次限金星、次限火星或次限的主要小行星接近停滯點，那麼無論是順行或逆行，它們的移動速度都非常緩慢，因此 1 度容許度所影響的時間可能超過一年；不過，停滯的考量並不適用於太陽和月亮，因為它們都不會逆行。

　　次限推運主要考慮合相，注意一下對分相，然後或許只需概略瀏覽一下其他相位。

　　當次限行星觸及本命行星時，兩顆行星都會受到影響。次限行星將本命行星的特性融入自身當中持續發展，本命行星受到激發而去接受並回應次限行星的刺激。

　　也要注意觀察次限行星是否移換星座，如果你使用整宮制，星座的移換也會對應宮位的變換。星座的移換往往指出一個全新的，也許是陌生的方式來表現行星的意義，同時也指出這些能量在日常生活中得以施展的環境。

　　可以說，當行星過渡到新的星座和宮位的第一年或第二年，文

化衝擊肯定是有的，但慢慢地，屬於行星原有的相關事物，會逐漸適應、潛移默化，接著以新的形態存在於這個世界裡。

在檢視重要時間點的第三個重點是，**是否有任何次限行星在該期間停滯、逆行或順行**。現代占星學認為逆行行星的主要意義，是該行星的功能在某種程度上被逆轉、壓抑或約束；從心理層面來說，可以指出某種創傷凍結了行星功能的表現，或者，它可能暗示其影響的層面是發生於內在生命和世界；古典占星學認為，逆行的行星不但其運行極其緩慢，較不活躍，而且它向後運行的動態也很明顯，故認為有被召回或收回的意涵。

當行星改變方向時，它們標記著重新定位的重大時間點，以及用不同方式表達它們所代表的意義。一般來說，如果行星在出生時逆行，那麼之後當它順行時，表示著將具體實現並且加速它的進程；在另一方面，如果行星在出生時順行，但在次限推運的某個時刻轉逆行，這表示其進程將會轉為內在化，並放慢它的速度。

水星的逆行運動大約是三週，所以如果有人出生時水星逆行，那麼在他或她二十四歲之前的某個時刻，水星就會轉為順行；金星在逆行時大約要六週，如果某人出生時金星逆行，那麼就會在他們四十三歲前的某個時間轉為順行。

觀察水星、金星和火星的次限推運位置時，須注意它們是否已

和本命位置的運行方向反轉。確認你的電腦軟體是否有顯示這些發生方向反轉的特定年份，如果沒有，請回到星曆表查閱。如果這些反轉的行星也在其他行運技法中受到引動，又或者是客戶所關注的主題的主星，那麼建議要確認發生反轉的年齡。

當使用次限推運技巧，最後一個要評估的因子是**次限月亮的動態**。相較於其他次限行星，因為次限月亮移動較快，每隔兩年半通過一個星座和宮位，所以它是內在生命情緒波動的晴雨表。

次限月亮暗示著如何滿足不斷變化的情感需求，以及在生命的各個階段建立情感安全的最佳方式。而再次地，它移換星座和宮位的月份是很重要的，值得注意。從火象或風象的陽性星座移換至土象或水象的陰性星座的更迭循環中，隨著星座本身的性質，設定了更外向或內向的感受，與更加活躍或更具接受性等特質的交替節奏。

次限月亮的所在宮位，表明了個人會對哪一個生活領域相當敏感在意，以至於他或她在那裡非得發展出新的回應方式。

次限月亮快速地運行將使它在行進中與許多行星形成相位。雖然，所有相位都有其意義，但主要查看合相。次限月亮與本命行星接觸時，會讓一個人對這行星所代表的意義產生情緒敏感，而且經常會觸發潛在的問題；但請記得，這種接觸可能很激烈，或許會造成長期的影響，但相位持續的時間相對較短 —— 只有幾個月。

✎ ----------

因此在二○○六年十一月至二○○七年十二月期間，除了剛提過的次限月亮之外，比爾只有兩個次限推運的動態值得注意。

上中天，以次限推運，與本命上升點在射手座 16 度合相。上中天軸點代表著在更大社會中，比爾經由他的職業貢獻所奠定的地位，現在正精準地與代表他個性的上升點達成一致，象徵這合相正引領著他的生命前往它的天命。請注意，上升點是今年引動的重點：流運木星與之合相，以及流運天王星與之四分相；因此你可以推測，在將人生推向目標的過程中，這對比爾而言將會是非常重要的一年。

次限太陽位於水瓶座 2 度，與位在獅子座 2 度的本命智神星和冥王星對分相。次限太陽在大約兩年半前進入水瓶座第三宮，代表從第二宮的財務轉移到第三宮心智活動的重大轉變。這一年，次限太陽與智神星雅典娜、冥王星對分相，智神星雅典娜與創意智慧有關，冥王星是深度轉化的行星，它們雙雙位在代表廣博思想和國外旅行的第九宮；太陽所描述的基本目的，是關於較高智慧之靈性提升的教導，而它不斷演化的內涵，現在正在第三宮所代表的當地社區裡進行交流。

次限月亮行經巨蟹座第八宮，在接下來的六個月內將與次限凱龍星，然後是與本命凱龍星合相；同時請留意，流運凱龍星正通過本命月亮，重複了同樣的主題，這是非常重要的。凱龍星代表傷害和療癒，而月亮是比爾的情緒與母親的一般代表因子，它主管的第八宮，代表死亡、

遺產與心理治療，而次限月亮正行經第八宮；記得流運冥王星正四分相本命木星——上升點主星和父母宮主星，你可能需要謹慎地詢問關於比爾父母的健康狀況，他的財務相關事務，而他也許對於浮出表面的心理治療與情緒創傷的療癒是敏感的。

學習指南

- 檢視你的練習星盤，查看流運和次限推運主要的行運引動，想想哪些是最重要的，以及為什麼是最重要的。哪些會是你諮詢中的目標？你是否有看到任何重複的主題？

- 為你的練習星盤準備一份書面分析。身為占星師，你會被要求預測未來，記下你認為可能發生的事情，然而，基於諮詢倫理，不要明確陳述即將到來的死亡、離婚或其他災難性事件，因為你或系統不會是絕對可靠的。開始區分你認為可能發生的情況，以及什麼是適合傳達給你客戶的內容，然後決定你該怎麼做。

- 最後作個結論，總結最重要的時間點，並決定你真正要告訴客戶的內容（與你實際認為會發生的事情不同）。一百字內即可。

PART 3

發展結構

―― 第七章 ――

月相

目前，你的骨架包括了五個生命因子中的三個：上升點（及其主星），以及兩個發光體 —— 太陽和月亮，你還考量了流運和次限推運引動生命潛能的主要時間點。現在，你已經準備好要研究由兩個發光體交互作用所衍生的相關因子 —— 月相、幸運點、出生前月相、月交點以及日月蝕。

日月運行的各種周期所發生的視覺現象及交點，為已知的生命相關基本主題增添了深度、明暗與細微的差異。它們構成了第二層的要素，得以融入你的詮釋，並為星盤的結構賦予血肉。我們將從月相周期開始，它描繪了每個朔望月的夜晚，太陽和月亮之間不斷變化的關係。

月相周期

月亮每個月繞行地球一周。從地球的角度來看，它在周期中的各個時間點，反射了不同程度的太陽光；月亮增光與減光的階段稱為月相周期，不同的月相階段描繪了這兩顆發光體之間不斷變化的距

離;在月相周期中,月亮的增光階段,是從最接近太陽的新月開始,之後逐步遠離並漸漸變大的過程。當它移動至與太陽的最大距角時,即達到最大照度的滿月。然後,隨著它接近太陽而逐漸變小減光,在它們快要合相之前便完全隱沒於星空之中。

月亮重複的盈虧周期,是自古以來所有生命形式的象徵:誕生、成長、死亡和重生。月亮的節奏呈現出創造(新月),然後是成長(滿月),減光和死亡(三個夜晚無月光)。月相周期可視為天地萬物在有形生命中各個成長階段的原型;隨著眾生流轉生死循環,照亮了那交替運轉的力量。

許多文化將這個周期細分為二分法的兩個半球、三階段、四個象限、八分法、十一分法和二十八星宿。二分法者,一者為盈,月亮象徵的生命能量慢慢增加,另一者為虧,月亮象徵的生命能量逐漸減弱;三分法包括新月、滿月和暗月,各代表著三相女神的少女、母親和老婦;四分法則分為新月、上弦月、滿月和下弦月,反映了四季、四方、四軸點和四元素。

我們將在本章更深入地探討八分法——新月、蛾眉月、上弦月、盈凸月、滿月、虧凸月、下弦月和殘月,這八個階段所代表的太陰月當中,月亮的增光和減光,以某種本質的形式對應太陽年增光和減光的八個階段:至點、分點和季節交替日(the cross-quarter days),構成了凱爾特人季節性慶典民俗曆的基礎。

希臘化時期占星家維第斯‧瓦倫斯（Vettius Valens）將月相區分為十一等分（合相、月升、第一個蛾眉月、上弦月、雙凸、滿月、雙凸、下弦月、第二蛾眉月、月落），以及月亮正要轉虧的身影 ①。保路斯‧亞歷山德里努斯（Paulus Alexandrinus）對月相的十一個階段另有不同的看法 ②。有個中世紀早期的拉丁文本探討太陰月二十八天裡每一天月亮的品質，然而這僅是將月亮作為擇日的應用，例如耕種、造屋、商務等等。印度占星術使用二十七星宿，每個階段都與一個特定的神祇有關；中國、阿拉伯和西藏使用二十八星宿，不以月相區分，而是以月亮在其運行軌道通過的一系列恆星星座為基準。

八個月相階段

我們已經看到太陽和月亮各自在占星解讀的層次結構中占有一席之地。太陽象徵著靈魂和生命目的，月亮象徵著身體和實現生命目的的方式，月相則是月亮每月在繞行地球的軌道上，反映兩顆發光體之間不斷變化的關係；每個月相階段描述了在周期過程中，每個階段所產生的能量類型。我們每個人都出生於一個特定的月相，這個本命月相描述了我們為了表達和實現生命目的而獲得的能量，是屬於周期當中的哪一個階段（見第 178 頁的圖 7）。

雖然希臘占星家們已意識到不同月相有著不同的特質，丹‧魯迪海爾（Dane Rudhyar）是首位明確將八個月相分類為八種人格類型的先驅。魯迪海爾以種子發芽的形象作為隱喻，描述了生命形式如何

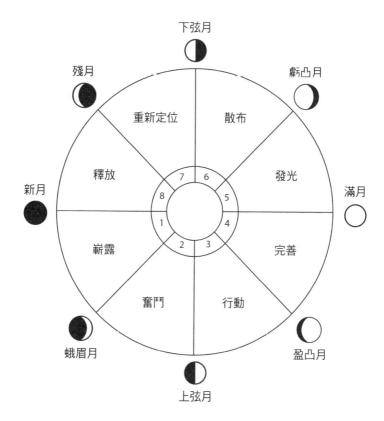

圖 7：八月相關鍵字

在這八個生命過程的連續階段中，展開、實現、完成並更新自己；然後，他從各階段的意義推論出八種人格類型，反映了每個月相出生的人所擁有的行為特質。③

　　這個過程始於新月，當一顆種子帶著新的願景在黑暗中發芽的時候；隨著蛾眉月的增光，這個願景的第一枝嫩芽努力地將自己推到地面上。

　　在上弦月，透過自我的確立，願景的生命力扎根立足，莖和葉的結構，形成了一個強壯而具體的形態。

　　漸漸圓滿明亮的盈凸月，對應孕育花苞的階段，懷抱著將在滿月開花的承諾與期待；現在，來到了整個月相周期中途的滿月，那願景完完全全地被照亮，散發著光芒，並注滿了意義和內涵。開始變小減光的虧凸月，對應周期中結滿果實的時光，當願景憑藉著人類生命實踐並實現的同時，也履行了它的目的。

　　在下弦月，果物已採收，透過周期裡實現的結果已被吸收與同化，無論葡萄藤上還剩下什麼，上面的果實已經開始枯萎和分解，願景的精華被提煉成種子，在周期最後的黑暗或殘月階段埋藏於地下，在那裡，它將吸收著養分準備重生，等待萌芽的意念蘊含其中，隨著新周期的開始再次釋放。

　　有人認為，在接受輪迴觀的模型中，每個人將依八個月相階段連續轉生，在那八周期發展中所經驗的主題或課題，將延續八輩子；因此，僅管月相沒有清楚指明靈魂的年齡，無論是新生或老成，都能被視為靈魂在這一生中發展的階段，從起步、到達高峰，或完成前世

開始的主題。

　　在一個不接受輪迴觀的模型中，植物生長的各個階段可隱喻為在大環境的有機過程中個體生命的目的。例如：在月相周期早期出生的人，從太陽和月亮本身的定義來看，其生命目的會與產生並發表新的願景有關；對於那些出生於月相中期的人而言，將會與傳播和散布他們認為重要的事物有關；而對於那些出生在月相後期的人來說，其生命目的與總結並淨化他們的智慧相互關聯。

○ 新月階段：具體化、嶄露、投射（月亮在太陽之前 0 至 45 度間）

　　就像地底的種子要發芽一樣，這個階段代表生命的出現，進入一個新的轉生循環，進入到新主題或新課題發展的起始階段。靈魂具有年輕、單純，有時天真的品質，渴望並樂於接受新的經驗和想法，經常在沒有任何先入為主的情況下投入計畫。

　　人格以自發和本能的方式運作，因而可能非常的主觀，這些人覺得使用邏輯分析的方法來作決策，並無法有效地發揮特長，對他們來說，腦中浮現的第一個衝動或想法會產生最好的結果。有些新月人可能會對這個世界感到躊躇和羞怯，而其他人則是感到被催促著向前進，反而做出過度投入自我的行為，這兩種極端都是年輕個性的表現形式，他們試圖了解自己的定位並學習如何表現個人特色。

　　對於那些在新月階段出生的人來說，在表現與實現太陽和月亮

所象徵的生命目的時,其背後的能量就是要去嶄露頭角,往世界的螢幕上投射強烈的形象,適應身體的新性格,以本能的方式推動著自我向前邁進。他們在這裡回應著來自新方向的召喚,釋出新願景的第一個暗示;然而儘管如此,他們本身可能總是不大能夠意識到,自己的創造會帶來什麼樣的長期影響或結果。

○ 蛾眉月階段:克服、專注、前進(月亮在太陽之前 45 至 90 度間)

就像植物的嫩芽一般,抵抗重力,將自己推出黑暗土壤,以便開始透過光合作用獲取來自陽光的養分。那些在蛾眉月出生的人,生命中會有與慣性力量抗爭的經驗;他們必須掌握自己的身體,集中精力,開始與生活環境中的物質世界密集地產生聯繫。

在這過程中,他們可能會遭遇來自過去阻礙的力量,偽裝成家人和愛人來將他們向後拉,不支持也不去理解當事人朝向自己目標前進的動力。這種阻力可能表現為無計可施,而這種狀況源自於當事人對未知感到害怕、覺得陌生、沒安全感、缺乏自信,以及從過去所帶來的慣性和無意識模式所致。

解套的辦法,是從目前環境中提取可用的資源,來協助發展新的才能、技巧與本領。在工具箱增添新的工具,能促使他們獲得自信去克服外來以及內在的阻力,擺脫過去,向前發展,當他們這樣做時,將會有許多機會為他們敞開,而最後的挑戰則是採取行動,把握良機。

對於那些在蛾眉月出生的人來說，在表現與實現日月所代表的生命目的時，其背後的能量就是努力擺脫慣性和依賴的習氣，並且善用他們的資源，堅定地朝生命目標前進。這些人在這裡將新的才能融入原有技能中，經由獨立生活的力量來確立他們的新身分，發展自力更生，信任自己，堅持不懈地實現在新月階段釋出的願望。

○ 上弦月階段：決定、行動、增長（月亮在太陽之前 90 至 135 度間）

植物現在經歷一個快速生長的階段，向下扎根穩固的同時，向上伸展長出了莖葉，也滋養著等待開展的花和果實。在上弦月出生的人，同樣必須在他們的世界扎根，並且建立結構以支持實現他們的志向。他們已準備好測試不斷增長的力量，向外探索、形塑、管理和掌控他們的環境。在這個過程中，他們經常遭遇到許多外來的危機，使得自己或他人的組織和計畫受到挑戰或分裂，以及隨之而來的各種混亂。他們必須學會如何駕馭這些危機期間來釋放的巨大能量，並且盡可能迅速有效地直接採取行動，建立新秩序以解決問題。如此一來，他們和所有的人都可以繼續前行。在當下，他們可能感到活力無限、精力充沛並且興奮雀躍，因為他們體現了英雄拯救這一天的角色。

對於那些出生在上弦月的人來說，在表現與實現日月所代表的生命目的時，其背後的能量是學習如何將他們的生命力立定在社會之中，對於該做的事情，採取有力直接的行動，充分展現他們的個性，鍛鍊他們的意志力，並排除任何延宕他們的阻礙，於外在世界中建立可以幫助實現願景的基礎。

○ 盈凸月階段：評估、分析、完成（月亮在太陽之前 135 至 180 度間）

現在，植物的花蕾從葉間冒出，成果即將到來。在盈凸月出生的人同樣也會逐漸意識到願景背後的目的。

他們經常焦慮地期待著，彷彿站在一個偉大啟示的邊緣，而感到有必要去改進、再琢磨，讓已經建成的結構臻於完美，使之成為表達願景的有效工具。他們吹毛求疵地分析，發現這樣沒有用，然後調整和修理，好讓那結構能為他們預期的目的派上用場，並且好用。追求完美的驅動力也體現為自我改善的動力，更優良的操作方式、更好的做事技巧或更快速的個人成長；他們希望在自己選擇展現的領域中盡其所能地越熟練越好。

對於盈凸月出生的人來說，在表現與實現日月所代表的生命目的時，其背後的能量是嚴格的評價，隨後是改進，因此他們可以為社會貢獻出具有價值並且實用的事物。在這外在表現的背後，隱藏著一種內省思維，等待著能夠充分展現他們打造完美結構的願景。

○ 滿月階段：高峰、發光、實現（月亮在太陽之後 180 至 135 度間）

隨著花苞打開，花朵綻放，讓自己迎向光芒。類似這樣的情形，在滿月出生的人會向他人展現自己，同時也將他人的願景完全反射回自己的身上。

　　在這周期性過程中，這是實現人生意義的月相階段，在已完成的結構中注滿內容。這些人在他們遇到的所有事物當中追尋理想，他們特別渴望與一個重要的人或一群有共同願景的人建立有意義的關係，通過與他人的互動，實現自己更遠大的目標。因此，他們必須充分理解與他人的關係，勇於承擔自己的言行，甚至是思想上影響他人的後果。在他們完成目標時，他人的協助至關重要，就像為了使植物結滿果實，也必須透過為花授粉的鳥和蜜蜂。

　　對於那些在滿月階段出生的人來說，在表現與實現日月所代表的生命目的時，其背後的能量能提高他們思維的清晰度，引導他們與其他人形成有意識的關係；他們在這裡照亮了個人與集體層面上的相關意義。

○ 虧凸月階段：散布、傳播、傳達（月亮在太陽之後 135 至 90 度間）

　　植物生長周期的高峰是在花朵長出可供食用的成熟果實時。以此類推，在虧凸月出生的人，生命是新月發芽的種子所生長出來的成果，他們在這裡完全體現他們的願景，並且以能夠讓他人吸收而從中獲益的方式進入世界，就像「散播」這個詞一樣，這個階段的關鍵詞是分享、傳達和溝通具有個人價值的訊息，這不僅可能經由口頭或書面的形式發生，也可能透過具有信仰的生活來傳達。

　　某些美國原住民的教導是必須「說到做到」，在某種程度上，當虧凸月的人覺得他們有很重要的訊息必須分享，同時又出現了適合

任務的媒介與樂於接受的聽眾時，他們就可以感覺到自己的生命正在流動中，當他們對某些想法沒有充滿熱情，或是少了可以傳播的工具時，便會感覺人生是毫無意義，失敗或者徒勞無功。

對於那些在虧凸月出生的人來說，在表現與實現日月所代表的生命目的時，其背後的能量是整合和傳播他們所建構出獨具個人價值的訊息和觀念，他們在這裡是去指導和分享他們的真理，完全地融入社會，在過程中，接受他人的回饋和智慧。

○ 下弦月階段：重新評估、轉向、修改（月亮在太陽之後 90 度至 45 度間）

現在作物已收成，葡萄藤上留下的果實開始分解，向內取回它的能量，為下個周期創造種子。在下弦月出生的人，也同樣會定期發現自己面臨必須淘汰已實現目的的過時事物，並與母株切割。

丹‧魯迪海爾稱這一階段為意識危機，因為危機不是發生於外在世界的物質危機，而是內在心靈領域的思想危機。當這些人意識到他們不再相信向來堅持的觀念，那是因為現在知道了有更好的存在，自此他們不再堅持過去的自我價值觀，所以也很難按照過去的自己繼續活下去。他們屏棄過去，開始尋找新的想法來重新組織他們的思想，直到他們自己改變觀念之前，通常很難有外在的變化。在過渡時期，他們經常繼續依照舊有的形象行事，即使外在已不再真實反映當前真正的自我。

對於那些下弦月出生的人來說，在表現與實現日月所代表的生命目的時，其背後的能量是重新評估信仰的價值，調整思考方式，對新創意的可行性重新定位，他們此生的目的是要挑戰並摧毀已經過時、陳腐的社會結構。

○ 殘月階段：提煉、轉化、展望（月亮在太陽之後 45 至 0 度間）

現在，種子落到地上，埋在黑暗的土壤裡，直到它在新的循環中重新萌芽。殘月出生的人，也就是月相八分法的最後階段，他們特別活在業力的生活之中，橫跨於過去和未來，給舊的帶來結束，為未來的重生做準備。他們的關係是繁多、強烈、尖銳以及激烈，他們必須接受並解決舊的問題。他們經常感到與世界不同步，因為他們超越了當代，對世界有所展望，而那是我們其他人要在多年後才能意識到的。

很多人都會感到自己有種特殊的召喚或命運，事實上，那代表著需要將他們所獲得的智慧提煉成像種子一般，以便能夠傳遞下去作為他們的遺產。這些靈魂本身帶著前面七個月相的經驗總和，最終他們將把這些經驗融為一體，準備下一個輪迴的轉生。對於那些殘月出生的人來說，在表現與實現日月所代表的生命目的時，其背後的能量是解決和結束過去，與他們遇到的人和平相處，並釋放種子的想法以協助未來。

第 187 頁的表格裡包含了八月相各個階段的關鍵意義摘要。你會在附錄 A 中找到判斷你出生月相的指南。

表5：月相八分法發展階段的指標 ④

	月相	在更大的周期背景中體現靈魂重生目的	太陽－月亮的能量流動
第一階段	**新月** 月亮在太陽之前 0至45度間	化身為新的個體，出現與投射。	以自發、衝動、本能的方式，將個性投射在新經驗上。
第二階段	**蛾眉月** 月亮在太陽之前 45至90度間	宣告自主權，奮鬥、專注、堅持不懈、向前行。	努力擺脫過去阻撓前進的慣性與依賴，運用資源以朝前邁進。
第三階段	**上弦月** 月亮在太陽之前 90至135度間	展現個性，行動並建立。	採取直接行動，有效運用生命遭遇各種危機時所釋放的精力；拆除舊有結構，以創建確實容納生命目的的新格局。
第四階段	**盈凸月** 月亮在太陽之前 135至180度間	評估表現，分析，完美。	分析自我表達方式，來改良做事技巧或者找出促進個人成長的更好方法；自省以探索意義。
第五階段	**滿月** 月亮在太陽之後 180至135度間	釐清生命目的，映照並實現。	追尋理想並將意義與內涵注入充滿生命結構；透過關係更客觀清晰地發現生命目的。
第六階段	**虧凸月** 月亮在太陽之後 135至90度間	散布價值觀、宣傳與傳達。	實踐並體現自我價值；分享和交流已知的寶貴觀念。
第七階段	**下弦月** 月亮在太陽之後 90至45度間	修正觀念，再次評估，抽離並重新定位。	通過擺脫舊有行為模式和態度來應對內在危機，使新事物能於內部萌芽；過程難以外顯，直至改變完成。
第八階段	**殘月** 月亮在太陽之後 45至0度間	改變意識，提煉，轉化。	感到與大多數人「不同步」；萃取整個周期的智慧精華，作為傳承他人的遺產；完成業力並承諾未來，得以進入轉化。

次限月相周期

　　我們每個人都出生於一個特定月相，生命會與那段時間的特性產生共鳴。然而，由於是次限推運系統，所以個人也會經歷其他各個月相的品質。

　　從一個次限新月（次限太陽合相次限月亮）到另一個次限新月，次限太陽和次限月亮有個三十年的周期，每個次限月相持續大約三年半到四年。它們是一個連續展開人生目的的三十年周期，因此，**我們可以將月相視作是任何有機過程發展的原型，將月相當作透鏡，來理解太陽和月亮這兩大發光體互動產生的循環周期當中，各個階段生命目的的本質。**

　　這關係著將本命及次限月相兩者的生命目的視作一個整體來融會貫通：本命月相的生命目的是如何透過次限月相的時間推移和演進而逐步發展。

　　次限新月約每三十年發生一次，三十年周期的第一個階段大約持續三年半到四年。在這段時間裡，結束一段舊的生活方式，與開始一個主要新的活動周期之間，往往有著清晰的分界，主要基調是出現一些新的願景或活動。

　　次限蛾眉月期間，新的方向開始成形，個人必須培養毅力和新

技能來幫助他們克服恐懼和培養耐性，如此一來，他們就能繼續向前邁進。

次限上弦月期間，要求對新的方向採取行動並建立結構，如此可以立足在社會環境之中。在次限盈凸月期間，個人必須對他們的技能精益求精，努力掌握他們所選的職業技術，並為了確保這樣的做法足以成為表達願景的有力工具，時時進行必要的調整。

在次限滿月期間，次限新月期發芽的種子開成了花，無論當時生出什麼，現在已經完全地被揭示出來。透過與他人明確、有意識且有意義的互動，個人已經完全了解，在過去十四年中所有的創造是為了更遠大的目的，因而難以忍受生命裡對自己沒有意義的關係或局面。

次限虧凸月階段，人們走出世界，與其他人聯繫，分享次限新月時被啟發的想法，並將那信念具體實踐於生活之中。在次限下弦月階段，該是轉身離開已完成的事物，修改思路，然後重新定位人生。

次限殘月階段是一個循環的結束和下一個循環開始之間的橋樑，如同蛇蛻去的舊皮，無論它在生活中起過什麼作用，對於未來都不再具有任何價值，而此時正是進行療癒、再生、休息、內省和想像等內在工作的時候；有些人要完成他們的生命功課，並交棒給另一個人；有些人安靜地等待，嚮往著即將在下個次限新月裡誕生、有關於未來的夢想。

整合月相階段

在閱讀星盤過程中，探討月相的最佳時機，是在你各別研究過太陽和月亮的意義後，所以，你當然也可以把它當作整合發光體的最後項目。雖然，有時候從這一點你能很快地進入主題，但插入這一段也可能打亂了解讀的流暢度與連貫性。我已經成功嘗試在討論本命星盤和次限月相周期之前，以本命月相作為諮詢的開始。

這裡有幾個原因，與客戶立即建立信任感有關。首先，每個人親眼見過月亮的各個階段，而且不需費力想像本命月相與生命之間的關係。

八個本命月相的原型是以自然的生長過程為基礎，它可以提供一個廣泛深刻，且具啟發性的方式來描繪整體生命，而不是基於星座、宮位和相位的占星術語。

當呈現月相內容時，客戶幾乎總是能夠立即認出他們的性格與生活方式的核心面向，這使得他們更容易接受接下來的內容，同時也使他們對於你身為占星諮詢師的洞察力和技巧更有信心。

次限月相周期是現代行運技法中，唯一得以檢視整體生命各個期間的技法，可以了解在較長的三十年周期中，個人目前正處於哪一個階段，而不僅僅只是以某特定行星所代表的意涵作為參考框架來解

讀其他部分。

在這個較大視角範圍內，可以藉由其他行運系統的效應評估，來獲得更深層的洞察，例如：同樣是流運土星過境本命太陽，在次限滿月階段發生或是在次限新月階段發生，將會有完全不同的意義。在滿月階段的重點是，相對於其他人，定義出你太陽的自我認同，而在新月階段，你是以形塑未來三十年生活樣貌的新願景，來界定你的認同。

在你討論了本命月相之後，可以告知客戶有關於他們次限月相的階段以及起訖的日期；雖然這訊息本身就已經具有意義，但若能將他們此時此刻次限月相的階段，置於次限新月開始之後的背景下來討論，那將會非常實用。

新的三十年周期始於次限新月，因此，請注意起始的日期，看看次限新月的度數以及它在本命星盤中的所在宮位為何，然後，也看看它是否與任何行星或小行星合相。宮位位置將提供有關新方向的主題訊息 —— 無論是關於生計（第二宮）、人際關係（第七宮）或是職業（第十宮）。如果次限新月在幾度內與行星或小行星合相，那麼該星體的意義將與新出現的方向有關。

次限新月所在度數的莎比恩符碼也可以提供洞見，深入新方向背後的靈性驅動。你可能會想詢問你的客戶，在那段時間是否有明顯

的舊周期結束和新方向的開始、抱負、希望、夢想或企圖,以及與那有關的所有一切,接著,你可以討論當前的次限月相,以及你的客戶已經釋出的願景種子,其目前的發展狀況。

你該納入考量的因素:

- 前次次限殘月階段的日期:結束了什麼?
- 前次次限新月階段的日期:起始了什麼?
- 當前次限月相階段開始的日期:從次限新月出現的願景是如何發展到現在,以及為了繼續前進,現在需要做什麼?

該訊息可以為接下來的星盤閱讀提供一個平臺以及背景脈絡。

比爾出生於蛾眉月階段,是月相八階段的第二階段,魯迪海爾賦予本階段的關鍵字是「奮鬥」。

當新發芽的幼苗耗盡種子囊裡的食物時,它必須與重力對抗才能將自己往上推,穿出地面,以便從光合作用中獲得養份,而同樣地,在這個階段出生的人,必須努力建立一種能夠具備自主力量的新身分。

過去的拉扯——特別是複雜的家庭關係網絡,還有出自於對失敗、未來、未知和匱乏的恐懼而產生的制約模式——會使人陷在一種狀況,

就是提供安全保障的同時，卻不支持獨立與自立謀生，所以這個階段的主題是個人的自我實現。

比爾的太陽和月亮所定義的生命目的，是經由將體驗人生視為是一場奮鬥的能量所驅動，需要克服來自過去的拉扯與物質世界本身密度所產生的阻力，他必須培養新的技能和能力來使他增加足夠的自信，能夠在堅持前進的氣勢中克服萬難，使他在邁向願景的同時，能夠持續地專注在自己的表現上，而不需要去考慮家庭和文化的期待。

前次次限新月發生在一九九二年十月，摩羯座 18 度，這個次限新月位在主管生計的第二宮，對分本命凱龍星。

比爾說，一九九一年十一月，他被電視臺解雇，失業了，但還有個家庭要養，一九九二年十月，他還在努力找工作維持生計，一九九三年六月前，他就開始了自己的數位視聽錄製事業。現在的他，已經離婚並退休。

目前，比爾正處於次限盈凸月階段，該階段將於二〇〇八年三月結束；二〇〇七年四月，次限月亮將會與本命凱龍星合相，而這可能是一個重要事件的時間點，因為次限盈凸月階段將要求他改進並完善他的結構與操作技巧，以便在即將到來的次限滿月階段使其發光。據我們所知，比爾最近簽下印製合約，將印製他在一九六〇年代後期製作關於西海岸反主流文化革命的電影印刷品，用以提交給一個國際電影節。

學習指南

- 判斷練習星盤的本命月相，回想一下其性格與該月相的占星詮釋是否有共鳴。再次用你自己的一句話寫下基本生命目的的解釋，精確定義上升點及其主星、太陽和月亮的意涵，然後，依據本命月相的定義，再加上一段句子去解釋表現與實現生命目的的能量類型。

- 確認當前次限月相階段，以及前次次限新月階段。寫一段詳述次限新月開始的新方向，以及在這較大周期中，客戶已經到達什麼樣的階段，有什麼挑戰和機會？考慮次限新月的度數，以及它在本命星盤中所引動的宮位；查看它是否與任何本命行星或小行星合相？也查看一下對應該度數的莎比恩符碼。

—— 第八章 ——

幸運點、月交點和日月蝕

在上一章中，我們研究了月相，它代表了太陽和月亮在周期運動的模型中，共同作為表現和實現生命目的的各種能量類型。在本章裡，我們將討論由太陽和月亮的組合，以及相互作用衍生的其他占星因子 —— 幸運點、月交點和日月蝕。

「**幸運點**」是透過太陽、月亮和上升點來取得的數學計算結果，**它指出生命中的哪個領域賦有運氣或機會，可能帶給我們意外的好運和幸福，而與我們的行動和意念無關。**

月交點是月球軌道面與太陽繞行地球的視路徑 —— 黃道，這兩個平面的交叉點，而兩個點又連結出一條軸線，**連結了過去的行為如何致使目前的情況，更為個人和靈性的成長提供機緣。**

日月蝕衍生自月交點的關係，因此日月蝕實際上是月交點的一個子集；日蝕發生在太陽與月亮合相的新月，月蝕發生在當太陽和月亮彼此對分相的滿月，而蝕，指向**相關能量的急邊增強。**

幸運點

幸運點（Lot of Fortune）訴說了生命中成功的機會、運氣和命運的作用，它在現代占星學更為人所知的名稱是幸運點（Part of Fortune）。名稱 pars 來自拉丁文的「部分」，譯自希臘文的 kleros。

在古代占星家的世界，幸運點是星盤中最重要的點之一，與上升點、太陽和月亮同等重要，並列為分析壽長的五個生命因子之一。將它包含在星盤中，是希臘化時期占星學的一項創舉，它的計算取決於上升星座的精準度數，其數學公式是西元前一五〇年左右，由亞歷山大港的占星家西匹斯克羅斯（Hypsicles）所開發。

「幸運點」是月亮的特殊點，「精神點」（也稱為「靈點」）是太陽的特殊點，其他肉眼可見的行星也都有屬於自己的特殊點；這些行星點統稱為七個赫密斯點（the seven Hermetic lots）。

幸運點是月亮的特殊點，敘述著與身體、健康和財富有關的事物，精神點是太陽的特殊點，是關於靈魂、職業和行動。其實，希臘化時期占星家運用了大約九十六個不同的點——婚姻點、子女點、背叛點、傷害點、指控點——每一個點都提供了該主題的一些額外訊息。有很多特殊點的計算方式，會取決於星盤是日間盤還是夜間盤而有所不同。可以檢查一下你的電腦軟體是否提供了計算方式的選

項。在這裡，我們將只討論幸運點。

○ 計算幸運點

幸運點源自兩個發光體，即太陽和月亮的黃道度數，以及上升點度數。古代占星家取太陽和月亮之間的弧度（度數間隔），然後自上升點投射這段弧形之後，此時座落的位置，就是幸運點了。日間盤，是依黃道星座順序，投射太陽到月亮的距離；夜間盤，則是計算從月亮到太陽的距離。①

運用星盤中各行星或點的黃經度數來撰寫特殊點公式已經變成是一種慣例，在這裡我們將沿用公式。圖8和圖9將有助於你理解幸運點計算公式背後的理論結構。

幸運點的計算公式是：
- 日間盤：上升點＋月亮－太陽
- 夜間盤：上升點＋太陽－月亮

請注意，太陽和月亮的順序在夜間盤是相反的。關於點的計算，有一種傳統的方法可以追溯到托勒密，他的夜間盤幸運點計算方法與日間盤相同，實際上也有許多現代占星軟體依然這麼做，但是，在希臘化時期占星家之間更常見的做法，是將計算公式顛倒使用於夜間盤。檢查一下你的占星軟體所使用的計算公式，看看它如何計算，以及它是否如你所希望的調整了夜間盤計算公式。

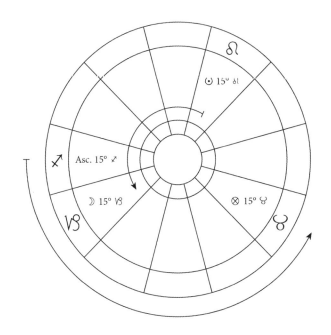

圖 8：日間盤的幸運點計算方法

1. 太陽位在地平線之上，所以是日間盤。
2. 依星座順序計算從太陽到月亮距離；從獅子座 15 度到摩羯座 15 度是 150 度。
3. 從上升點開始投射 150 度；射手座 15 度加上 150 度等於金牛座 15 度。

比爾出生於白天，太陽位在地平線之上，是日間盤；所以，按照星座順序向前推，他的太陽天蠍座 24 度 23 分，與月亮水瓶座 9 度 51 分之間的度數是 75 度 28 分；把這個度數加到上升點射手座 16 度 24 分，幸運點就會落在雙魚座 0 度 52 分，位在第四宮。

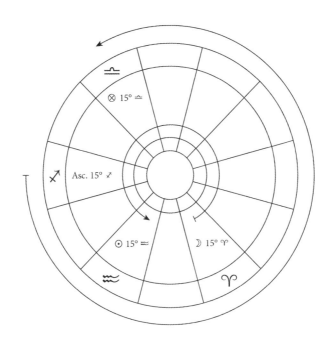

圖 9：夜間盤幸運點計算方法

1. 太陽位在地平線之下，所以是夜間盤 。
2. 依星座順序計算從月亮到太陽的距離； 從白羊座 15 度到水瓶座 15 度是 300 度 。
3. 按照星座順序從上升點開始投射 300 度；射手座 15 度加上 300 度等於天秤座 15 度。

○ 解釋幸運點

在本命星盤的詮釋中，幸運點指示哪一生活領域可能透過運氣或機會，而不是靠個人自主的行動和意志，來獲得意外的好運和幸福。特殊點 Lot，來自希臘語的 kleros（部分），與命運的概念有關。在埃及的托勒密王朝，當特殊點學說被開發的時候，kleros 的意義之一，是將國外的土地隨意劃分給公民。在荷馬和赫西奧德的希臘

文學中，一個人的生活所得是由神隨意分配的，可能是宙斯或是摩伊賴（Moirai）——命運三女神。

幸運點與羅馬女神福圖納（Fortuna）有關，希臘人稱之為堤喀（Tyche），是運氣或機會的化身，詩人描述了堤喀反復無常的力量能夠養育男人和女人，但也能無緣無故擊倒他們，為了安撫她無法預測和控制的狀態，在希臘化時期，堤喀／福圖納被視作是在地的守護者而受到廣大地崇拜，並守護著城市的幸運，她經常被描繪成托著聚寶盆（豐富的角）或抱著孩子普路托斯（財富）的形象，希望她能保護和祝福當地，並以翅膀、舵和一顆球作為她多變的象徵，也會展示在船頭上。

希臘化時期的觀點認為，儘管有了自身的努力和行動，但幸運點和所有其他特殊點一樣，它所意味的命運，是屬於一種隨機降臨在個人的機會和運氣。這些特殊點試圖將那「好運」量化，透過參考這些機運的作用來評量各種主題，讓人得以預期將有多少相關的好事會來敲門。

姑且不論內在的誠信、智慧、才能和努力工作，個人都可能因為運氣而極度幸運或不幸，這在生活的整體成就上扮演了相當重要的角色。

古典占星學認為，幸運點象徵著世俗成就和物質豐收——所有

這些都有助於個人的幸福和財務所得。而在一個較為現代心理的背景中，丹‧魯迪海爾將幸運點作為日月關係（月相）能量表達的焦點來討論，他把它稱為幸福狀態，是源自於生命力最自然的流動，可以最自在的運作。它是整合太陽、月亮和上升點個別意義的點，從這觀點來看，**幸運點可以被理解為生活目的之所在，是這三個生命位置的結合，也是最能輕鬆自如地展現。**

O 分析幸運點

現在我們準備分析幸運點，以及它在星盤裡的含義。

這是一個三步驟的流程，檢視幸運點所在宮位、狀態以及定位星的狀態。

最普遍的意義是，幸運點所在宮位，表示星盤主人受惠於哪一生活領域，他能透過該宮位主管的事項而獲益，而這些好處是歸功於幸運，而不是努力得來的。幸運點的所在宮位也指出能將上升點的動機、太陽代表的生命內涵，以及月亮之於生命目的的用途，三者集中並整合的生活領域。

經由這途徑，然後找到一種彷彿可以稱作是幸福狀態的表現，因為這個人會發現自己很輕鬆就能從事自己最適合做的事。有個理論認為：成功，莫過於做自己喜歡做的事，也就是順應自然，在這裡也增添了不少可信度，但我們都知道，要進入這種形同恩典的狀態，對

某些人來說，會比其他人更容易些。

有二個要素可能會改變幸運點的狀態。
• 幸運點的相對角宮位置（角宮、續宮、果宮）。
• 幸運點是否在太陽光束下。
• 幸運點與吉星或凶星的相位結構，特別是在同一星座的時候。

幸運點的最佳位置是在角宮或啟動星座；幸運點在續宮或固定星座，其幸運狀態則一般；在果宮的幸運點被認為是比較不幸運的。

如果幸運點在太陽光束下，則被認為沒有力量或無效。幸運點與吉星有相位，如金星和木星，幸運點所在的宮位主題則能因此獲得好處與幸福；但如果與凶星有相位，如火星和土星，則暗示該宮位所代表的意涵會有損失、傷害和悲傷的事件。

分析幸運點的最後一步是檢查它的主星。如果幸運點的主星位在自己的廟或旺，或在角宮以及吉祥／有利的宮位，或是與吉星有相位、順行，且沒有在太陽的光束下，這些都是能夠利用偶然好運獲得好處的有利徵象。

你應該要注意到幸運點與它的主星是否有相位，這是一個非常重要的象徵，表示幸運點的定位星與幸運點產生關係，因此能夠利用它得到幸運的好處。現代占星認為，一個位置佳的幸運點及其主星，

能夠自然而然地展現其生命目的。

在討論幸運點的時候，應當要把哪一部分納入你的詮釋之中呢？有幾種可能性。如果幸運點與上升主星、太陽或月亮位在同一星座，或是位在第一宮，那麼你在討論星盤中這些主要因子的時候，可以帶入意外好運的概念。

如果客戶對這部分特別關心，而且幸運點落在該主題的宮位中（例如：第五宮子女或第十宮職業），那麼這是另一個提及的機會，可以在討論成功的時候，將其含義納入描述。

如果你正展開描述一個生命主題，進行到檢視上升點及其主星、太陽、月亮和月相時，那麼你可以將幸運點置於結合這些所有因素的一個位置。

在比爾的星盤中，幸運點位於雙魚座第四宮，由此可以預期從財產、父母和繼承中獲得意外的好運；幸運點位於角宮，沒有在太陽的光束下，並且與吉星木星一起出現，這些也全都支持他獲得好運；幸運點的主星是吉星木星，它位在自己主管的雙魚座、角宮，並且沒有受到兩大凶星的影響，因此它是有力的；再加上木星與幸運點位在相同宮位，所以，可以很容易地接近好運。木星的弱點在於它的逆行狀態，這是比爾受到眾神祝福成為最有力指標的唯一缺點，不過他依然能夠

利用許多機會獲得好運。

將幸運點的討論，放在為了展現生命目的，最容易發生又能夠賦予最大快樂的地方；你可以假定它是透過當地的藝術或靈性社群，或是考量在地生活環境的公益活動，或者是其他將雙魚座與第四宮的意義組合，這些都是比爾能夠結合上升點、太陽、月亮以及蛾眉月的月相來活出生命目的事項。

月交點

月交點既不是天體也不是數學結構，而是月球軌道面與太陽視路徑所標示的黃道，在天球空間中的相交之處；也就是說，月交點象徵著太陽和月亮的路徑相互交錯時的兩個點。

蝕，發生在當月亮與黃道面齊平時的新月或滿月，兩天體之一從另一個天體的前方通過，因而遮掩住它或讓它黯淡無光，因此，日月蝕象徵太陽或月亮的能量受阻。

黃道，是從地球觀測太陽每年的視路徑所定義的（又分為以至點和分點標記的回歸黃道，或是以恆星星座標記的恆星黃道）。大多數的行星在黃道以北或以南的黃緯 15 度內運行，因為它們的軌道與黃道面呈不同的傾角；行星的軌道面與黃道軌道面相交的兩個點稱為交點。雖然有些占星書籍裡有行星交點的說明，但在這裡，我們將只

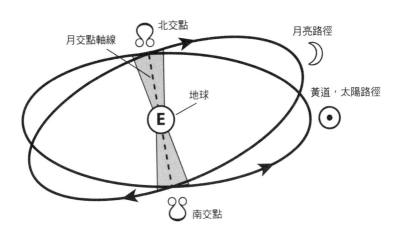

圖 10：月交點

檢視月交點。

　　相對於黃道，月球軌道的平均傾角為 5 度 8 分。這兩個軌道面的交叉點連成一條軸線，其交叉點稱為月交點。升交點或北交點標示著月亮運行時由南黃緯往北穿越黃道的交叉點；降交點或南交點是當月亮的路徑從北黃緯往南穿越黃道的交叉點。

　　月亮有一半的時間都在黃道面以上的北黃緯運行，另外一半的時間都在黃道面以下的南黃緯運行。平升交點和平降交點的黃道度數總是位在相對星座的相同度數，但是，真交點彼此相對的精確度數則可能略有不同。在某些情況下，當使用真交點時，一個交點可能在某星座後面的度數，而另一個交點可能在對面星座的起始度數。月

交點以每天約 3 分的速度向後移動通過黃道星座；月交點的周期是 18.5996 年。

在現代占星學，北交點通常被視為象徵融合和靈性成長的未來方向，而南交點則指出限制潛能發展的過去慣性與無意識的力量。然而，這是直到二十世紀，月交點才有這般解釋。

希臘化時期占星家曾提及月交點，他們稱月交點為提升（Anabibazo）和沉淪（Katabibazo），簡單地說就是「上升」和「下降」，只是它們並沒有像今日如此受到重視。

維第斯・瓦倫斯（Vettius Valens）告訴他的讀者：吉星與任一交點合相，特別是升交點，表示成功和聲譽，但若與凶星合相則有損失和罪責。

在另一章節裡，瓦倫斯解釋道：月交點會瓦解它們所在黃道星座的力量，以及它們主星的力量。②

西元四世紀薩珊王朝波斯人的占星文獻中，月交點首度被稱為龍首和龍尾，這些名稱在西元七世紀早期，由羅勒托利烏斯（Rhetorius）引用至希臘文本中。西元前一千年開始的巴比倫創世神話就已記錄了馬杜克（Marduk）屠殺魔龍（Tiamat）的故事，魔龍的頭部和尾巴隨後形成了世界的上半球和下半球，這個故事的變體

出現在瑣羅亞斯德教（Zoroastrian）論宇宙誕生（thema mundi）的
文本中，那是一個創世紀的星盤。

　　印度神話有斬斷一條世界之龍的敘述，其頭部稱為羅睺
（Rahu），其尾部稱為計都（Ketu）。這些被納入作為北交點和南
交點在占星學上的象徵，使得交點的地位與行星相同。**當代吠陀占星
學認為，羅睺（北交點）與物質或感官滿足有關，而計都（南交點）
與無意識的力量有關，包含了非理性的恐懼、智慧以及啟蒙。**③

　　中世紀占星學認為北交點是吉的，具有金星和木星的性質，行
星與之合相，將依據行星的性質帶來榮譽與財富；而南交點被視為是
凶，具有火星和土星的性質，行星與之合相，將依據行星的特質帶來
貧困和苦難。

　　直到二十世紀初期，西方古典占星學仍然沿襲這樣的方式看待
月交點。在某種程度上，北交點描繪了在黃道面以上並向上往北的動
態，因此被高度認為與靈性提升有關；而南交點的描述則是在黃道面
以下且向下往南的運行，故被認為有靈魂被貶逐為物質之意。我們可
以從歷史上看南北交點究竟是好是壞而提出各種的說法。

　　一九三六年，自魯迪海爾（Rudyhar）出版《個性占星學》（*The
Astrology of Personality*）之後，我們首次見到一個從心理學觀點對月
交點意義有更全面的闡述，這一觀點影響了大部分後來相關文獻對於

該論題的看法。魯迪海爾將月交點的軸線設想為，命運的指令正沿著一條介於原有個性與啟迪天命之間的應力線。他寫道：

如果我們沿著交點軸線躺下來，我們將展望朝向北方的未來並接受面對南方的過去。北交點處理需要完成的工作、新任務和待開發的新技能，以及如果我們願意朝這方向努力，將從中獲得充沛的力量；南交點代表已經完成的工作、眾所周知的成就，已經做過很多次的慣性表現，也許是 —— 一條簡單的出路。相對的兩端，一邊是自我整合、個性化、成就，要付出最大的努力才能連接上的線，另一邊是自毀、無意識、慣性，但卻是一條阻力最小的線。④

當業力和輪迴的主題疊加在月交點的時候，南交點通常象徵來自前世的業力，但並非總是不好的業力；相反地，北交點被認為是引導未來轉生的行為，如果有意識且有動機，將會促成合適的重生機會。

目前尚不清楚魯迪海爾是否受到他自己神智學背景的影響，而將印度的印度教和西藏的佛教教義引為靈感來源，繼而重新定義了月交點的含義。

在《穿過黑暗尋找我們的方向》（*In Finding Our Way Through the Dark*）中，我試圖修正南交點相關的負面情緒，希望為交點軸的應用賦予更多的力量以及有幫助的意義。

因此，我建議**將南交點作為代表我們前世知識和智慧的總和，而這可以成為發展北交點所指引的新技能和能力的根基。**

由於通常我們只是過度依賴天生的能力，所以才會導致偏差的行為，現代占星學認為這情況提供了諮詢的方向以及一個在詮釋上有效的定義。可以如下解讀：

南交點代表了一種天生的才能或能力，可能在很小的時候就出現，而且是毫不費力地由我們的內在形成。然而，我們也可能容易受到南交點無意識恐懼行為的影響，而導致我們停滯不前，重複著無價值的行動，也讓我們的成長受限；相形之下，北交點指出待開發的新觀點和能力，這過程可能會讓我們為了超越自己而感到不安，但其實能夠使人大幅地成長。

日月蝕

雖然，月交點的定義在以心理導向的占星諮詢裡非常有用，而且也不全然不準確，不過，它並沒有考慮到月交點在傳統上會被視為造成困難的主要理由，這些意義源自於月交點與日月蝕之間的緊密關聯，而日月蝕被認為是大禍、災難與其他不幸事件。古代占星家稱這種月交點為「蒙蔽之處」。

蝕，只會出現在新月或滿月，並且月亮與其中一個月交點合相

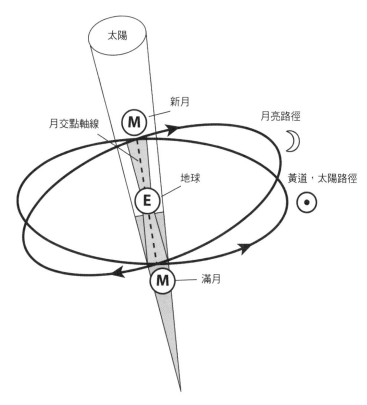

圖11：太陽和日月蝕

時，也就表示當月亮在每月運行中抵達交點，同時月交點軸線與太陽和地球呈一直線的時候。日蝕發生在新月，是月亮穿過太陽和地球之間，從地球的角度看，月亮阻擋了太陽的射線；滿月時，則為地球從太陽和月亮之間穿過，阻擋了月亮的光線而產生月蝕。這兩種連成一線的排列組合現象，大約會每六個月發生一次，當月亮和月交點在新

月或滿月時位於相同黃緯和黃經的時候。

古代對日月蝕有所畏懼，是因為太陽或月亮突然從天空中消失，因此經常被視為是天災、戰爭和領導者有危險的預兆，也因此，會被仔細觀察並盡力預測發生的時間。大量的考古天文學研究表示，像巨石陣（Stonehenge）這樣的巨石遺址是被設計用來預測日月蝕的。

如今，日月蝕的解釋仍然帶有這種負面含義，但我們重新將它定義，指出這是星盤受到強化和刺激，因此好壞的影響都有可能。

由於太陽和月亮是兩個生命之地，當其中一顆發光體的光暫時被遮蔽時，很自然而然地會推斷天體的生命力正停止，隨之而來的，是為生存的奮鬥，就像被剝奪了空氣般感到窒息，描述著人們可能從日蝕能量中所經歷的煩亂。這種掙扎促使他們超越自己天生的極限，進而帶來毀滅或勝利。

心理占星認為，**當心智和意識（太陽）的光，或身體和情緒（月亮）的本能智慧受阻時，平時受壓抑的種種，這時就會毫無阻礙地冒出來**，可以把它們想成那些特別喜歡趁著夜黑風高行事的搶犯，日月蝕讓我們進入被隱藏或壓抑的內在——榮格稱之為陰影，此時日月與隱藏及被否定的無意識相遇，正指出了無論是太陽所代表的心靈或是月亮所代表的情緒，都能促使個人將未知與已知、黑暗與光明、過去與未來，融為一體。

這是與生俱來的潛能，偶遇在月交點處完美合相或對分相的兩顆發光體，這對立的極點可能是心靈的崩解或蛻變。

藏傳佛教的傳統精神思想認為，日月蝕期間的能量非常強大，以致於無論日月蝕期間所做的是好事或壞事，對生活的影響都會明顯大於平常。

判斷並評估星盤中的日月蝕

單次諮詢解釋本命星盤的日月蝕有三個主要考量，**第一個是當事人是否在日蝕或月蝕出生。**如果你注意到月亮與北交點或南交點合相（每月發生兩次），同時太陽與月亮合相（新月）或與月亮對分相（滿月，並因此與另一個月交點合相），你會知道這個人是在蝕出生的。如果新月在月交點前後 15 度範圍內，或者如果滿月在 9 度範圍內，蝕，一定發生；大一點的容許度 —— 太陽 17 度內和月亮 11 度內 —— 表示蝕可能發生過，而 5 度內則表示全蝕或環蝕。這些容許度的技術條件，是蝕在黃道上主要和次要的範圍。檢視你的星曆以確定日月蝕的日期。

這是描述時的重要因子，應當在你解釋太陽和月亮的時候被討論。隨著過去與未來的集體力量把個人帶到關鍵的開始或轉捩點，生活將變得特別極端，而可能讓人朝向更遠大或更無關緊要的方向發展。

蝕的所在星座及其主星、所在宮位以及相位結構，將會與太陽或月亮一樣，理應要相應地解釋它，除非蝕與任一發光體位在相鄰星座的 5 度範圍內。

某些電腦軟體會包含一種選項，用於確認蝕的路徑，因為它的陰影所掃過的地球區域，即為蝕的可見範圍。有研究表示，這些地理位置對個人特別重要。

其次，你**必須考量未來將發生的日月蝕**。日月蝕每年會成對發生個幾次，如果發生日蝕，那麼在它發生前後通常會有月蝕。身為占星師，你得熟知客戶的星盤裡，在接下來這一年即將發生的日月蝕，當你準備行運引動的星盤資料中，請注意蝕是否會與行星或四軸點形成 5 度內的合相；這特別重要。

古代占星家會擔心如果蝕引動了太陽、月亮、上升點、上中天或凶星之一的話，會有不利的影響。儘管我不會排除緊密的對分相，但在占星師之間會公開討論是否該使用合相以外的相位。

在預測蝕的時候，請查看與蝕形成相位的行星性質、狀態和位置，是吉星或凶星。蝕的效應，其敏感度與影響的時間，可能會持續數年。

古典占星學指出，行運火星在蝕的度數所引發的事件，會在行

運土星過境的時候完成。一般的經驗法則是日蝕持續幾小時，就會影響幾年；而月蝕持續幾小時，就會影響幾個月。

第三個需要考量的是，**可以詳細研究出生前的蝕（prenatal eclipse）── 出生以前發生的日月蝕**。在出生日期的六個月內可能會發生一次或兩次的日月蝕，這些出生前的日月蝕，在持續的人生時間裡，仍然會是本命星盤中的敏感度數；流運或次限推運行星在這些度數上過境，通常會觸發與周期行運無關的事件，而再次地，日月蝕的路徑圖可以提供很多深刻的訊息。

出生前月相（Pre-natal Lunation）

出生前月相（pre-natal lunation ／ PNL）是五個生命之地的最後一處，你可以在更高階的本命星盤分析中使用出生前月相。

出生前月相，是指出生之前新月或滿月的度數，是任何一個最接近的月相。如果一個人是在盈月階段出生，那就是介於新月和滿月之間，那麼出生前月相即為出生之前新月的黃道度數。

如果一個人在虧月階段出生，也就是介於滿月與新月之間，那麼出生前月相則是出生之前滿月的黃道度數。

在某種程度上，太陽代表靈魂而月亮代表肉身，**出生前月相代**

表了出生之前一個月內，在某個時間身體和靈魂之間的協同作用，而這月相的度數仍會是一生中的一個敏感點。在希臘化時期占星學當中，它被作為時間主星的起點，而希臘化時期和中世紀時期的占星家都將其視為是壽長的考量因子。在這裡，我們先擱置出生前月相，關於這個點，我們將在後面進一步解釋。

調和占星與諮詢

　　將月交點和日月蝕的歷史傳統視為基石的占星家認為，月交點暗示困難，因為它們是日月蝕可能發生的地方，而日月蝕阻礙了兩顆發光體賦予生命的特質，於是在那裡開啟了缺口，傳遞著足以破壞生命的能量。

　　然而，對諮詢師來說，如此向客戶強調星盤中的月交點和日月蝕，不太有實質上的幫助。這些客戶可能正在努力控制無意識的力量，盡力擺脫過去並抵抗重重壓在他們心靈上阻礙行動的集體意識，以便能活在當下，走向充滿希望的未來。

　　所以，在這些情況下，你必須鼓舞客戶那是日月蝕變革的潛能，即使難以駕馭，你也不應該完全排除恩典進入生命、並且改變既定路線或方向的可能性。

　　始終保持充分意識月交點和日月蝕原有的危機，並引導客戶懂

得如何利用南交點能量的最佳表現，來培養北交點所暗示的可能性。如果出生在蝕的期間，生命力會特別脆弱，但卻滿載重大突破的潛力，可以透過無意識和集體力量將個人從制約禁錮中釋放。

出生前後的蝕，其度數在生命過程中仍然是個敏感度數，是可以深入心靈、洞悉未整合相位的觸發點。而過境本命行星和四軸點的日月蝕可能帶來死亡和重生的經驗，強化這些行星的意義去超越原有的極限。當吉星與日月蝕有相位時，也可能預示著特殊的情況，可能有好運，取得巨大成就、重要事件、戲劇性的轉折，甚至逆轉勝。

在比爾的星盤中，北交點位於天秤座第十一宮，南交點位在白羊座第五宮，與灶神星和土星合相。古典占星認為，土星與第五宮內的南交點合相，暗示困難、損失、被子女或愛情拒絕，部分原因在於以自我為中心追求自己的需求和生活的行為有關（白羊座）。作為諮詢師，你可以鼓勵他去專注於第十一宮天秤座內的北交點，從那兒，他可以發展友誼，參與分享理想和願景的團體，以滿足他的親密需求，並且在那裡體驗團隊合作，積極考慮他人與平衡的互動（天秤座）。

由於月亮不在任何一月交點附近，你可以立即排除比爾在蝕的期間出生的可能性。你的星曆表顯示，在他出生之前，於一九三九年十月十二日在天秤座 18 度 37 分有個日全蝕，以及出生後的一九四〇年四月七日在白羊座 17 度 52 分有日環蝕。在準備解讀他的星盤時，如果

你注意到這些點將有主要行星過境，預測時請列入考量。

二〇〇七年三月十九日，雙魚座 28 度 7 分有日偏蝕，你馬上注意到這將與比爾的本命木星，也就是上升主星精準合相。日蝕將進一步強化，並放大帶入木星所代表的事件，而它也正從流運冥王星與木星接收四分相。

在這個月裡，比爾買了間大房子，並且有意打造為國際靈修團體，他說這是他一生的夢想；他中風的母親也復原了，同時將母親安置在他新家隔壁以便能夠隨時照顧她。請注意蝕是如何刺激木星的所在位置，以及為它所守護的第四宮帶來與雙親和家庭有關的重大事件。

學習指南

- 判斷、分析並解釋你的練習星盤當中的幸運點及其主星。一定要同時討論古典與現代占星兩者對於整合太陽、月亮與上升點的看法。
- 撰寫對月亮南北交點的分析，其所在星座和宮位的影響，以及任何與它們合相的行星。
- 檢查這個人是否在日月蝕出生，判斷出生前後蝕的敏感度數，並注意當年的日月蝕是否會影響任何本命行星或四軸點。

—— 第九章 ——

小行星的神話原型

　　小行星是成千上萬環繞太陽公轉的小行星體，它們大多位於火星和木星之間的主小行星帶 ──「古柏帶」，平均公轉一周約為四年，因此，它們在星盤裡的地位較屬於個人，與具備世代性的外行星定位不同。

　　然而，某些小行星是以「跨軌道者」聞名（如，愛神 Eros 和伊卡洛斯 Icarus），它們從主小行星帶繞向金星和水星，這些快速移動的天體，繞行周期不到四年。

　　其他小行星如伊達爾戈（Hidalgo），它的軌道延伸到土星軌道，這些公轉速度較慢的小行星，周期較長。

　　一五九六年，有先見之明的約翰內斯‧開普勒（Johannes Kepler）推測火星和木星之間存在一顆行星（許多當代和過去的天文學家認為小行星是行星爆炸的殘骸），但直到一八〇〇年十二月三十一日，第一顆小行星才被發現。直到十九世紀末，已有上千顆小行星被確定，今日，已有超過一萬兩千顆被命名且有編號的小行星。

第一顆被發現的小行星被命名為穀神星希瑞斯（Ceres），以希臘人稱狄米特（Demeter）的羅馬農業女神為名，這為後來發現的三顆小行星開了先例，也以古典古代女神名字命名——智神星（帕拉斯 Pallas，希臘名：雅典娜 Athena），婚神星（朱諾 Juno，希臘名：希拉 Hera）和灶神星（維斯塔 Vesta，希臘名：赫斯提亞 Hestia）。

事實上，在十九世紀發現的一千顆小行星中，有超過七百五十顆都是以各種神話的女神命名，其他則以男神命名。當天文學家用盡神話裡的名字時，他們開始從普通人的名字（約翰、南希、威廉、芭芭拉），到名人（愛因斯坦、莎士比亞），到地理位置（達拉斯、巴黎、莫斯科、亞利桑那州），再到樹木和鮮花等來為它們命名，甚至還用到概念來命名（學術界、業力、啤酒、慾望和慈悲）。

直到一九七三年以後，占星師才有小行星曆可以研究主要小行星，這些主要都要歸功於埃莉諾・巴赫（Eleanor Bach）的貢獻。一九八一年，占星師李・里曼（Lee Lehman）、艾爾・莫里森（Al Morrison）和馬克・波滕吉（Mark Pottenger）等開始計算這些星體的位置，並將結果分享到占星界。

所以，很可能有某顆小行星跟你有著一樣的名字，而且還可以找到它的星曆表。雖然有些人認為不用看小行星，認為它們是造成星盤雜亂的不相關和不必要的內容，但請記得，在一九三〇年代也有許多占星師拒絕承認冥王星的有效性，因為他們認為有其他行星就已經

足夠了。

　　就某程度來說，小行星是繞行太陽系運行的實體行星，而天體的大宇宙反映著人類的小宇宙，它們就像所有天體一樣，與人類各方面的意識都有著對應的關係，因此，將它們的象徵性意涵融合到星盤中是有價值的。

　　從奧祕的觀點來看，有些人認為新行星的發現，呼應著人類心靈在某方面的內在覺醒，而那部分與該行星的象徵意義有關。社會科學家預言人類意識將會出現大躍進，其中，許多休眠的腦細胞將會被喚醒。還有其他人認為，發現數百顆的新天體並將它們增添到占星學的萬神殿裡，正是反映了目前人類大腦取用網際網路，其訊息量爆炸的狀態。

穀神星、智神星、婚神星和灶神星

　　最早發現的這四顆小行星被認為特別重要，不僅僅是因為它們被發現得較早，還因為它們的名字是最重要的古典女神。

　　穀神星（希瑞斯），灶神星（維斯塔）和婚神星（朱諾）是天神木星（朱彼特），海王星（涅普頓）與冥王星（普魯托）的三位姊妹，因此位階等同於奧林匹克眾神；智神星（帕拉斯）是木星（朱彼特）最喜歡的女兒，她是雅典城的守護女神。這四女神小行星體現了

一種宏偉而全面的象徵性與意涵。

如果從原型的角度來看行星神祇的萬神殿，在傳統的十大行星系統中，除了兩顆行星之外，所有行星都代表著男性的神。

迄今，月亮代表母親、而金星代表妻子仍是女性的唯二代表，大多數的女性都被侷限在這兩種角色裡，但是，加上這四位有力的女性行星神祇，不僅為星盤分析的符號系統帶來性別的平衡，也為許多人類生活中陰性能量所代表的主題提供了發聲的機會，而這些能量，是過去在傳統占星符號象徵性裡未獲認可的。自從發現、並在占星學當中運用了女神小行星，在人類的行為中也出現了更多元的陰性法則。

當你閱讀以下摘要時，請留意小行星的意義如何從它們的神話中衍生出來。**將神話帶入星盤分析的基本前提是，當一個人誕生，而天空中某顆天體很顯著的時候，同名神祇或女神的神話故事會成為那人生命的一個主題。**

解釋過程中包含故事的講述，並加以描繪行星神祇的神話，以及構成個人人生經驗主題的相互關係。儘管故事本身經常掩蓋了星座和宮位的細節，但這些確實表明了故事是如何、並在哪一特定生活領域當中發揮作用。

上述方法的原理是，假設神話中的神祇是內在心靈的外在顯化。古巴比倫、希臘與印度文化的占星學都有隱含的，或是非直接地，將行星視同神祇的神話。①

♀ 穀神星（希瑞斯 Ceres / 狄米特 Demeter）

穀神星希瑞斯，希臘人稱狄米特，是致力於為人民帶來食物和營養的古代農業女神。古代最著名的故事之一是講述希瑞斯的女兒波賽鳳妮（Persephone，拉丁文為波賽必娜 Proserpina）被冥王普魯托強奪與綁架事件，希瑞斯因而悲傷和痛苦，在地面上徘徊，尋找失蹤的女兒。因為她的憤怒而造成了飢荒，拒絕生產所有的食物，直到她的女兒回來。同時，波賽鳳妮被誘騙吃下石榴種子，象徵被強暴，與性意識有關，這樣普魯托便能對她有所要求。

希瑞斯和普魯托達成協議，讓波賽鳳妮每年待在冥界些許時間與普魯托一起照顧亡靈，待亡靈被引導到重生之後，每年的春天再回到母親身邊。二千多年來，這情節被編為厄琉息斯祕儀（Eleusinian Mysteries），並在古希臘地區定期舉行。

在人類的心靈中，希瑞斯代表了我們渴望生育、滋養以及維持新生活的本性，同時透過付出並獲得無條件的愛與接納，撫育與被撫育。她代表了母親和孩子之間發生的基本連繫或匱乏 —— 一種以提供食物來表達愛的關係。

　　在我們小的時候，或許能夠隨意獲得這種食物或愛，在其他情況下，它是有條件才能取得的——常被當作一種懲罰形式，或者被否定而受到忽略，而那通常是因為希瑞斯的自愛和自我價值受損且不成熟，導致接下來一連串自幼童至成年的心理問題。

　　與希瑞斯象徵相關的心理問題是，當她悲傷時，她扣留自己和給他人的食物，包含與食物相關的強迫關係、體弱多病的形象，以及一些與飲食失調和食物相關的疾病。希瑞斯悲痛時，不為所動，同樣地，我們也陷入了沮喪和絕望的深淵，日常生活無法正常運作，無法工作也沒有生產力。

　　希瑞斯和波賽鳳妮的故事是一種失去和回歸、死亡和重生。希瑞斯與複雜的母子關係有關，她的神話也包含父母和子女之間物質或情感的喪失、分離、遺棄、拒絕或疏遠的主題，以及日後在生活上與其他親人之間的關係。希瑞斯是我們對自己所生產或創造東西的依戀象徵，她引導我們學習放手，例如當我們離婚或收養子女時，需要面臨與他人分享孩子的痛苦。

　　希瑞斯的女兒波賽鳳妮被母親的兄弟普魯托象徵性地強姦，這指出穀神星型的父母可能會擔心而保護他們的孩子避免傷害，或者實際上，他們兒時可能有過亂倫或性虐待經驗。穀神星型的父母為了希望保護子女安全，可能變得過度控制和約束，而他們的孩子可能會反抗父母的依附心理，進而建立自己的身分認同。

在超越個人的層次上，作為世界之母的穀神星關心無家可歸者、飢餓者以及地球資源的破壞，她敦促我們採取憐憫的行動來滿足人類的基本需求，並且照顧　向養育和支持我們的地球。

希瑞斯不僅產下生命，在處理波賽鳳妮事情上，她接受亡魂回到她的子宮以便重生，因此，穀神星也可能表現在臨終關懷的工作，幫助生／死在肉體和心理層面上的轉化。

穀神星教導我們的智慧，即是過度依戀和占有，最終幾乎都會導致失敗，唯有分享和放手能讓人團聚。她具體展現了轉化的偉大真理──從死亡中獲得新生。

♀ 智神星（帕拉斯 Pallas ／雅典娜 Athena）

帕拉斯更為人所熟知的是希臘智慧女神雅典娜，據說她身著一身閃閃發光的戰甲，從父親朱彼特（宙斯）的頭頂上蹦出來，並且立即成為他的得力助手。她是雅典的守護神，在戰爭期間指揮戰略，和平時期主持正義，是將雅典娜巴特農（Athena Parthenos）理想化之後的處女戰神，她出現時總有巨蛇伴隨，沒有任何戀人或配偶。她以同事、顧問、同儕和朋友的身分在神、英雄與男性的世界中自由自在地行動。

帕拉斯雅典娜的神話與古代近東、埃及、北非和克里特島的女神神話都有關係，她們都會帶著蛇作為智慧和療癒的象徵。她透過將

黑暗妹妹 —— 蛇髮智慧女王梅杜莎的頭置入她胸甲上蛇形流蘇的中心以確定這樣的關係。拙火瑜伽描繪靈蛇盤繞在脊柱底部，從尾椎上升，穿過頭頂照亮宇宙，這是對帕拉斯雅典娜智慧的隱喻，因為她是從朱彼特（木星）頭頂上誕生的。

帕拉斯雅典娜在女神中是獨一無二的，因為她在古希臘人的眼中擁有權力，並且受到尊重。古神話讓帕拉斯雅典娜譴責並否認她的母性起源，如同她安排了妹妹梅杜莎的死。她宣稱沒有母親給她生命，除了婚姻之外，她將所有事情都提升到與男性同樣的優勢地位，為了擁有這種力量，她所需付出的代價就是否認自己的女性特質。她切斷了與母親、妹妹、女性社群和性徵的聯繫，與她柔軟和脆弱的女性特質失去了連結。

在當代文化中，聰明、有力、優秀，有成就的女性就像帕拉斯一樣，她們不被認為是「真正的女性」，經常被迫在職涯與創造性自我表現，還有關係和家庭之間作出選擇。如果將帕拉斯雅典娜比作高中女生的話，她會因為參加辯論隊獲勝而贏得喝采，但不會被邀請去參加舞會。

在智神星雅典娜的象徵意義中，我們將那切斷女性連結的傷口包裹在我們的盔甲中，對外採取一種冷酷無情的算計方法來完成我們的志向。在她的領域中，進行療傷需要深度的探索才能憶起在權力、力量、創意和智慧之中的女性根源。

　　帕拉斯雅典娜也指出了女性在與父親之間、以及像父親般人物的關係之中所面臨的所有問題，因為她出生時是父親最喜歡的女兒。帕拉斯描繪了一種女性模仿男性的作為以尋求他們的認同，想要在他們的世界中互動，並賦予她們生命中的權力。然而，早在朱彼特（木星）成為希臘神祇之前，北非的早期母系神話就已經將帕拉斯雅典娜置於戰士／智慧女王的地位，這個主題代表女性認知自己的力量和智慧特質的重要性，而不是將其投射到外界的男性權威以求獲得肯定。

　　帕拉斯雅典娜的蛇與她的療癒技術連結，她有個別稱是神奇療法的女神海吉亞（Hygeia），代表治癒疾病的心靈能力，她的盔甲和盾牌被比作是我們抵禦攻擊的免疫系統。因為帕拉斯雅典娜是一位穿著戰甲的女人，因此她也訴說著喚醒並展現女性內在的男性特質，或男性內在的女性特質。這種邁向雌雄同體的運動，能平衡並整合自我內在的兩極，喚回我們對另一個性別的認同。

　　在星盤中，智神星代表我們本質的一部分，感受並渴望運用我們創造性的性能量來產出智慧之子──我們的心靈和藝術的產物。她代表了我們清晰思考和創意智慧的能力，訴說著我們渴望在其選擇表現的領域中追求卓越和成就。帕拉斯讓我們知道如何運用創意的智慧來產生思想、創造性藝術、真理和入世的力量。

✳ 婚神星（朱諾 Juno ／赫拉 Hera）

朱諾，希臘人稱赫拉，是婚姻女神，她與朱彼特結婚（希臘的宙斯），朱彼特是天地之間最崇高的王，而朱諾成為他的王后。然而，在早期的神話文學中，朱諾在見到朱彼特之前，她依自己的權位，很早就已經是主要且偉大的女神之一，作為唯一與朱彼特地位相同的女神，朱諾被朱彼特選定為發起／開創法定一夫一妻婚姻儀式的對象，然而，她雖為第一夫人，但卻變得有名無實，屢次被丈夫不忠的行為所欺騙、背叛和羞辱，因此在神話中，朱諾被描繪成一位善妒、操控、鬥氣、復仇和不滿的妻子，總在經過激烈爭鬥之後，不時地離開丈夫，但又總會回頭嘗試修補。

在人類的心靈中，朱諾代表著我們本質上，感受到必須與另一個人一起透過承諾關係，共創未來的那一面，無論是世俗的還是精神上的約定，這種夥伴關係透過正式和有約束力的承諾持續一段時間。朱諾代表我們希望與一個在各個層面 —— 心理上、情感上、精神上和靈性上真正平等的伴侶連結。

當我們在婚姻中沒有得到親密、深度、平等、誠實、尊重和滿足感時，朱諾表現了我們失望、絕望、憤怒和狂暴的情緒，而這些情緒可能會淹沒我們，尤其是在當我們放棄一件大事，例如事業、家庭、故鄉或宗教……來進入關係的時候，朱諾讓我們面對忠誠和不忠誠、信任和欺騙、背叛和報復、或寬恕、支配和服從的問題。

在她的國度中，我們發現自己在努力爭取平等時，由於試圖保持平衡並與他人整合，我們學習將自私的慾望轉化為婚姻合作關係。

在分離和復合的狀況之下，朱諾鼓勵我們發誓「無論好壞，無論疾病和健康，直到死亡才能將我們分開」，她代表著意識到關係是通向精神啟蒙道路的一種智慧，也是我們必須在關係中學習到如何使這形式達到完美的學問。

在誕生星盤中，婚神星代表了我們意圖承諾關係的能力，以及我們對於破碎的婚姻表達失望的方式。這些關係本質上是浪漫的，但也可能採取其他形式，例如商業、專業以及創意的合作關係。

在今日的世界，她也是受虐和無力的妻子以及少數民族的代表，是愛情成癮和相互依存的心理情結；由於人們被迫離開無意義的關係，使得離婚率上升；她也在女性主義和男女同性戀關係中重新定義傳統的關係。

✧ 灶神星（維斯塔 Vesta ／赫斯提亞 Hestia）

維斯塔，希臘人稱赫斯提亞，是主持所有羅馬貞潔處女的神廟女祭司。處女的一生是為神服務，她們負責看守聖火，以確保羅馬帝國的安全。如果她們違反貞潔誓言，會先被處以公開鞭刑，接著被活埋。維斯塔是中世紀修女的原型，幾千年前，在古代近東，這些女祭司的前輩，同樣照看著聖火，也參與神聖的性儀式，以便為人們的生

活和土地的滋養帶來療癒力和生育力。

　　最初，「處女」這個名詞代表的不是貞潔，而是未婚。這些女祭司因此代表了女性特質中整體和完整的一面。從舊的女神信仰轉變到太陽神之後，性與靈性分離。新的神祇出現之後，一個女人如果想要走上靈性之路，就必須保持貞潔——處女的新定義。

　　在早期，女祭司是女神的代理人，可以透過與外部伴侶的性關係，形成一種不要求婚姻或承諾的方式，來進入靈性提昇的境界，然而在父權文化中，現在貞潔的希臘女祭司變成阿波羅的新娘與基督教的修女，即「耶穌的新娘」。當神靈降靈女祭司的身體時，會讓人經歷到狂喜充滿——神祕主義描繪為一種內在聯姻。

　　在人類的心靈中，維斯塔代表了我們本性中想要以神聖的方式去體驗性能量的衝動，這可能以幾種不同的方式發生。

　　我們大多數人都是社會習俗的產物，因此，我們傾向於將性能量內化。我們可能在一種精神、宗教或冥想的道路上奉獻，在當代環境中追隨女祭司和牧師、修女和僧侶的腳步。我們可能會經歷自我心理整合的過程，這是我們終身療癒工作的一部分。

　　在灶神星主管的領域中，它是一種集中或淨化的品質，並使我們充滿能量的內在工作，這使我們能夠遵循一項職業或召喚，並於世

上服務，是一個從我們完整而獨立的核心所升起的願景。

灶神星，其處女的本質說明了人們與自己關係的重要性，這可能成為她們無伴侶的單身生活方式，或者即使她們結婚，對於被要求完全放棄自我與另一個人融合，也許會感到不舒服。在灶神星領域中，你可能會發現自我交流時是最令人滿意的性接觸，從某種意義來說，你可能是自己最好的情人。

那些聆聽灶神星最早階層記憶的人，可能會定期發現自己與其他人經歷過短暫的性生活，或者他們沒有結婚或承諾，這些關係往往是一種特殊的感覺，具有療癒和神聖性，然而，由於我們的社會背景並沒有將非忠誠之性關係視為是正當的，因此他們往往會感到羞恥、內疚和不滿足。透過了解維斯塔處女是性和靈性合一的本質，她們就能將自己從自身的恐懼、內疚、羞恥、壓抑和限制中釋放，進而表達性能量。

在本命中，灶神星展示了我們如何利用性能量來加深與自己的關係，於內在層面整合與再生，如此一來，我們就可以專注於外在世界的工作。

星盤中的主要小行星

雖然它們每一顆都有某種涵義，但某些小行星在某些星盤中比

在其他星盤更為突出。在星盤中位於重要位置的小行星將在形塑生活經驗上發揮更大的作用，對於識別生命主題會非常有用。在進行一小時諮詢時，先關注在最重要的事項，將其他資料先暫放一邊，直到可能要進行一個更深入的分析時，再作使用。

如何判定誕生星盤中小行星的涵義？我將依重要順序提出四項主要標準。我建議的容許度僅適用四個主要小行星，其他成千上萬的小行星，容許度可能得設定得更小。

最重要：檢視穀神星、智神星、婚神星或灶神星是否與太陽或月亮合相或對分相，或者與上升主星合相，又或者與四軸點之一合相；上升點和上中天的度數，比下降點或下中天要來得重要；使用10度容許度，但如果跨星座，請使用小於且不超過5度的容許度。小行星在這些任一位置都很重要，因為這些是星盤中最有力的點。與小行星合相的行星或特殊點，其意義會受到小行星影響。

普通：請注意，如果小行星與任何一發光體四分相，或與內行星合相或對分相，這些將賦予小行星普通較高程度的重要性；普通等級的意思是當小行星與月交點合相的時候，而普通較低的等級是當小行星與外行星合相或對分相，在這些情況下，容許度不超過5度。

低度：檢視小行星是否構成主要相位圖形（三刑會沖或大三角），或者它是否與發光體或上升主星有三分相或六分相，容許度不

超過 4 度。這個重要性雖然低，但在某些情況下可能仍有相關性。如果是位於角宮的位置，特別是在第一宮或第十宮，也會賦予流浪的小行星一些重要性。

不重要：如果小行星沒有與星盤任何重要行星或點有相位，那麼它可能在生命中不起主要作用。當然，在一個完整的星盤描述中，它是具有意義的，但在一小時的諮詢裡，它可能不是該討論的重點。同時請注意，儘管小行星在本命星盤中可能不是那麼重要，但也許正有顆外行星經過它，在過境期間，它的象徵意義將會很活躍。

一旦確定某特定小行星在星盤中的重要性，將其含義與有相位關係的行星或軸點結合起來，最後透過星座和宮位，以及它可能正在形成的相位，來修改其代表的意義。比起將小行星所在星座或宮位的關鍵詞綜合起來，神話原型本身可能帶給客戶更深且更為強烈的印象，因為那可能與他或她的經歷更有關係。

在比爾的星盤中，穀神星沒有與四軸點合相，沒有與發光體合相、四分相或對分相，沒有與上升主星合相，沒有在三刑會衝或大三角的任一點，但穀神星位於角宮第十宮，所以它是普通重要。然而，你接下來會注意到小行星狄米特（希臘語，相當於羅馬穀神星）與上中天等分合相，這提升了該原型的重要性。

智神星與月亮對分相，並且與冥王星等分合相，這列為普通較高的重

要等級。婚神星與太陽以相當緊密的容許度形成四分相，與月亮呈星座合相，並與火星緊密合相，因此婚神星的重要性非常高。灶神星沒有與四軸點合相，也沒有與太陽、月亮或上升主星形成合相、四分相或對分相，但與土星和南交點合相，故灶神星的重要性為普通。

因此，婚神星和智神星是最為重要的，其次是穀神星和灶神星，兩者都是中等強度。在分析比爾的太陽時強調婚神星的重要性，以及在分析月亮時強調智神星的重要性；根據時間和諮詢重點，你可以先略過其他兩個。

智神星展示了如何運用我們的創造性智慧來形成思想、藝術、真理與世俗的能力，這位智慧與藝術潛能的女神位居創造力的獅子座，以及具有廣泛多元文化觀點與靈性的第九宮，與月亮和冥王星形成相位結構，這表示比爾部分的生活目的涉及他的思考能力，並以藝術表現轉化較大的世界。

婚神星是妻子和忠誠關係的原型，與太陽緊密合相表示比爾生命目的之主要部分，是需要在穩固關係中建立良好的溝通以支持個體發展，那過程也充滿了衝突和競爭（火星合相）以及壓力（四分太陽）；來自月亮的關聯，婚神星強調了對個人親密情感的需求，但水瓶座的利他主義和非個人的理想並不總是與天蠍座相容，因為天蠍座需要與他人親密並與他人完全融合。

其他一萬二千顆的小行星

　　自一九七三年至一九八一年間將小行星引入占星學界以來，許多當代占星家開始將穀神星、智神星、婚神星和灶神星，同時還有凱龍星（１９７７年發現）的象徵意義納入星盤的分析，儘管如此，仍然有相當多人懷疑和抗拒。將其他成千上萬的小行星納入解盤的想法，對大多數占星師來說，這簡直是令人難以置信，然而，就我這二十五年來實務經驗中對小行星的了解，我反覆看到這些個人生活中特定人物與地點的細節，是多麼地與神話主題相符。

　　以下名人星盤中一些明顯例子能夠說明這一點，例如，查爾斯王子有小行星卡米拉（Camilla）和帕克斯（Parks）與他的金星 15 分內合相，他一生的摯愛暨現任妻子的名字是卡米拉‧帕克；比爾‧柯林頓有小行星寶拉（Paula）、莫妮卡（Monica）、阿斯莫德斯（Asmodeus 波斯惡魔慾望之神），而威廉（William）與他的月亮對分，小行星希拉蕊（Hillary）與他的月亮合相，同時小行星希拉里塔斯（Hilaritas）與他的下中天合相，下中天是星盤的基底與錨；賈桂琳‧甘迺迪‧歐納西斯有小行星約翰（John）和亞里士多德（Aristotle）是她兩任丈夫的名字，與她的月亮對分（1 度內），此為婚姻的重要指標之一，它本身與小行星阿布丹霞（Abunduntia），羅馬豐饒女神合相，而她的終身伴侶，莫里斯‧天普曼（Maurice Tempelsman），則有小行星莫利（Maury）和天普（Temple）在她的上中天。

在尋找將所有小行星包含在占星符號主體的哲學論證時，請考量古代晚期對宇宙階層結構的概念。在古希臘哲學家的著作中，行星和恆星被視為肉眼可見的神祇，然而，在神界和人界之間有成千上萬的代蒙（Daimons），代蒙居中將這兩個世界聯繫起來。

一些哲學家寫道，代蒙是良知或指導靈，在赫密士奧祕文本中，某些代蒙與各個行星關聯，並執行該行星神祇的命令，因此，成千上萬的小行星也許也會被古人視為是一種天體的對應，只是尚未被看見──就像望遠鏡發明之前的小行星。

在解盤時如果要賦予小行星意義，你必須按主題來組織分類，並用方法確定它們在星盤中的重要性。請記得，一萬二千顆小行星中可能只有十幾個真的與特定星盤有關。馬克‧波騰吉（Mark Pottenger）的 CCRS 小行星程式和大衛與菲‧柯克汗（David and Fei Cochrane）的開普勒宇宙模組（Kepler Cosmic Patterns）兩個程式都加入了小行星模組，可以在輸入出生日期時，出現所有一萬二千多顆小行星的位置，這些程式也可以讓你自定表列內容。附錄 B 列出我所選擇的大約二百五十顆小行星──根據神話的重要性，或是依它們所表達的概念來選擇。它們可以從白羊座 0 度起至雙魚座 29 度止，依黃道順序列出，或也可以按英文字母順序排列。附錄 B 還有相關網站訊息，可以將你自己星盤中各小行星的位置以及其他資料標示出來。

　　當我深入研究特定星盤時，我會按字母順序列表，並標示對那人有意義的小行星名稱和位置，但是，在進行星盤諮詢時，我會僅依黃道星座次序列表，在星盤上標出我認為具有普世意義的神話小行星，以及那些與四軸點合相的小行星、兩顆發光體、上升主星以及其他任何令我感興趣的重點。

　　開普勒宇宙模組程式可以讓你直接將選定的小行星添加到星盤上。我會尋找人名、地點、概念和神話人物，但是，我不太可能解釋所有這些小行星，我所尋找的是某些出現的主題，引導我去增添其它小行星。附錄 B 包含一份約二百五十顆小行星的列表，這些小行星是依照比爾的出生日期和時間，按黃道星座次序排列。從該列表，我選了一些小行星放在他的星盤中，那些小行星的度數，與他的上升點、上升主星、太陽和月亮相近。

　　另一個組織小行星的方式是依據主題 —— 與治療、預測、性或關係，以及那些與四顆主要小行星神話相關的事務，例如，如果你看到穀神星很顯著，那麼就檢查小行星狄米特，因為這是她希臘版的名字，雖然這會是兩顆不同的小行星，但它們的原型意義是相似的；而神話中，希瑞斯的女兒是波賽鳳妮，這名字的拉丁文是普塞匹娜〈Proserpina〉，所以你可以將這兩顆小行星添加到星盤中。最後，觀察冥王星（普魯托），他綁架波賽鳳妮，同時也是希瑞斯主要的對手，所以可以研究所有這些天體間的關係。當某些神祇在神話中有關聯的時候，他們的同名行星在星盤中會相當突出，或者與另一行星有

緊密相位，而該神話主題也會在那人的生命中變得特別顯著。

這是確實的，當你對神話，以及哪些屬於不同文化又彼此相關的神祇了解越多的時候，就越能活用小行星，例如，在小約翰‧甘迺迪（John F. Kennedy，Jr.）死亡的飛機失事事件盤中，上升點兩側是小行星歐遜那（Oceana）和安紐比斯（Anubis），他們是埃及的狗頭神，負責引領亡魂到地府。

小行星伊卡洛斯（Icarus），描述一位因為飛得太靠近太陽而摔落淹死在海中的年輕人，它與上升主星合相；而伊卡洛斯的父親達達羅斯是發明者之父，小行星達達羅斯（Daedalus）與月亮合相。有很多優秀的世界神話書籍可以幫助你熟悉神話故事，你可能也會想要有本關於神祇和女神的字典。

✎ ----------

比爾的本命星盤中，太陽與希瓦（Siva）和伊達爾戈（Hidalgo）合相。伊達爾戈是十九世紀改革運動的西班牙神父，以墨西哥獨立運動之父殉難並獲得永生，而當這顆小行星在星盤中突顯的時候，它可能暗示與拉丁語系國家有關，為信念而戰，為他人權利而奮鬥，或為弱勢者發聲。

希瓦，也被稱為印度教的濕婆神，是狂喜和轉化之神，與希臘狄俄尼索斯〈Dionysus〉相近；這顆小行星在比爾星盤中所突顯的，可能暗

示一種在強烈情緒、狂喜、性強度、靈性轉化、打破禁忌和超越障礙時，狂熱的強烈衝動。

比爾的月亮與賽姬（Psyche）和艾琳（Irene）合相。賽姬是凡人公主，她尋求與愛人艾洛斯（Eros）結合，完成了憤怒的阿芙蘿戴蒂（Aphrodite）所交付給她的英雄任務，後來她成為女神。
比爾星盤中，賽姬可能代表對另一個人的思想和情感的心理敏感度，可能進而導向渴望與靈魂伴侶結合；艾琳是一個人名，他可能會遇到一位名叫艾琳的人。

最後，比爾的上中天與狄米特合相，她的神話主題與穀神星相似。我們已經討論過小行星 367（Amicita）和小行星 309（Fraternitas）與金星、水星以及上升點的合相，而且小行星烏托邦與上升主星木星合相。

學習指南

- 檢查你的練習星盤中四顆主要小行星中的重要等級：高、中高、中等、中低、低與不重要。陳述你判斷的理由。
- 有多大的程度，小行星所代表的主題突顯於構成此人生命經驗的主要部分？請對所選擇的小行星進行簡短的占星描繪。
- 選擇一個在星盤中突出的次小行星並研究其含義。如果它是一顆神話小行星，你認為神話傳記背後的心理原理是什麼？詢問星盤主人這個意義是否與他或她的生命有關。

—— 第十章 ——

相位圖形

　　到目前為止，我們已經討論了誕生星盤中最重要且有助於辨別生命目的的個別因子，然而在引導我們實現生活目的時，行星們並非各自獨立運作，它們也會以組合來運作。

　　行星間有著複雜的關係，彼此間可能是和諧的、支持的，又或者是困難和阻礙的，在占星學中，行星與其他行星關聯的方式被稱為相位理論。將星盤視為心靈的地圖，行星間互動相位所構成網狀線條，可視為類似心靈的佈線圖或身體的神經迴路。

　　相位理論自希臘化時期首次制定以來，已經歷過相當大的變化，當時被納入考量的僅有五種相位：六分相、四分相、三分相、對分相和合相，這些被稱為是一種共同存在，而現代的補十二分相與半六分相，在當時並不被認為是相位，它們被稱為不合意（aversions），代表行星彼此之間沒有任何關係。

　　在許多的考量因素中，相位是由整星座來決定，而不是由度數來決定的，但是，行星間的相位若是越接近精確度數，其關係就越

活躍。行星在 3 度範圍內與另一個行星形成相位（或與月亮則為 13 度）代表有一種特殊的關係，而這也適用於跨星座（星座外相位），這種較窄的容許度可能是融合各行星意義的條件，進而成為今日現代相位解釋的標準，特別重要的是，當一行星被吉星或凶星注視的時候，被認為增強或阻礙了該行星以對人有利的方式去實現其代表事物的能力。

在阿拉伯／中世紀時期，相位是以半容許度（moiety）決定，各行星依據其能見度分配了一定的度數 —— 需要距離太陽多遠才能被看見。

每顆行星都有不同的半容許度，如果兩顆行星之間分離弧與相位的差距，小於或等於它們半容許度總和的平均值，即被認為是彼此相關的。因此，如果金星的半容許度是 13 度而土星的半容許度是 7 度，那麼它們半容許度的平均值是 10 度；例如在一個特定星盤中，金星在獅子座 1 度，土星在天秤座 9 度，兩者分離弧與六分相的差距是 8 度（在那平均值 10 度內），那麼它們會被認為彼此是有相位的。請留意這與現代六分相位的 6 度容許度有何不同。

文藝復興時期，曾有過一場占星方法論的改革。約翰‧開普勒（Johannes Kepler）駁斥了行星在星座和宮位中的有效性，而只關注在相位。在其研究過程中，他提出許多小相位，例如五分相、七分相和九分相，這些隨即成為近代占星學的一部分。

當今占星實踐中使用多種不同的相位，這些相位是從精確角度的容許度來決定，不同相位有不同容許度（例如，六分相為 6 度，四分相和三分相為 8 度），而不考慮行星的半容許度或星座位置。

根據你研習的占星學類型，你必須決定使用哪一準則來判斷各個相位，並留意歷史傳統中的變化，但無論你的選擇為何，行星間的相位，都表示行星以某種特定方式聯繫在一起。現代占星實踐融合了相關行星的意義，如果它們是三分相或六分相，則稱作互動較為容易順暢，若為四分相或對分相，則稱作互動困難／具有挑戰性，這基本上類似於傳統的占星解釋。

古代占星學也有一套標準，認為當一顆行星居於主導地位 ——即對另一顆行星做某事，接著對方會反應回來，這種微妙之處，通常不適用於現代的相位解釋。

當你觀察兩行星之間的單一相位時，首先考慮各行星基本性質的含義，隨著所在星座、所在宮位，及其主管宮位之主題意涵而調整，接著，再將兩行星的意義結合起來細想，最後分析它們之間的互動類型。在某些情況下，適合混合行星的含義。例如水星與金星六分相，表示「流暢的說話者」，但在其他情況下，你可能會想將這個相位解釋為一顆行星協助或妨礙另一顆行星，例如吉星金星協助水星完成其本身的任務。

這是在整個整合星盤時的一個重要步驟，特別是當其中一顆行星是本命星盤關鍵因子的時候。

在分析太陽、月亮和上升主星時，請注意哪些行星與這三個生命之地有相位，然後在判斷時，考慮它們的影響。當你在整合其他行星影響力的時候，這是諮詢中需要一再考量的，也就是當它們與星盤中這三顆主要行星有關連的時候。另外，是當你在分析特定主題的時候，例如關係或職業，在這種情況下，你要專注檢視該主題宮位的主星；三顆或更多行星連結而成的相位圖形揭示了星盤中範圍更廣的主題，本章的其餘部分將專注於這些相位圖形的討論。根據我的經驗，最重要的相位圖形是星群、三刑會衝、大四角和大三角。

星群是由同一星座中三顆或更多的行星組成。可以想像成三位室友同在一個屋簷下共用一個房間的情形，他們可能相處融洽並適應彼此需求和日常生活，然而他們也很有可能爭奪有限的空間，干擾彼此的計畫。

古代占星家談到，行星位在相同宮位／星座，他們的性質會混合在一起；行星在星群可作為一個組來行動，會帶來強化、專注並專心於所在宮位的事務上，但如果行星之間不和諧地對待彼此，那麼可能導致混亂、日常衝突，宮位所代表的主題會不平衡，或者過分地強調其星座的特性。

三刑會衝由兩顆或多顆對分相的行星所組成，而各顆行星都與第三顆行星四分相。因為四分相和對分相通常是不協調、困難、具有挑戰性和破壞性，所以行星能量在這種相位結構中受到限制，進而產生巨大的張力和壓力，兩顆相互衝突、議題對立的行星，將個體往反方向拉，而第三顆行星雞同鴨講地與另兩顆行星呈四分相，這並不是一個和諧的狀況，個人會感覺左右為難，進退維谷。但就像被大壩攔住的水一樣，大量的潛在能量正在積聚。

因此，三刑會衝的潛力就像發電機一樣，能產生推動完成任務的雄心。許多成功人士在成功之前克服了巨大的障礙，他們就有三刑會衝，因為如果能夠適當運用，這便是一種能夠產生能量來完成工作的相位結構。

大四角是三刑會衝的變體，其中四顆或更多行星都是彼此四分相，包含兩組對分相。大四角或大十字的能量，有時被稱為是三刑會衝的加強版，是透過更少的機動空間解決生活中所帶來的兩難困境，個人可能會感到生命被限制或被困住，但是卻找不到方法跳脫困境，他們似乎無法改變，可能覺得背負著他人的重擔，有時甚至是世界的重擔，這可能讓他們不屈從環境並掙扎求生。他們身上背負著巨大的壓力，因為他們試圖將許多不同的承諾和責任結合起來，所以星盤有大四角的人，能發展強大的意志力和決心，但為了減輕內在的壓力和緊張，他們必須學會如何利用內在專注的能量來提升對外的產能，而在這過程中，偉大的事物可能得以實現並體現出來。

　　大三角涉及三顆或更多的行星，每顆行星都與其他兩顆行星三分相。簡單的大三角是最為和諧和最有幫助的相位，三顆相互關聯的大三角提供了巨大的創造性能量，使個人容易取得並且展現其能量。有些占星師假設大三角代表從前幾世生命當中所延續下來的內在才能或天賦，因為它們在很小的時候就出現，而且看起來幾乎毫不費力。能量流暢，各式各樣的機會，並且成果豐碩。在某些情況下，大三角可能適得其反，因為缺乏內在壓力可能導致某些人失去動機將他們的天賦做任何有效的運用，而徒留未實現的潛能。

　　一些占星師也會考慮手指型（兩個補十二分相位與一個六分相，或稱為命運手指或上帝手指），以及其他圖形，例如風箏型、神祕矩形和大衛之星。然而，在一小時諮詢中，如果關注這些，而不是前述的四種相位圖形，那麼這可能會讓你走岔了路，而彎進了風景區。雖然它們可能是有趣且有意義的，但它們可能讓你偏離星盤重要主題。如果是較長時間的深入探討或持續諮詢，那麼探索這些星盤上更細緻的變化當然是合理的。

　　關於月交點、特殊點和四軸點是否該視為相位圖形的一部分，占星師之間仍有爭議。有些人看到在三刑會衝和大四角形成的張力，能透過其他行星三分相或六分相的涉入而釋放出來。請留意，儘管古代占星家的文本裡根本沒有提及相位圖形，但是有特別描述過三顆行星位於相同星座的情形。

描述相位圖形

並非每個相位圖形在個人生活中都具有相同的影響力，這裡有幾個標準，可以用來確定該相位圖形是否重要。在你考量相位時，以下是一些指導方針：

- 相位圖形是透過星座運作，但是，行星間度數越緊密，該圖形所代表的事件，其表現就越活躍。
- 涉及角宮行星的相位圖形較為突出，因為那是個人生命外在事件表現的場域。
- 涉及太陽、月亮或上升主星的相位圖形，更可能與基本的生命主題有關。
- 個人內行星參與的相位圖形往往更具個人意義，而相對的，僅涉及外行星的相位圖形則更具世代意義。
- 在開始相位圖形的解釋之前，請特別注意其宮位、行星和星座所涉及的含義。
- 檢視所涉及的宮位。如果三刑會衝的行星們位在第一、七、十宮，你馬上就會知道緊張關係將出現在自我認同與人際關係的領域，以及這兩端對於職業生涯的影響。你自己學習的時候，要像上面一樣，為三刑會衝中所涉及的每個宮位組合寫個短句。
- 檢視涉及的行星，用行星的原型造個簡短的句子。
- 融合星座與行星的影響，然後再將它們放置到各自的宮位，同時也留意這些行星主管什麼宮位及主題。

● 一旦你確定了在哪裡、誰以及如何運作這相位圖形，你便能產出一個更為流暢、詳細，並且具有心理觀點的描述。

　　如果你使用整宮制，並且使用的是星座相位，而不是系統預設的度數相位，那麼相位圖形便能更加真實呈現各個星座和宮位之間的自然關係。

　　合相的本質，是各種行星性質的一種混合。由於星群是連結同一星座和宮位裡三顆或更多的行星，因而指出了活動集中的領域。依據行星的本質以及它們各自的狀態，**星群可能增強或減損該生命領域所代表的意義，但是無論好壞，星群所在宮位的主題和星座的特質都會在那人的生命中被強調出來。**

　　三分相的本質是肯定與支持，而大三角圖形是將相同元素的行星連接在一起，如此，大三角連接所有位在火象、或土象、或風象、或水象星座裡三顆或更多顆行星，促進各行星及宮位所代表的意義與主題能夠和諧互助。因為所有行星都位在相同元素，所以主題立即就能被元素性質所強調出來：火象星座是自由和生命能量；土象星座是物質世界的物質安全和才能；風象星座是溝通和智力活動；水象星座是情緒感受和滋養。

　　大三角可能據守在以下幾組宮位：第一、五、九宮（身分、創造力、高等智慧）；第二、六、十宮（資源、勞動／疾病、職業）；

第三、七、十一宮（兄弟姐妹、伴侶、朋友／夥伴）；或第四、八、十二宮（父母／家庭、死亡／遺產、痛苦／超脫）。

請注意，這些組合都包含各一個角、續、果宮，如果你理解了這些宮位組合的意義，也就是它們主題上的意義、它們的相對角宮，以及它們相對於上升點，其相位結構的好、壞條件等，描述就變得清晰起來。

例如連接第三、七、十一宮的水象大三角 —— 所有「好」的宮位 —— 暗示其主題是在手足、伴侶與朋友間的同儕關係中獲得情緒滋養和支持（水象）。

四分相與對分相代表否定或挑戰，三刑會衝或大四角連結相同模式的行星，因此，當三刑會衝或大四角連接位於啟動、固定或變動星座內的行星時，會以某種衝突、掙扎或緊張的方式，將個別行星與宮位所代表的意義和主題強調出來。因為所有行星都位於相同的模式，因此立即暗示了被強調的主題是：啟動星座的行動和外在危機、固定星座的穩定性和剛直、或者變動星座的變化和猶豫不決。

三刑會衝與大四角的圖形還組成了角宮（第一、四、七、十宮），續宮（第二、五、八、十一宮）或者果宮（第三、六、九、十二宮），這項訊息暗示了在行星背後產生外在事件的動能。因此，最具外顯力量的是當行星位於啟動星座和角宮，而當行星位於果宮，

其顯化為外在事件的力量相對較小，或者它們可能較強調內在的過程。

例如三刑會衝是第二宮和第八宮對分，而共同四分相第十一宮，那麼你就會知道這些續宮代表中級的動態活動，主題會圍繞在個人資金與合作夥伴的資金，並且影響著團體關係。再者，如果行星位於固定星座，那麼個人將傾向於嚴格控制這些問題，而如果在變動星座，個人將傾向於更靈活，甚至善變而喋喋不休。最後，各行星和它們守護的宮位內涵，將會充實所有細節。

例如，比爾星盤中的主要相位圖形是：

一、**星群**：月亮、火星和婚神星位在第三宮。

二、**三刑會衝**：角宮的變動星座三刑會衝；海王星／穀神星與木星呈對分相，同時四分相金星和水星。木星與海王星緊密對分相，與金星和水星呈星座四分相，而不是度數上四分相。

三、**大四角**：果宮內的固定星座大四角；太陽對分相天王星，同時四分相月亮、火星和婚神星，又對分相冥王星和智神星。這也是以星座相位來看，而不是以緊密度數。

四、**大三角**：水象星座守護第四、八、十二宮；有太陽、木星、凱龍星，這是以星座相位和角度相位而論。火象星座守護第一、五、九宮；金星和水星／灶神星和土星／智神星和冥王星。這是以星座相位而論，但度數上並不接近。

　　你如何確定哪一個最重要呢？如果你看一下星盤的關鍵因子──太陽、月亮和木星（上升主星），你會看到除了火象大三角，其他所有相位圖形內都有它們的參與，所以對你的判斷沒多大幫助，但變動三刑會衝位在角宮，這表示上升主星木星參與了非常活躍的活動，這可能有助於你做出合理的判斷了。

　　如果是我來解釋這個星盤，我會提到的第一組行星是金星和水星，因為它們位在第一宮。然後我會指出上升主星木星，它四分相金星和水星，並且對分相海王星，那個圖形會因為這兩個重點而居於首要位置。由於太陽以緊密三分相連結木星，所以接下來，我可能會帶入太陽／木星／凱龍星的大三角，但也可能對太陽的三刑會衝投入更多的關注，因為它牽引著月亮。

比爾的星盤中，角宮內的變動三刑會衝很重要，第四宮的家庭事務和第十宮的職業議題，與第一宮的身分認同感，產生了一種主要的動態張力。你可以假設比爾的身分認同感，可能會因為家庭和職業生涯之間的壓力而不斷地受到形塑；換句話說，比爾的個人成就感，是透過他事業的成功以及在較大人生舞臺中的作為，進而得以養家的能力來決定的，因為這個圖形涉及了變動星座的行星，他的身分、家庭狀況和職業生涯都會經歷一些變化。

他可能嘗試不同的方式，試圖讓事情變好，或者他可能不清楚自己是

誰，以及他想在世界上做什麼來支持家庭的根基。

看看當中涉及的行星，水星的位置呼應了這個主題，因為它統治了第七宮的關係和第十宮的職業生涯，並且落陷於射手座，所以對比爾來說，也許很難找到一項職業是符合的，這可以解讀為讓人感到無能為力，因而造成無法獲得伴侶的支持和尊重。金星主管第六宮勞動，強化了與勞動相關的議題，而存在於金星／水星和海王星的四分相位結構，代表比爾的天賦可能在藝術領域和電影攝影。

事實上，我們已經知道他早期從事電影製片時所製作的紀錄片已得到認可（請注意穀神星在第十宮——與「回歸大地」有關的女神）。

婚後，比爾有了自己的電視製作工作室的事業，但這些職業都沒有豐厚的財務收益。木星位於第四宮，是這相位結構中最強而有力的行星，因為它在自己的主管星座，雙魚座。一般來說，作為上升點主星，它的位置指向驅動靈魂並導向一個成功生活的主題。比爾參與建築改造業務，其目的是創建一個有意識的社群，提供一個穩固的基礎來成功實現他的人生目標，並獲得財務收益。

在與比爾的會談中，你可以認可他在職業舞臺上的藝術天賦，但也得表明它們可能無法讓他持續工作和獲得財務成就，因此，反而可以鼓勵比爾將精力集中在第四宮事務上——家族、土地、家等等——因為這可能是一個較有收穫的領域，可以獲得成就感，並且可能成為支持

他追求藝術創業的收入來源。

學習指南

- 判斷並列出你的練習星盤中的相位圖形。評估它們的重要順序並解釋原因。

- 選擇最重要的圖形，並準備描述每個部分。綜合各行星在各自星座中的意義，以及它們所涉及的相位圖形的性質，同時把相關宮位統整起來檢視，它們的相對角宮是吉宮或凶宮，以及與問題相關之行星的元素或模式。務必留意當中是否有行星為星盤的關鍵因子，或者它是否與四軸點有緊密合相。

- 如果你得出的結論不是那麼光明燦爛，那就請想想該如何建議當事人有建設性地運用那些困難的能量。

—— 第十一章 ——

分析關係與職業

有關本命占星的完整解讀包含了兩個主要部分。第一，需要先從個人特質，以及星盤主人的人生目標進行廣義的一般討論，同時說明星盤裡有哪些重要的主題，第二部分則是針對特定議題，帶入更多的細節重點。

在開始諮詢前，向你的客戶詢問，有沒有任何打算要問的問題，並確保留下充足的時間來梳理這些疑慮。

客戶最經常尋求釐清與指引的主題是關係、職業和健康。在本章中，我們將討論如何評估感情關係和職業，並提供一些關於健康的指導方針。

現代占星對於星盤的詮釋，其概念是將星盤視為一個整體；在某程度上，這個意向賦予各個特定主題相同高度的評價，也反映星盤中的一切皆有助於我們自身存在的假設。

歸根結柢的確是如此，但是若有特別關心的事項，反而難以辨

別要從星盤何處尋覓明確又具體的相關訊息。古典占星師會先檢視代表該主題的宮位。

　　「主題」這個詞來自希臘文 topos，意為「地方」，這在占星術語中被作為宮位的概念，就像我們考察景觀地形時，會找出在地風貌的各項地理特徵，古代占星家會將十二宮位視作各種主題或生活層面的所在地，因此，他們對主題的分析，會從代表該事項的宮位開始考量。占星十二宮位的基本精要涵義如下：

- 第一宮：身體、特徵、外貌、個性。
- 第二宮：生計、財務、有形財產。
- 第三宮：手足、鄰居、溝通、短程旅行。
- 第四宮：家、爐灶、雙親、土地。
- 第五宮：子女、創造力、戀愛、性、娛樂消遣、博奕。
- 第六宮：疾病和健康、事故、工作、勞役。
- 第七宮：婚姻、性伴侶、夥伴關係。
- 第八宮：死亡與遺產、法律訴訟、共同資源、深度心理學、神祕學。
- 第九宮：國外旅行、長途旅行、高等教育、宗教、哲學。
- 第十宮：專業、立身處世、榮譽、名聲。
- 第十一宮：朋友、團體組織、贊助收益、社會運動和行動主義。
- 第十二宮：敵人、苦難、痛苦、損失、業力、超脫、神祕事物。

許多古代占星文本專闢章節分析討論對於各個宮位主題的看法，每一位作者的見解又各不相同。討論婚姻時，瓦倫斯提出了一組適用的步驟是：檢視金星、第七宮、第七宮主星，以及婚姻點 ①，從這裡，我們可以推斷出在檢視任何主題的一般流程中，包含了與該主題相關的特定行星、執掌該主題的宮位，以及與該主題相關的特殊點。

一、各個主題都有一顆或多顆行星作為它的一般象徵星，例如：金星為婚姻，火星為手足，木星為子嗣，太陽為日間盤的父親，而土星為夜間盤的父親；金星為日間盤的母親，而月亮為夜間盤的母親。因為相同的行星可被用於所有星盤，其指標性也是最為一般的。

二、各個主題由特定宮位守護──第七宮是婚姻、第五宮是子女、第四宮是雙親等等；須同時檢視宮內星及宮主星。位於宮內的行星，會對所在生活領域內發生的事件發生影響，但是該宮位的宮主星擁有最終權力，為這些事務將如何發展的最終結果賦予判斷。

設想在一家餐廳裡，員工就像是宮位裡的行星，廚師和服務生的素質（宮內星）肯定會影響體制內的作業流程，但是餐廳的老闆（宮主星）在主要的經營策略上，擁有最終的決策發言權。

三、各個主題都有一或多個相關的特殊點，特殊點本身與它主星的狀

態同等重要。

古代占星家仔細觀察這些執掌主題的因子，各自相對的力量和狀態，然後決定該主題是否會在個人生活中發生；如果是，那行星會產出幸還是不幸的結果。判斷該主題代表因子的重要準則是：**與吉星或凶星的相位結構、宮主星的強弱、順行或逆行、有無在太陽光束下**，以及**是否位於四軸點**。如果大部分的代表因子都沒有受剋於凶星、順行、位在它們的廟宮星座或旺宮星座，以及在角宮或續宮的吉宮，那麼該主題最後可能成就有益的結果。

這樣的觀點與許多現代占星師的方法形成鮮明的對比，他們在開始討論結果好壞之前，不大考慮星盤能否支持該主題的表現，在諮詢倫理中，他們也建議迴避有關客戶的婚姻、子女或事業不大可能實現的說辭，或是去驗證導致不幸的原因，然而，這個方法還是能夠為諮詢的導引提供實用且重要的背景資訊。在此，我們將遵循古典占星的指導原則，但以現代占星的條理詮釋，並加入更多當代應用的見解。

分析關係

客戶來諮詢時，最經常詢問的是他們的感情關係，但這些問題經常是沒有聚焦的。人們口中說希望占星師告訴他們感情關係的近況，但內心真實的想法卻往往是：什麼時候我會遇見那個對的人？我

的伴侶是否不忠於我？目前的感情還能繼續走下去嗎？我們會不會分手？未來是否有更適合我的人？什麼樣的人比較適合我？我跟這個人或那個人合得來嗎？我會（再）結婚嗎？

從事多年的感情關係分析之後，我逐漸意識到最核心的問題是：在關係中，我需要什麼才會感到快樂和滿足？未來可能的伴侶或目前的伴侶能夠滿足我的需求嗎？相對來說，從這段關係裡，我未來可能的伴侶或目前的伴侶需要什麼才能感到快樂，而我也能真正回應對方的期待呢？

上述兩組問題背後真正需要探究的是「對於經營一段良好的關係，我的能力是什麼？」以及「我是否有足夠的內在智慧，得以維持與他人的互動？」告訴某人他的月亮三分相她的金星，兩人可以相處愉快並找到共同興趣，雖然，這樣的直述內容也是事實，但明辨前述問題的相關因素會更具有建設性。

我們可以與所有類型的人認識，但未必與所有人都建立良好的關係，而這所有提問的出發點，都是為了評估婚姻之於個人的可能性，或是評估行運因子是否指出婚姻會發生在適當的年紀。

除了星盤是否支持為個人的關係主題帶來好運之外，還有命運或業力的議題。因為前世的集體無意識力量，通常會勝過當下做出良好判斷的能力，關係往往會發生在人們有難解的因子或折磨人的比較

盤當中（比較盤意指比較兩個星盤的契合度）；有時，我們與他人結合在一起，但此人更大的生命目的，卻與我們個人的幸福無關。東方的靈性觀點認為，人生在世是為了圓滿前世尚未完成的業力，困難星盤的境遇正是描述了這樣的狀況。

在你能夠深入討論更深層次的問題之前，必須知道關於這個人衡量人事物的基線。在這裡，我首先要介紹古典占星分析婚姻主題的步驟，作為你自我檢視的主要參考；然後，再從現代占星諮詢的角度提出建議。

○ 古典占星分析關係的方法

分析關係的要素之一是**行星代表因子**；首先檢視金星的狀態，作為檢視男女婚姻時皆能適用的一般代表因子。有些文本進一步區分：將男性的金星和女性的火星作為性關係的代表因子，將男性的月亮以及女性的太陽作為合法婚姻關係的代表因子。

- 如果金星入廟或入旺、宮位配置佳、沒有凶星刑剋、順行且不在太陽光束下，此人將可能建立有益並且容易相處的關係。

- 如果金星落陷或入弱、處在困難的宮位、遭受凶星刑剋、逆行或在太陽光束下，此人可能難以進入或維繫關係，或者受到不利的關係所牽連。

- 請記得，除非金牛座或天秤座守護第七宮，不然金星也會代表關係以外的主題，而對婚姻事項只能給出非常一般的指示。

　　分析關係的另一項要素是**宮位代表因子**。要探索這一點，則查看婚姻主題的第七宮及其宮主星。

- 位於第七宮內的行星，顯示會為關係事件帶來什麼樣的交互作用。狀態良好的吉星，會帶給關係幸福與富足；狀態不佳的凶星，則會為婚姻引來紛爭、厭棄和不幸的情況；如果凶星與第七宮呈四分相或對分相，也可能會出現難關。位於第七宮內的行星通常主管著其他宮位，因此，它們會運用關係作為實現自己主管宮位主題的途徑。

- 第七宮主星，是關係事項的特定代表因子，具有最終主管權來為此主題運作相關事項。第七宮主星的所在宮位，指出這個人想從婚姻裡尋求的是什麼。如果第七宮主星位於第四宮，那就是渴望家庭生活；若是第七宮主星位於第五宮，想要孩子；若第七宮主星位於第二宮，獲得財務保障；其他以此類推。宮主星的狀態意味著個人能否成功建立關係並維持良好互動，以及在關係中的特定需求是否能透過另一半的積極作為而獲得滿足；而第七宮主星與吉星或凶星形成相位，則能幫助或阻礙宮主星為個人帶來幸運或不幸的運作。

　　分析關係的最後一項要素是**特殊點代表因子**；這裡要檢視的是

婚姻點。你將會遇碰到不同作者對婚姻點有諸多不同計算公式的情況。瓦倫斯使用的公式是：**日間盤為上升點＋金星－木星，夜間盤則是上升點＋木星－金星**；其他占星家也提出了不同的公式，你可能需要自行驗證看看。檢視婚姻點是在角宮、續宮還是果宮、有無在太陽光束下、是否與吉凶星呈相位，並依據這些狀態來判斷，接著查看婚姻點的主星，並運用一般法則加以判斷。

○ 現代占星分析關係的方法

從現代占星的角度為客戶提供諮詢時，檢視金星的所在星座可以描述他們表達性和魅力的方式、對待關係的態度，以及感覺哪一型的伴侶吸引自己。

金星所在的宮位可以指出性／關係在最初純粹邂逅，以及隱憂終將現形的共演舞臺。金星與火星的困難相位可能表示發生衝突和支配的問題，與土星的困難相位指出性／浪漫的衝動受到限制和壓抑的議題。但請記得，這是一種非常籠統的敘述，因為金星也可能主管了其他的主題，除非金牛座或天秤座也守護第七宮。

將小行星 —— 婚神星加入占星學的萬神殿中，使你可以將金星視為性吸引力的法則，並將婚神星用於詮釋婚姻承諾的原則。

如果金星和婚神星的所在星座相互矛盾的話，受到吸引力本能而悸動的情感品質，大概無法成為這個人日復一日的生活體驗。金星

在射手座的人可能被激動且自由奔放的世界旅行者所吸引，但婚神星在巨蟹座的人則期望伴侶可以每天回家共進晚餐。

你可以評估婚神星的星座、宮位及相位來得出永續承諾的必要條件，以及星盤中還有什麼足以形成阻礙；星盤中顯著的婚神星，意味著關係是非常重要的生活主軸且天天掛念。

透過元素和星座檢視下降星座的特質，作為顯示在伴侶或合作關係中尋求什麼的指標。第七宮的元素和星座，其特性代表了個人希望透過關係而得到滿足的需求：火象星座需要自由和權力；風象星座需要溝通和聯繫；土象星座需要物質與實際保障；水象需要情緒安全和存在感；白羊座守護第七宮代表了在關係中需要自主權，金牛座需要物質保障，雙子座需要的是心靈溝通等等。

第七宮主星的所在宮位，代表個人希望從婚姻裡尋求什麼以獲得滿足；對這個人而言，可能是子女（第七宮主星位在第五宮），對另一個人來說是家庭（主星在第四宮），還有對另外一個人則是最好的朋友（主星在第十一宮）。主星的狀態提供了個人成就良好關係之相關能力的訊息。再次地，檢查相位，看看其他行星是支援或削弱了主星在關係中順利運作的能力，以及個人必須留意這些行星所代表的其他主題。

現代心理占星理論也指出，**下降星座是個人心靈未整合的部分**

所投射的地方，可以描述成他或她容易受到他人吸引的特質，以作為體驗自我無意識的面向。例如：一個天生善於妥協的上升天秤座，下降點即在白羊座，會尋找強勢的伴侶來學習如何能夠更為果決。

你可以查找那些神話主題圍繞在愛情和關係中的小行星——普賽克（Psyche）、艾洛斯（Eros）、阿芙蘿戴蒂（Aphrodite）、愛墨兒（Amor）、莎孚（Sappho）、邱比特（Cupido）、赫拉（Hera）、莉莉絲（Lilith）、維斯塔（Vesta／灶神星）、樂斯特（Lust）和佩克（Pecker）；如果它們位於星盤中顯著的位置，即能提供更為詳細的訊息。此外，帶有個人名字的小行星，用於確認身邊與小行星同名之人的重要性，可說是非常具有啟發性。

你可以向客戶提供古典占星分析，或是將它作為參考，給自己一條堅實的基線，了解可以如何在現代占星背景下為客戶提供分析。如果你擔心古典占星的方法過於命定，限制了個體進化的自由意志，那麼，你可以將這些訊息作為心理諮詢與適當行動的導航，轉變艱難的無意識模式。

你很有可能從上述的分析中發現相互矛盾的論證，因為我們人類是非常複雜的生物，特別是在愛情、性、婚姻和承諾方面；查找看看是否所有代表因子皆為有利或不利，這會讓你知道是否該鼓勵客戶去追求關係，或者勸勉發展生命中的其他面向，但這並非說客戶在關係中不該走出他們自己的路。

如果有些論證有利又有些不利，那麼關係將是好壞參半，或是會建立但不穩定的關係、困難或短暫，就像大多數人的情況一樣。無論如何，你理應能夠判斷問題會出現在哪裡。

最終，**我們創造成功關係的能力取決於我們自己的星盤，而非與他人的合盤。**一個人擁有狀態良好的關係代表因子，自然也會被那些非常適合建立和維持積極關係的人所吸引，並且結合；另一方面，那些關係代表因子狀態不佳的人，更容易被那些不適合親密關係與承諾的人所吸引，與那些徒勞無功或結果不好的關係結合，而話雖如此，雙人的比較盤可以描述在任一關係中，彼此互動好壞影響的具體細節。

關係的主要目的是解開困難的業力模式，以關鍵行星作為代表，藉由具挑戰性的比較盤，往來互動而緊密相連，例如：星盤中，這一人的金星對分相了另一人的土星。一般而言，你不宜依據星盤間的比對，而向客戶聲明關於是否結婚或離婚的內容，因為兩人在一起的原因有千百種，可能還有更多你料想不到的緣由。一名占星師最實質有效的用處，是在於仔細分析各項變因之後，詮釋相處交流的動態以及可供選擇的範圍。

占星師經常關心的是，好的比較盤能否改寫不良的本命關係模式，以及一個好的婚禮擇時盤能否改寫夫妻間不良的比較盤。在你的占星職涯中，你必須根據自己在這方面的諮詢經驗，然後仔細思量這

些疑問。

✎ ----------

在比爾的星盤中，金星位在射手座第一宮；金星位在強而有力的角宮，亦是吉宮，沒有凶星刑剋，順行，不在太陽光束下，並且在自己的界；儘管金星沒有入廟或入旺，但它的主星木星，位在自己主管的雙魚座，給予金星有力的支持。這些都是很好的指向。

其他人認為比爾是一位「文藝復興時期的人」，受過良好的教育且遊歷四方。他被那些可以與他分享知識，並進行戶外體能冒險運動的女性所吸引（金星在射手座）；而金星在第一宮，他的性感和魅力外顯，而在愛情裡的他最是神采飛揚。

雙子座守護代表婚姻的第七宮，他需要一種能夠支持自己自在表達思想的關係，以及一位能與他建立心靈交流，懂得傾聽並回應的對象。第七宮內沒有行星，宮位本身也沒有受到凶星四分相或對分相的刑剋。水星是第七宮主星，位於第一宮，與金星合相；談話和交流能打開比爾的心房。因為第七宮主星位於角宮，關係主題對他來說非常重要，並且他的生命能量大部分都會指向此處，當比爾能夠成為他人關係裡的夥伴時，對自我的身分認同也會變得更加堅定；事實上，第七宮主星位於第一宮時，他會希望夥伴將他和他們的關係放在第一位，但因為水星落陷在射手座，他可能難以維持夥伴關係，或者對方可能無法承擔那種不間斷的強烈情感和專注，因而令他十分失望。

然而，水星不受凶星刑剋，有金星合相的獎賞幫助，順行、不在太陽光束下、有月亮的入相位，並且位在強而有力的第一宮，從而在關係主題上得到相對較佳的支持。因此，他會有良好的關係，但受到水星落陷的影響，持續力受到挑戰。

因為水星和金星，與第四宮及第十宮的行星形成三刑會衝，在比爾將重心放在進入並維持關係的過程中，家庭與事業的兩難產生了緊張感；與木星和海王星的四分相，使他對關係的期望可能被誇大和理想化。婚姻點位在第十宮處女座0度32分，位在角宮、不在太陽光束下，而且沒有受到火星和土星刑剋，它們皆與處女座不合意；這些對於婚姻的結果都是極好的指向，代表了經由事業關係，或是在社會上共同努力的方式，將婚姻伴侶連繫在一起。處女座的主星是水星，也是第七宮的主星，因此，前述的考量同樣適用。

婚神星位於水瓶座第三宮，與火星緊密合相，並與月亮有較寬鬆的合相。婚神星／月亮的合相，加強了比爾對關係的情感需求，並且，位在風象星座和第三宮，呼應了心靈交流的主題。如果你考量到投射主題，那麼比爾可能會被獨立和具有自由精神的女性所吸引（水瓶座）；然而，與火星的合相，在表達不同的觀點時會經歷衝突和權力鬥爭，尤其是被來自第九宮冥王星和智神星的星座對分相所突顯；因為火星是第五宮的主星，代表了兒童和性，大部分的衝突點可能集中在對這些主題的意見分歧上。

總體來說，關係是存在的；除了火星／婚神星之外，對金星和水星並無有害的影響，因為它們位於強而有力的第一宮，代表在比爾的生命中，關係的議題切身緊要，只是他的關係可能不全是他所希望的。

作為諮詢師，你可以討論投射的主題，以及他會被哪一種女性所吸引——聰明、自由自在、獨立（金星在射手座，婚神星在水瓶座，下降點在雙子座）——她們可能擁有充滿活力的自我生活，但不大可能會為了追求共同願景或投入合作便將她自己與他人的生活完全重疊在一起。

分析事業

第十宮與專業（profession）的主題相關。最常用於描述這個宮位的希臘文是實踐（praxis），意思是「行動」或「做什麼」，這在生活領域上是問：「你從事的是？」這個宮位也與榮耀、聲譽和社會地位有關。以現代的思維方式，閱讀古代占星文本關於職業的分析記錄，會感到困惑與難以理解，部分歸因於古今在職業概念與詮釋上的不同。

在古代，如第十宮所表示的高等社會地位，並非來自專業。事實上，那些上層階級的人並不需要為了謀生而工作，手工勞動是窮苦人家在做的事情；時至今日，已被尊為高社經地位的專業——醫學和法律——在古代占星學所構成的世界中，同樣是可供交易的技能。

對於古人而言，實踐的意思是人們為了他或她的生活做了什麼——正是現今我們所說的職業（vocation），因此，希臘化時期對職業的評估技巧和現代技法之間很難直接類比，但是像托勒密（Ptolemy）、保羅斯（Paulus）和赫菲斯提歐（Hephaistio）這些古典占星家，對於實踐仍有重要的見解得以分享。

托勒密在討論如何確認實踐的主管行星時，談到了最接近太陽的晨星或第十宮內行星的重要性，又特別是當月亮入相位上述行星的時候；如果以上任何一個條件都沒有行星，他建議找第十宮的宮主星，儘管，這樣的命主通常都不甚活躍。②

我認為最後這句的陳述，其意思是說，在職業事項的指示上，第十宮的主星比一顆晨星或第十宮內行星較薄弱一些。托勒密和保羅斯也討論了水星、金星和火星的代表意義，以及以它們的所在星座來判斷行動的特質。保羅斯跟督勒斯（Dorotheus）一樣，提到這些行星位在角宮或續宮的重要性；其中第十宮、第二宮和第六宮會是優先的考量。③

請將這些背景資料銘記於心，然後讓我們試著提出一個能夠被用來分析職涯主題的模型。在現今世界，這往往預先回應了這個提問：我要做什麼才能得到社會認同又有錢過生活？

在討論職涯主題時，要澄清的第一件事是「職業」與「工作」

之間的區別，「職業」是我們希望如何讓社會認同我們的行動，而「工作」則是我們為賺錢而做的事情。

對某些人來說，它們是一樣的，但是對於其他人而言，兩者是不同的，例如：當被問及「你是做什麼的？」某人回答：「我是音樂家」，但實際上他可能為了生存去當服務生。所以，你必須識別出第十宮的職涯是否只有給予社會認同，或者也是第二宮的財務來源，以及第十宮的職涯是否與第六宮的日常工作活動相同。某些人的職業、金錢和工作之間是互為相連的，但在其他人身上，這些主題或許毫無關聯。

一般來說，星盤中的第十宮、第二宮和第六宮各自代表了職業、金錢和工作主題。正如同你檢視第七宮以評估婚姻主題一樣，我們會衡量這些宮位來判斷這個人為了有意義的職涯、足夠的金錢和有益的工作條件而努力經營時，有多大程度能夠成功。檢視這些宮位內的行星以及它們的主星，行星的本質訴說了適合進行什麼樣類型的活動，而行星的狀態則說出努力之後能否成功。

但是，作為一名占星諮詢師，你得留意，如果沒有相當的條件，請不要向客戶承諾他會名利雙收，同時也要小心別告訴客戶他所投入事業的努力沒有回報。在描述某人的職業能力、和理解某人成功實現的程度之間有著一線之隔，靈魂的目的可能與職涯完全不同。以下是分析職涯的一般準則：

- 第十宮，稱為實踐，描述了我們的立身處世、我們的作為、我們的地位，以及我們在社會上的角色。

- 第二宮，稱為生活（bios），描述我們的生計，我們如何賺錢來支持自身於物質世界中的存在。

- 第六宮曾經是奴隸和僕人的居所，現在是工作、僱員、日常生活的習慣和環境。古人稱這裡是邪惡財富之所，也許意味著必須為他人工作而導致的奴役狀態。

　　與婚姻主題不同，儘管，木星與榮耀和聲譽有關，沒有單一行星專屬作為專業的一般代表因子。托勒密選用金星、水星和火星作為第十宮的主星，並且以它們的所在星座來代表不同的職業活動。雖然，有很多特殊點與謀生、名聲、實踐和榮譽有關，但希臘占星中沒有專業點。④

○ 分析職涯的一般考量
　　以下是分析職涯、收入和就業主題時所遵循的準則。與關係主題一樣，我們將採用古典占星的方法，但在現代占星的脈絡中重新構建。

- 檢視第十宮、第二宮和第六宮的星座元素，查看職涯、金錢和工作

的議題是由哪一種需求所驅動：自由和權力、溝通**觀**念、物質保障，或是情緒安全（依序為火象，風象，土象和水象宮位）；以整宮制來說，這三個宮位都是由同一個元素的需求所驅動。接著查看各個星座的特質以了解更具體的資訊。

- 依照古代作者的討論，查看是否有東出於太陽的晨星出現（保持使用肉眼可見行星，並確認它們不在太陽光束下）；或者是否有行星位於第十宮，這可能是專業、職業、地位和聲譽的最有力指標之一，而行星的本質將與職涯中發生的各種活動相應。

- 檢視第十宮是否受到火星或土星的四分相或對分相的影響；如果是，可能會有障礙或困難。

- 假使沒有晨星出現或第十宮內沒有行星，那麼可以考慮第十宮的主星，個人職涯將與這顆行星所在宮位的主題有關。按照宮位和行星狀態來分析第十宮主星。例如：若是獅子座守護第十宮，太陽位於第五宮，則職涯將與兒童議題或藝術創作或偶然的好運有關，如投機活動。

- 以類似的方式檢視第二宮和第六宮，觀察位於這些宮位內的行星，看看有多少活動（行星數量）以及何種活動類型（行星本質）投入在這些領域。請注意是否有金星和木星提供助益，或是火星和土星造成困難。如果火星和土星狀態良好，它們會有所幫助，如果金星

和木星狀態不佳,那它們的助益就不大。

- 檢視這些宮位的主星位於何宮,它的所在宮位位置將指出會在哪個生活領域中尋求職業、金錢或工作;主星的狀態將指出這些努力的相對成就。

- 看看這三顆主星是否互有相位,以及它們的相位型態。如果是三分相和六分相,那麼它們是為了實現目標而正在合作努力;如果是四分相或對分相,那麼它們可能在錯綜複雜的目標下運作;如果它們根本沒有連結,則有可能表示那人的職業、日常工作和收入之間毫不相干,各自為政。

- 查看是否有小行星與上中天(MC)或者這三個宮位的主星合相,以獲取更具體的訊息。

- 你可能需要驗證一下各種關於行動(實踐)的特殊點。

✏ -----------

　　在比爾的星盤中,第十宮、第二宮和第六宮是土象星座,代表職涯、賺錢和日常工作主題都是出自於對物質與財務保障的需求。沒有古典行星東出於太陽。
　　海王星是象徵藝術、影像、靈性與療癒的行星,位於第十宮,與小行星穀神星在一起,而穀神星與滋養和土地有關,所以首先假設職業和

聲譽包含了這兩顆行星所代表的活動。第十宮沒有受到來自火星或土星四分相或對分相的刑剋。

因為處女座守護第十宮，所以查看其主星——水星的位置，以收集更多訊息，這個代表交流的行星位在第一宮於有遠見且寬廣的射手座，但同時水星也是落陷的，因此你可以推測職業涉及某種自我推進（第一宮）——有遠見的交流（水星在射手座），也以技術精熟（海王星在處女座）與大地為本的培育方式（穀神星在處女座）來表達屬於美術或療癒的特性。

我們知道比爾以前製作了電影紀錄片，後期生活製作了一部關於社區合作的活動紀錄片。在此，你可以看到海王星代表電影和電視，穀神星代表了公社和社區的主題，而水星在射手座把兩者形塑至媒體傳播中；然而，水星落陷的狀態抑止了長期成功和廣泛認可的達成。

接著評估第二宮的生計。第二宮內沒有行星，其主星是逆行的土星，入弱於白羊座，位於代表兒童與創意表現的第五宮；二宮主星同時與南交點和灶神星合相。比爾身為父母，是負責賺錢養家的主要動力，卻無法從藝術工作上賺取太多的金錢，但是也請注意土星與火星互容所獲得的力量。所以，儘管有困難，他努力為自己的藝術創作取得了一些成就與肯定。

天王星代表獨立和反叛，位在日常工作的第六宮，使得比爾在為他人

工作時備受挑戰；天王星對分相太陽讓比爾是一個高度個人主義的人，
反叛各種外界權威，特別是對雇主。

第六宮的主星——金星，位於自我的第一宮，第十宮主星與第六宮主
星合相在第一宮，表示這個人必須為自己工作，但是，比爾總是樂在
共同創作的形式中，並與那些富有藝術天賦和能力的人一起工作。這
些宮位的主星都是和諧相位：水星與金星合相，一同與土星三分相，
因此，職涯、生計收入和工作主題之間，有著良好的連結。

分析健康

雖然這是客戶最關心的問題，不過你必須警覺到，作為一名占
星師卻扮演醫生，是很危險的做法，儘管你可能忍不住診斷和開處
方，但請不要這樣，這不但違法，而且你也沒有受過專業醫學的訓
練。

你可以就客戶身體整體的健康和活力、最容易患病的部位、潛
在健康危機即將出現與解除的時間點作一般陳述。縱使客戶會想知道
他們究竟是怎麼了，想知道他們的醫生是否有正確地為他們診斷、什
麼時候進行外科手術比較好，但你要避開這些考量到藥物治療、手術
可行性以及結果等等的問題，不要分享可能導致客戶質疑醫生判斷的
見解，如果客戶對診斷的內容有疑問，鼓勵對方取得第二意見。

　　這並不是占星學無法針對這些問題提供明確的見解，簡而言之，身為占星師的你，倘若在判斷上稍有差池，同時，客戶以你的意見取代了醫生的專業，那麼最終導致的結果可能對雙方來說都是無法承擔的。

　　以下是幾項評估健康主題的一般準則。

- 月亮是身體的一般代表因子，月亮星座指出身體最容易出現狀況的部位；本命星盤中的月亮若受到凶星刑剋，表示問題會在其相關的身體部位上。

- 第六宮及其主星是疾病和意外的代表因子；如果主星狀態和位置不佳，可能易有慢性病，倘若凶星位於第六宮，可能難以保持健康；行運觸發第六宮內行星或宮主星可能暗示健康危機的時期。

- 第一宮與第一宮主星是生命力指標；基本體質有多強健，能否承受病痛並恢復痊癒？

- 有些占星師為其醫生建議的手術揀擇時間盤，這有許多遵循的準則，包括月亮所在星座所代表的，不能是正要手術的身體部位；盡量保持月亮不受火星和土星的合相、四分相和對分相；占星學說也反對在新月或滿月時進行手術，因為在這些期間會有大量失血的風險。

學習指南

- 檢視你的練習盤中關係和職業主題的狀況；準備描繪這些主題，依據設定的步驟進行。

- 然後寫出兩份陳述，一份給你自己作為占星師的筆記，是關於客戶的這些主題，其結果具有多少可能性以及有多幸運等內容；如果你在關係或職業主題中看到問題，請在第二份內容中概述這些情況，包括解決問題的方法或者其他適合選擇的方向。

- 請思考看看，如果你的客戶真的想結婚，但是多半的指示卻不理想，又或者客戶迫切尋找職涯的成功，但卻前途堪虞，此時，你該如何進行下一步。

── 第十二章 ──
太陽回歸和流年小限法的行運預測

在先前篇章中，我們看到了流運和推運法能夠指示在某段特定時間內，所引動的個人生命事件與議題。移動較慢的外行星其過境的影響可以持續數年，但在這段時間內起起伏伏，有些年度較好過，有些時期則較困難。許多客戶想要知道目前或來年的發展會變得如何，這時你可以使用另一種行運技法 ── 太陽回歸，來探討特定年份的特質、可能性和挑戰。

太陽回歸是依每年的生日起算，當太陽回到它與出生時相同度數和分的星象，提供了來年的寫照。因為一年有三百六十五又四分之一天，所以回歸時間可能會在生日的前一天、同一天或後一天。**每年太陽回歸時的行星位置，即暗示未來一年實現本命潛能的可能發展。**

在分析太陽回歸時，所考量的問題是本命星盤中所顯示可能發展的事件，是否將在這生日與生日之間的特定年度中發生。在回歸那一刻的行星位置是如何支持或否定本命潛能的實現？請記得，太陽回歸盤的指示無法令本命星盤中沒有承諾的事件實現。

　　現代占星學中，在設置太陽回歸盤時，有四種組合的可能性，各自依據地點與歲差調校的設定而不同。在此，我們將採用本命出生地，不選擇回歸時的換置地點，也將沿用本命星盤上太陽的準確度數與分數，而不採納歲差調校後的度數位置；因此，本命出生地和未經歲差調校後的太陽會是我們的預設值。

　　太陽回歸盤通常被現代占星師視為是獨立的星盤，未來一年的預測主要基於此盤，而不必參考本命星盤。此方法的主要問題之一是會有四種不同可能的星盤，取決於地點以及歲差調校的選項，而延伸自這四種星盤的所有指示，都被賦予有效、明確又互不矛盾的考量。

　　古典占星師對太陽回歸有不同的詮釋方法，他們將太陽回歸時的行星位置，主要作為本命星盤的流運行星來看待，而不是另一個獨立的星盤，然而，生日當天這些太陽回歸的流運，其本身將影響未來整整一年的性質。

　　太陽回歸盤的上升點及上升主星也是評估年度的重要因子。這種方法與另一種稱為流年小限法的行運技法結合使用，該技巧著重於以特定行星作為本命星盤的年度時間主星／年主星。

　　時間主星，在希臘文中稱為計時器（chronocrator，字義為「時間的統治者」），是一顆主導生命中某段時間的行星。古典占星使用了許多現代占星實務中已被遺忘的行運技法（界主行運法、黃道釋放

法、時間主星法與法達大限法），每一種行運系統都有屬於自己的時間主星次序。

當行星成為時間主星時，它會「開啟」一段時間，而持續的時間將依據各技法而有所不同。無論行星在本命星盤中代表什麼意義，最有可能實現的時刻便是在這段開啟的期間裡。在流年小限法的時間系統之下，每年的小限主星擁有一年的時間帶來它所代表的事項。小限法的主星用法被採納與太陽回歸盤結合運用，以獲得特定年份的藍圖。

小限法是一個簡單而強大的行運技法，許多希臘化時期、阿拉伯和中世紀的占星家用它來檢視特定年份的事件和性質，並且可以進一步細分為流月和流日。

小限法最基礎的形式是從一個星座往下一個移動，宮位接著宮位，並且把這些接續宮位的宮主星作為時間主星；以這樣每年移動的形式推進，我們稱為流年小限法。從上升點開始，星盤的上升星座隨著生日推進至下一個宮位，而守護這接續宮位的星座即成為該年度的上升星座，該年度的小限宮位所象徵的主題，即成為這一年度的重點事項。

對於一個人來說，人生第一年的小限星座就是上升星座本身；當這個人滿一歲時，上升星座動了，推進至誕生星盤的第二宮；接著

上升星座再推進至第三宮，以此類推。十二年後，隨著周期原有的循環又回到了上升點，所以在起點的十二歲、二十四歲、三十六歲、四十八歲、六十歲和七十二歲的生日，小限星座與本命上升點一同開啟。每一年依序繞行星盤裡的各種主題，並且以某種方式被強調出來——第二宮代表生計，第三宮代表手足，第四宮是家庭與雙親，第五宮是子女，第六宮是疾病，第七宮是婚姻及其他。任何位於該宮位內的本命行星，或是任何太陽回歸的行星過境該宮位，都會在解讀時扮演著重要的角色。

此外，小限星座的主星即成為流年小限的年主星，流年小限的年主星是負責兩次生日之間的特定年度裡，個人生活中的一般日常活動和環境狀況。無論這顆行星在本命星盤中的意義、所在宮位，以及所主管的宮位為何，它都有機會在成為年主星的這一年內實現那些象徵的事項。因此，當行星成為流年小限主星時，行星於本命星盤中的狀態評估，是預測該年度事件的一個重要考量。

在思考這一步驟時，很顯然地，流年小限星座及其主星在本命星盤中所主管的宮位，每十二年就會重複一次；但是，每十二年在預測事件的具體細節上，不會與前一周期相同，要識別這些性質上的差異，古代占星家便是透過具有職權掌管該年度生活事務、並帶來所屬事件的流年小限主星。這顆行星在太陽回歸當下的狀態、相應於本命星盤的位置和相位結構，對於能否成功達成它的任務來說，是至關重要的；這也會反過來影響到個人原本可能完成和實現的事項。

　　希臘化時期的占星家們都討論到，在評估太陽回歸盤時，流年小限主星擔任了舉足輕重的角色。流年小限主星被認為是太陽回歸盤中最重要的行星，因為它主管著這一年度裡所有的事務。赫菲斯托（Hephaisto）告訴我們要探討該流年小限主星的處境為何，需視它在本命星盤以及太陽回歸那一刻的流運狀態，關注它的「性質、位置與階段」等情境。① 這表示我們必需檢視它對所在星座的行星主管權限，還有它相應於本命星盤的宮位及位置，是否在太陽光束下、是否逆行，以及是否與吉星或凶星呈相位。

　　如果流年小限主星在太陽回歸盤中位在擁有行星主管權的星座，並且位在對應本命星盤的始宮或續宮的吉宮，與流年小限宮位以及它的本命位置有星座相位的關聯，順行又沒有在太陽光束下，也與狀態良好的吉星有吉相位，那麼你可以預測該年度將會過得很好，它所代表的事件將能完成並得到幸運的成果。

　　假使流年小限主星在太陽回歸盤中入弱或落陷，在果宮或凶宮，沒有與流年小限宮位或本命位置有星座相位，逆行，在太陽光束下，或與狀態不佳的凶星呈相位，那麼這表示會是問題不斷或毫無進展的一年。

　　此外，由於這顆行星正處於「開啟」的狀態，當它過境其他行星時會加強作用，尤其是過境到自己的本命位置時，會指出該年度非常重要的事件和主題。運用比爾的星盤來查找特定年份的小限星座與

流年小限主星，以及它在太陽回歸盤中的作用。另外，請注意太陽回歸盤的上升主星在本命星盤的位置是吉是凶，以及它與流年小限主星呈現什麼相位，無論是本命星盤，或是太陽回歸盤的流運都要檢查。

在比爾的星盤中，本命上升是射手座，因此在他生命中第一年的流年小限主星是木星，射手座的主星；他第二年的小限星座是摩羯座，守護第二宮的星座，流年小限主星是土星，摩羯座的主星。

現在檢視比爾六十六歲生日（二〇〇五年十一月十七日）的年度，為了找到他六十六歲這年的小限星座，從他的本命上升點作為六十歲起算，依黃道次序方向數，六十六歲會在第七宮，因此，第七宮的主題將在今年以某種方式被強調出來。

第七宮代表婚姻。雙子座守護第七宮，而雙子座的主星是水星，即為流年小限主星，主管著該年度的事務。關係主題多半會變得很重要，因為身為第七宮主星的水星，被強調、活化並且開啟，因此在這一年裡有機會實現它所代表的事項。

從本命開始，針對它促進與維繫關係的能力進行分析；如果在本命星盤中沒有表明或支持關係的主題，那麼任何行運技法，無論是流運、次限推運或是太陽回歸，都無法促使婚姻發生。

在前幾章中，我們確定以比爾的本命星盤來說，水星位於有力的第一宮，所以是強旺的，與金星合相而得到獎賞，且不受火星或土星的刑

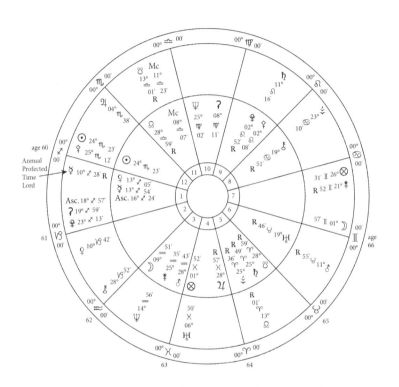

圖 12：二〇〇五年的本命星盤與太陽回歸盤。

本命星盤在內圈，太陽回歸盤在外圈。二〇〇五年，比爾六十六歲。

剋，所以水星承諾了關係，而且這會是人生的一個重要主題，但由於水星落陷射手座，無法獲得自己的資源，因此可能難以維持穩定長久的關係。

在六十六歲時，流年小限宮位是第七宮。流年小限主星是水星、

第七宮的宮主星。在太陽回歸盤裡，水星逆行於射手座 10 度 28 分，
引動了本命盤的第一宮。

現在來檢視太陽回歸盤的水星，透過對太陽回歸時刻的水星狀態分析，
判斷它是否擁有足夠的力量來實現其象徵的事項；假使有力的話，那
結果又會是幸運的嗎？在二○○五年的太陽回歸盤中，水星位在射手
座，逆行，而且位於本命星盤的第一宮，因為第一宮是角宮，最強的
宮位，對應了本命水星的位置（兩者都在同一星座），又與流年小限
的第七宮呈現星座相位，因此，比爾可能期望關係的建立，然而，太
陽回歸的水星落陷於射手座（如同本命星盤），表示關係較難維持，
它的逆行指出情勢的反轉——付出的將會被帶走；太陽回歸的水星不
受凶星刑剋（與火星或土星合相、對分相或四分相）的影響，也沒有
受到吉星幫助（與金星或木星合相、三分相或六分相）。

太陽回歸盤的上升點位於射手座，與他的本命上升相同，木星是上升
主星；在太陽回歸盤中，木星位於本命星盤的果宮，且為凶宮的第
十二宮，在這座不具備任何的主管權，還受到火星的對分相及土星
的四分相。流年小限主星水星，與太陽回歸盤上升主星木星，它們在
本命星盤裡彼此四分相，而在太陽回歸盤中兩者為不合意，完全沒有
連結，這表示今年在帶來令人滿意的關係事項時，會圍繞著損失與苦
痛的難題。因為太陽回歸盤中的水星和木星，其狀態都比它們在本命
星盤中的狀態更差，我們可以說，相較於本命星盤所呈現的可能性，

今年在關係事項上，並沒有同等順利圓滿的結果。

在他十一月生日的一週內，比爾與某人展開了一段新的、非常熱情和強烈的關係，那對象是他的「理想情人」；但春天還未到訪，關係就結束了。

進一步研究太陽回歸時，需要查找是否有任何太陽回歸的行星，與本命行星或四軸點緊密合相；如果有，這些關連將觸發顯著的重大事件。

從現代占星的角度來看，你也可以說太陽回歸的行星落在本命宮位，是要藉由該宮位所代表的主題尋求自身在該年度的表現。因此，在這一年裡，比爾太陽回歸的金星經由本命第二宮的生計事宜尋找契機，太陽回歸的月亮則透過本命第七宮的關係事項力求表現，以此類推。

流月小限

更深入研究小限法，可以給予你每月與每日的指示。流年小限在第七宮的這一年裡，第七宮亦主管了比爾生日後的第一個月，即十一月十七日至十二月十七日。第八宮主管下一個月，十二月十七日到一月十七日，之後以此類推。在水星作為年主星之下，還有每個月的流月主星。

你可以使用流月小限與該宮位主星來追蹤哪些宮位被逐月引動，

以及這些事務又將如何展開。你還可以查看流月小限何時繞行至該年
主星的本命宮位,通常在那個月的期間,年主星在生活中所發揮的影
響將會十分顯著。

從比爾的案例來看,流年小限是第七宮,從十一月十七日開始,每月
數算一個宮位,在五月十七日時,流月小限走到第一宮,即年主星水
星所在的本命位置;從五月十七日到六月十六日的這個月,水星在關
係上將帶來什麼樣的影響,也將變得一目瞭然;到了那時,顯然這段
關係已經畫上句點。

　　因此,太陽回歸盤適用於研究特定年度的可能性,研究中,最
重要的行星是流年小限主星。依據它在太陽回歸盤中的狀態,以及它
相對於本命星盤的所在位置,這是它的機會,去實現在本命星盤中所
代表的事項。

　　太陽回歸盤的上升主星是另一顆需要評估的重要行星。再次提
醒,**太陽回歸盤的指示,無法使本命星盤裡從未承諾的任何事情發
生**。在太陽回歸的那一刻,處境優越的年主星可以帶來機會和收穫;
而境遇不佳的年主星可能導致損失和運勢的翻覆,但這些狀態只是暫
時的,不會取代本命星盤對一生的指示。

學習指南

- 在你的練習盤上,判斷流年小限星座／宮位和流年小限主星。生命中的哪個領域會被強調?簡要解釋流年小限主星在本命星盤的代表意義及狀態。

- 產出今年生日年份的太陽回歸盤,將太陽回歸的行星置於本命星盤的外圈製成雙圈盤;分析流年小限主星在太陽回歸的狀態和位置,也與本命星盤相互比對。

- 檢查其他行星是否位於流年小限的宮位／星座,或與之形成星座相位。

- 檢視太陽回歸的上升主星位置和狀態,以及與流年小限主星的相位結構。

- 確認有無任何太陽回歸的行星,與本命行星及本命四軸點形成緊密關連。

- 預測這一年會是怎麼樣的一年,還有流年小限主星會將它的象徵事件發揮到什麼樣的程度。

—— 第十三章 ——
完成結構

　　我們已經討論了占星分析中許多個別的構成要素,所有這些都提供了某種方式,闡述生命目的的特質以及它開展的時機。現在讓我們回顧一下先前已涵蓋的內容,考量一下如何將訊息整合,並且有條理地進行解盤。最終,每一位占星師都必須找到自己的詮釋風格和諮詢流程,但是,你可以把這個模型當成骨架,修築整建成適合自己的結構。

　　有很多方式可以切入星盤解讀。在這裡,我們將試著回答這個問題:從我的星盤來看,我該如何活出自己的生活?但是,在選擇這種觀點時,得留意別忽視了客戶可能還關心其他的附加問題,記得那些要一同分析答覆。那麼,你要如何帶入所有的必要訊息?要從哪裡開始說起?要怎麼進行下一步呢?

　　制定計畫總是有幫助的。在大多數情況下,每次解盤理應依循相同的計畫,特別是當你第一次為客戶解讀星盤,或是為初次的客戶提供諮詢時。

有些占星師比較喜歡順著感覺走，直接跳進最能引起他們關注的點，不過，對於大多數正在學習如何彙整與組織閱讀的初學者而言，這樣的方法過於鬆散，對於經驗尚淺的人來說，它會造成混亂並打擊信心，進而導致諮詢過程散漫而失焦，到最後，所討論的內容可能都不是星盤裡最重要的訊息。

表 6：一小時諮詢的時間分配建議

分段內容	段落時間	累計使用時間
初步詢問和訪談	5 分鐘	5 分鐘
月相，本命和次限	10 分鐘	15 分鐘
上升點及上升主星	10 分鐘	25 分鐘
太陽、月亮與主要議題	15 分鐘	40 分鐘
其他尚未討論的行運時間點	10 分鐘	50 分鐘
客戶其他問題	5 分鐘	55 分鐘
摘要和結語	5 分鐘	60 分鐘

每次的諮詢 —— 即使是每次一個小時的諮詢 —— 都是不同的，實際諮詢的長度可依星盤的差異和客戶的需求而調整。

請確保在諮詢結束時，已經完成了你預計要討論的所有重點。在回應客戶以及掌控諮詢節奏之間維持良好的界線。

　　假如客戶探訪身為占星師的你，對方可能期望你會提供與收費相當的資訊。另一方面，如果客戶來找你作為治療師／占星師時，那麼對方可能希望有機會多談談話。在光譜上找到你最自在的工作定位，並且始終尊重客戶的渴望與需求。

　　當你查看以下大綱時，會注意到大部分的諮詢時間都投入在討論月相、上升點，以及太陽和月亮，這是因為本書的正題，就是這些因子相互關聯所共同譜出生命中最重要的主題。

　　你已經取得出生資料並確認來源，安排預約，然後準備好所有星盤。你可能已經對客戶的問題有所了解，或者你想等到諮詢開始時，再詢問客戶所為何來，以及對方關心的是什麼。

　　在最初的談話中，你也會感知到應當予以解讀的層級──占星學技法術語的複雜度，以及客戶本身的理解力、覺察力，和對個人的發展。你必須表現友好和關懷，選擇適切的訊息，避免過於健談的客戶在接下來十五分鐘內不停談論自己的生活和問題細節。你只有五分鐘的時間做開場白。

　　你可以用一段簡潔的說明，約略告訴客戶太陽、月亮和上升星座是什麼，然後開始正式的星盤解讀。幾乎每個人都熟悉自己的太陽星座，這可以立即確定客戶知道一點占星學。還有不少人曾在閒聊時聽過月亮星座和上升星座等用語，如果客戶已經懂得這些訊息，那這

就算再次確定了，假如還不知道，客戶通常會喜歡在諮詢開始時學著了解。

　　你可以解釋許多占星師認為**太陽、月亮和上升星座，是與個性相關最重要的三個代表因子，並且將在諮詢過程中一個個依序討論；但是，還有一個非常重要的因子可以一起加入這個組合，便是客戶出生時太陽與月亮的關係，稱為月相。**

　　月亮每個月繞著地球轉時，月亮的各個階段反映了天上兩個發光體之間關係的變化，這在占星學中被稱作月相周期，區分為八個不同的階段；接著說明每個人都是在月相周期中的某個階段來到世上，出生時，月亮正處於某個特定的階段。每個月，同樣的月相又會出現個幾天，在那幾天裡，人的情緒就會如同月亮所象徵的那樣，特別敏感，而那些感覺將會更貼近意識的表面，就如同太陽所象徵的那樣，將特別與此人的生命意義有關。翻閱星曆表或每日報紙的氣象版，來說明如何找出每個月的本命月相。

　　因為每個人都有機會可以直接視覺體驗到月相的不同階段，我們都隱隱感覺到，月亮或多或少與自我的個性有關，因此從大眾易懂又具體的訊息開始進行諮詢，能使你的客戶感覺到自己彷彿站在一個穩固的基礎上出發，探索個人的生命，然後，你可以娓娓道來有關於他們本命月相的解釋。

同理，因為這只有一點點，或者根本沒涉及到占星學的專門詞彙，因此客戶可以更容易地吸收資訊，並立即營造出一種氛圍。身為占星師的你，正說著他們可以理解並有共鳴的訊息，從他們的生活經歷來說，這樣更有意義，如此一來，客戶就更容易接受後續的內容。

在討論本命月相後，進入次限月相。可以向客戶說明，雖然每個人出生在一個特定的月相，但由於占星學有個時間系統稱為次限推運，所以每個人也會經歷其他各個月相的品質；一個月相階段大約四年，在三十年周期的循環發展過程中，依據每個階段的性質，一個接著一個依序展開。告訴客戶，這三十年周期是從前次的次限新月階段開始，以及他們目前正處於什麼階段，這能讓他們對生命中一段長期的時間有較寬廣的視野，並同時指出，此時他們被要求展現什麼樣的特質。本命月相與次限月相一起解說，至多十分鐘。

我們已經完整解釋了比爾星盤中本命月相和次限月相，但現在讓我們將這些訊息化繁為簡、重新陳述，如此，你可以看出兩者之間的連貫以及隨後的內容。

比爾出生在蛾眉月階段，他的生活特點是除了符合家庭、社會和文化的期望之外，還要奮力建立自己的身分定位。

他可以透過探訪生活周遭的環境以取得資源來發展新的才能、技術，和本領，進而找到方法超越舊有已知的範圍，邁入激發他好奇心的全

新未知領域。培養專注和耐性可以幫助他鎖定前進的方向，而他自己最終的挑戰是利用許多機會，進而採取行動來展現自己的才能。

從次限推運來看，自一九九二年十月開始的三十年周期，比爾目前大致是在周期中段，當時的次限新月預示著新周期的開始，並在他的第二宮生計事項上釋放了新的願景。那時他停止替其他人工作，開始為自己工作，將他的影音和電腦技能投入創意工作中。此時接近次限盈凸月階段的尾聲（二〇〇四年十月至二〇〇八年三月），他不斷地改良和完善自己的操作技巧，並在他選擇表現的領域裡盡可能地純熟精練；自一九九二年來，他一直被要求對自己建立的架構進行「完善」，運用了最先進的技術，整理所有早期的影片並重新發行，他還完成了共同住宅的房屋翻新。

二〇〇八年三月，他進入了次限滿月階段，是三十年周期的中段，在接下來的四年期間，在已構建完成的形式中注入他的願景，透過他與他人關係的覺察體驗，啟發他生命中更大的意義。

　　一旦完成本命和次限月相的討論，提供客戶有關周期的現階段概要之後，你就準備好開始討論星盤主體了；上升點標示了我們出生的那一刻，所以這會是進行星盤解讀的好開始。

　　將上升星座描述為人格特徵投射到整個世界的外在形象，說明那些特質背後的心理需求。很適合在此時提及任何位於第一宮、或位

在上升點 3 度容許度內的行星或主要小行星。度數可以跨星座，也要留意上升點 3 度容許度內是否有任何次要小行星。使用整宮制，那麼這些行星和小行星大多與上升點同星座，所以無論你如何解釋上升星座，也都會適用於它們。但假使你現在就開始提及與第一宮內行星關聯的相位，那麼會分散主題，討論也會失焦，所以那些稍候再提。

按元素來描述上升星座，指出驅動生命的基本動機，並討論人生旅程中控制行船方向的舵輪所在的第一宮。

第一宮內的行星將手伸放在舵輪上，它們會是作為生命向前航行時最先考量與中心的議題。然而，船上的舵手身分，是由職掌上升點的行星所擔當，發出命令，並引導生命航向目的地。這讓你們開始討論上升主星，根據行星特質的描述，盡可能提供一個原型的象徵——金星是情人，水星是傳播者，或火星是戰士；說明它的所在宮位是引導生命的主題——關係、兒童、職業等等。查看這顆行星是否與上升點有星座相位的連結（合相、六分相、四分相、三分相或對分相），這代表舵手和舵輪之間的視線與交流。

檢視這顆行星的狀態，判斷它是否有能力以一種帶給客戶幸運結果的方式來完成工作；查看其區間狀態、星座的主星系統、宮位位置、運行速度、順逆方向，以及它與太陽的關係所呈現的可視狀態。你可以將其他行星與上升主星所呈現的相位納入討論，作為它們對於舵手的召喚是跟隨或抗拒。所有行星都要囊括在內，假如你想要的

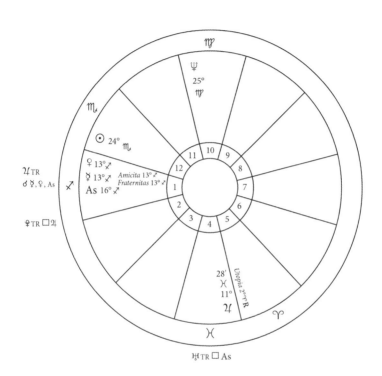

圖 13：比爾星盤中描繪上升點時要考量的主要因子

話，連同四顆主要小行星和凱龍星一起評估。

　　以整宮相位來考量，但要知道度數越緊密，影響力就越活躍；
特別注意與金星和木星的合相、六分相或三分相的幫助和支持，或者
與火星或土星合相、四分相或對分相所帶來的阻礙和拒絕，援助或損
害了行星發揮有利意涵的能力。在觀察其他行星帶來影響的過程中，

你將需要解釋這些行星的含義,並將其帶入你的閱讀範圍。

　　如果月交點或幸運點位於第一宮,或與上升主星位在相同宮位,請討論它們的影響力。倘若恰好有一個流運外行星引動上升點或上升主星,那就延伸解釋這個過境對於當前時期的意義。

🖉 ----------

> 比爾投射出一種廣泛的、理想主義的、追尋哲理的個性,這種人格源自於想要探索心智和世界的渴望(上升射手座);他看起來擅於交際又迷人(水星和金星在第一宮);他受到力量和影響力的驅動(火象星座),體現自己烏托邦的理想(木星是上升主星且與小行星烏托邦合相);土地和家庭的主題(木星在第四宮),以一種源於靈性洞察的同情心(雙魚座的木星),引領他的生活朝向預定目的地前進。
>
> 他擁有所需的資源(木星在自己的主管星座),專注地實現這目標(木星在角宮),而且有能力克服過程中的障礙(木星與上升星座四分相),最後的成果可能在他生命的後半期達成(木星逆行)。可以預期他在房地產業投資以及因父母的關係而有大量意外的好運(幸運點在第四宮,與處境良好的入廟木星同宮)。
>
> 海王星在處女座第十宮與木星的對分相,把比爾往反方向拉扯,然而,他可以運用自身的技術本領朝向藝術事業發展。金星和水星位在射手座第一宮,與木星及海王星之間呈現各自縱橫交錯的目的,透過宣導

旅行、冒險和學習來豐富個人閱歷與發展生活的主張，如此他就有機會分享他的想法和邂逅戀情（水星和金星在射手座）；他發現與人建立關係的同時，又要專注在藝術創作或認真工作上，而備感挑戰。太陽天蠍座，位於第十二宮，尋求對生命奧祕和靈性超越的深刻省思，能同理並幫助木星的抱負，提供了得以融合烏托邦願景的深思洞見。二〇〇七年，木星過境金星、水星和上升點，帶來了旅行、成長和拓展生命的機會；比爾學習法語並將他的電影帶到了坎城影展。

流運冥王星四分相引動本命木星，這次過境會持續至二〇〇八年，為個人定位（木星是上升主星）與家庭環境事務（木星位於第四宮）帶來終結、新的開端與轉變。比爾買了間大房子，將年邁的母親安頓在自家隔壁，開始了他想打造的靈性社區。

你可以看到，在查看上升主星木星的主要相位過程中，我們已經觸及星盤內其他四顆行星的意義：海王星、水星、金星和太陽。到這裡，你已經準備要來完成對太陽和月亮的描繪了。

檢視太陽，判斷描述生命目的內涵的生活領域，此內涵意即太陽所在宮位和所主管宮位，也就是獅子座所守護的任一宮位。太陽正試圖帶來自己主管宮位的相關事項，但它會透過所在宮位內的活動來實行。太陽的所在星座不僅指示了如何發生的形態和作風，而且還作為濾鏡，依照自身的性質來塑造表現目的的方式；如果幸運點或月交點與太陽位於相同的星座和宮位，可以一起納入說明。這部分你有五

分鐘可以討論。

✏ ----

在比爾星盤中，位於天蠍座的太陽主管了第九宮，因此它竭力帶來與更高智慧、哲學、靈性、多元文化主題和長途旅行的相關事務，沉浸在第十二宮的活動，孤獨、痛苦和失落的經驗、淨化業力的行動、自我毀滅的無意識模式、無私奉獻，以及渴望超越與解放。天蠍座是陰性、水象與固定星座，表達了探索生命奧祕的渴望，以及對情感的濃烈需求。你可以說，太陽所代表的基本人生目的，是學習和應用靈性的指導（太陽主管第九宮）來自我轉化（太陽天蠍），這是因為他需要療癒自己的情緒痛苦與失落，以及想要參悟現實中的超然本質（第十二宮）；這會以緩慢且穩定的方式來實現（陰性，固定星座），同時視他人的行動來應對調整（水象星座）。

✏ ----------

比爾說年輕的時候，覺得自己被忽略，出社會則遭受同事排擠；隨著年齡的增長，這些經歷使他同情弱勢，並驅使他以靈性教學與實踐來探尋因由並減輕痛苦。

現在，太陽在實現此一目的的能力如何呢？要找出答案，就得評估它的狀態。太陽屬於區間內，即為區間領導，因此具有執掌權和領導力，能夠制定生命進程以期達成有利的結果。
太陽並沒有位在它的廟宮或旺宮星座（也沒有入弱或落陷），因此無

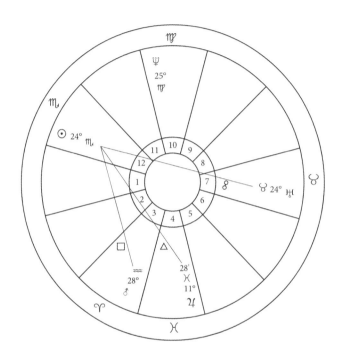

圖 14：比爾星盤中解讀太陽時需要考量的主要因子

法獲得自己的資源，需仰賴定位星——火星。而火星與太陽呈四分相。火星是太陽的主星，但它的運作目的與太陽交叉發展，甚至有耽於伸出援手的傾向。假使真提供了資源，反而會以拋出障礙的形式阻擋在前進的道路上。

太陽位於果宮，也主管著果宮。現代占星認為，果宮表示人生目的不會外顯引人注目，反而更像是內心轉折的過程。

接著來考量當太陽渴望表達人生目的時，其他有哪些行星會予以同理善待，或是苛刻挑剔。太陽與位在在金牛座第六宮的天王星呈對分相，將比爾從沉靜的境界拉回與工作和就業相關的繁忙，物質、有形日常活動的世界；太陽也與小行星婚神星（忠誠的關係）星座和角度的四分相，與他靈修的目標衝突，也許是造成痛苦的原因之一；太陽也與月亮呈星座四分相，月亮是家庭責任的一般代表因子，在他的星盤中，代表他人的財務（月亮是第八宮主星），正與他內在的靈性爭執對抗；從木星來的三分相，賦予太陽莫大的支持與肯定。

總體來說，你可以判斷太陽在比爾的生活中運用高等靈性和哲學教學以實現個人轉化、緩解苦痛，還有為他人服務的願景，但是這些卻經常受到衝突挑戰，然而，這就是他此生要完成的目的。來自強大的上升主星，吉星木星所賦予認可贊同的三分相，指示了最終得以克服障礙邁向成功。

到這裡，我們已經觸及了其他三顆行星——火星、月亮和天王星——以及主要小行星之一婚神星的意義。如果有任何重大的外行星過境，或即將來臨的日月蝕會引動太陽，那麼請務必在諮詢中包含預先告知這些行運的時間點。現在，讓我們把焦點拉回到作為生活場域的月亮，生命目的的意涵必須回歸到日常世界中實現。

有關人生目的的實現，將同時含括月亮所在宮位和主管宮位的

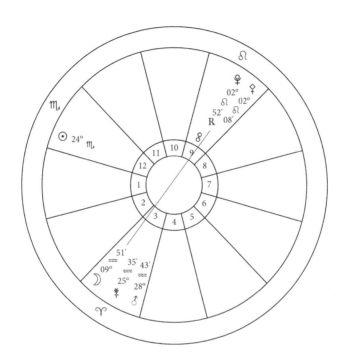

圖 15：比爾星盤中解讀月亮時需要考量的主要因子

象徵事項，也就是巨蟹座守護的宮位。月亮試圖帶來與自己主管宮位
相關的事務，但是會透過它所在宮位內的活動方式。月亮的所在星座
不僅暗示著模式和做法，也會成為濾鏡，根據自己的性質來調整實現
目的的方式；如果幸運點或月交點與月亮位於同一星座和宮位，或是
還有任何重要的行運因子，請將它們帶入一併討論。在這裡，你大約
有五分鐘陳述月亮。

✏️ ----------

在比爾星盤中，月亮主管著水瓶座第八宮，因此試圖帶來的事項涉及了死亡與結束、從死者獲得利益（遺產）、用他人的錢財作金融投資（與他自己勞力所得的相反）、心理潛意識和個人的轉化（死亡、地獄和重生的延伸）。

月亮是透過參與手足的鄰近社區、思想特質，還有包括媒體、網絡、寫作和演說等，一切關於第三宮的交流活動來實行。水瓶座（陽性、固定、風象星座）的濾鏡說明了實現人生目標的方式，是由人道關懷、先進的，能夠促進社會變革，並且可以利用新技術的創新視野。

你可以建議比爾在實現人生目的上，透過他冥想練習和個人內省（太陽的目的）所得到的智慧，以各種媒介（第三宮）傳播有關個人轉化與共同財務投資（第八宮）的相關訊息，發展群體共識，以創造先進的社會改革理念（水瓶座）。

月亮在果宮，因此較無法完全專注於它的任務，但這是偏吉／有利的宮位；月亮依靠其主星土星的資源，儘管土星入弱，但與火星互容使它更有力。

月亮得到吉星金星六分相的援助，而與火星同宮則受到阻礙；它的運行較平均速度慢，因此少了一些活力，但亮度逐漸增光。由此，你可以得出結論，月亮有好的志向也能利用資源來實現它的意圖，但苦惱於很容易分心渙散或被轉移注意力。比爾可能會發現，有時候他在執行自己的目標時，沒辦法處理那麼多、或自覺做得還不夠好。儘管如此，他確實獲得了一些明顯的成功。

月亮受到冥王星與智神星對分相的影響，使他遠離當地社區活動，足跡拓展至外地旅行以及較高智慧的教導，這兩項都挑戰並激發了他的自我觀點。

四軸點與太陽和天王星形成星座大四角，月亮也受到與婚神星同宮的影響，表示需要在社交和群體環境中發揮親密而忠誠關係的情感需求；與火星同宮則可能表示情感上的爭論以及與他人的衝突，由於火星主管子女和愛情的第五宮，對子女的責任和戀情的不安，可能會是分裂的原因之一。

　　當月亮的探討結束時，再提另外兩顆行星 —— 冥王星和火星 —— 以及四顆主要小行星中的兩顆，智神星和婚神星的影響和意義。目前一小時的諮詢時間已經過了三分之二，還剩下十五到二十分鐘，這時，你可以往幾個不同的方向移動。

　　現在可能是暫時停歇的適當時間，說一兩句摘要的話，整合目前為止你所解讀的，有關月相、上升點及上升主星，還有太陽和月亮等內容。用一百字內陳述星盤基本意義的能力，是值得你精進的出色技巧；以此作為解盤要點的精華，將會十分受到客戶青睞。

比爾具有追求廣寬視野與探索知識的特質，動機源自於對自由與影響眾人的渴望，將精神上的烏托邦理想帶入並促進共同生活的住房相關

事務中。他的基本生命目的實現在運用智慧的教導促進個人解放並服務他人；世上最好的實現是，透過在他自己的社群內傳播有關個人轉化的成長和創新訊息。驅使他表現和實現更遠大目標的動力，是透過克服阻礙並堅持不懈地推動願景。（原文 94 個字）

　　這也是個詢問客戶對於你所解說的內容，有沒有任何問題或哪些部分需要進一步闡明的好時機。根據剩餘多少時間以及客戶關心的問題是否已經解決，你可以決定增添哪些星盤中尚未討論的部分。

　　依照我們示範描述，這會是比爾星盤裡與子女、創造力和戀情有關的第五宮。這個部分很重要，因為它包含了月交點軸線和尚未討論的兩顆行星——土星與灶神星，但是，你可能需要將話題轉移到客戶前來諮詢的事業或關係等問題上；在比爾的範例中，你會注意到這兩個主題都由水星主管。在諮詢的最後階段，重點需要放在討論先前尚未提及有關未來一年行運的任何時間點。

　　在這裡，我嘗試說明的是，依照本命和次限的月相、上升點、上升主星、太陽和月亮的順序，可以涵蓋和綜合多少星盤的訊息。倘若其他行星或特殊點以及當前行運與星盤中這些主要代表因子有所關連時，也要將它們的意義一併帶入解釋。

　　你可以在較早的時候，就開始說明關係、職業、健康、金錢、子女、父母、旅行、家庭等占星意涵，如果星盤中上升、太陽與月亮

這三項重要因子的任何一個職掌了這些主題的話，或也可以隨著星盤對於人生主要目的所指引的脈絡，於諮詢後半段進行討論。

假如有個重大行運引動了某特定行星，而你還沒討論到，請務必講述該行星的特質、它所主管的宮位主題，以及行運引動的持續時間。當你談到職業或家庭生活時，看看上中天或下中天的軸點，確認是否有行星或小行星與它們合相。

定期檢視自己使用了多少分鐘、還剩下多少時間，這會讓你知道還有沒有剩下時間來展開更多細節並擴大探索，或者需要加速進行。請濃縮想傳達的資訊，並保持專注。

然而重要的是不能太僵化，以致於無法回應客戶的需求和期望，必須要靈活給予客戶表達強烈情緒反應或透露其他背後訊息的空間。請務必在諮詢結束前保留一些時間，以便客戶可能有最後的提問。

如果你覺得涵蓋的範圍會超過我所建議的時間，可以將諮詢長度安排為七十五分鐘甚至九十分鐘，許多占星師喜歡給自己更多時間深入星盤，並回答更多可能在諮詢後客戶所提出的問題。最終，你可以選用正好讓你完整解讀星盤又不會感覺太急促的時間長度。由於大多數占星師會錄下解盤內容，你的客戶將能多次聽取錄音以吸收你傳達的信息。

學習指南

- 在你的練習星盤上，列出解讀重點和呈現的順序。
- 按計畫向你的客戶（練習對象）提供解讀，並計時測量需要多長時間才能包含每個列出的重點；評估一小時結束後進度會停在哪裡。
- 請客戶（練習對象）給予回饋。
- 如有必要，請花些時間重新組織計畫，刪減或增添內容。然後再次解讀。

PART 4

活在星盤裡的人

—— 第十四章 ——
與你的客戶相遇

現在，你已知道揭示誕生星盤本質意涵的流程，並且擁有評估每顆行星體現其代表事項的能力，你對自己檢視星盤和解析這些勾勒生命輪廓符碼的能力應該也有些信心。

星盤的存在本是用來支持生命旅人的一個結構，為漫漫生涯中可能遇上的議題和經歷的事件提供指引，但是，星盤本身只是一個結構，它不是生命，也不會呼吸，無法對住在結構裡的人有所感覺。組合和呈現承載我們的船體，預期其資源與旅途過程是一回事，然而，認知住在船內的人並與之互動則又另當別論。

船隻已經建造完成，必須有人進駐，現在，讓我們把注意力轉向生活在星盤裡的人，並且思考如何好好地與對方相處交流。

我的文學經紀人曾經告訴我，當我的書寫好也出版，並且把書堆放在車庫的箱子裡時，或許會認為自己已經完成了一名身為作家的重大任務。但事實並非如此，真正的工作才剛要開始——宣傳、上架和銷售。同樣地，僅具備占星學的知識仍遠遠不足，你也許知道如

何計算繪製星盤，或者熟悉所有行星、小行星、星座和宮位的意義；或許精通現代、古典或吠陀占星學等各家法門；你也許可以解釋卜卦、擇時、世運、金融和關係比較等星盤，又或者懂得操作十幾種行運技法，但那些都還是最簡單的部分，真正困難的是，面對你的客戶並說出對他們人生有意義的事。

在古代美索不達米亞，占星學最初的形式裡，占星師被歸屬為祭司一職，負責向人間的國王傳達行星神祇的意志，屬於一種宗教行為，以確保王國和人民是依照神的旨意來治理。

儘管後續的文化發展中試圖去除行星的神性，並將占星學轉型為世俗的學問，但是現今的占星師仍與過往的占星師一脈相承——在一個人出生那一刻天體位置所描繪的宇宙空間，以及充滿各種苦難與渴望幸福的人世塵寰之間，作為連接天地的傳遞者。

儘管有些人出於臨時起意或好奇心來作占星諮詢，但仍有其他人是希望獲得與工作事業、健康或找尋失物等具體實用的訊息。許多人的來訪是因為他們感到苦惱或困惑，正在尋求方向的指引，一旦占星師從傳播客觀、非個人的訊息，轉變為幫助客戶解決個人問題時，他們就成了歷來傳統社會中被視為與神界直接相通的靈性代表，披上斗篷，承擔起令人敬畏的責任。

準備解讀

　　在準備好面對客戶之前，你必須充分認知自己身為占星師所扮演的角色，並意識到這項職業肩負著他人生命的責任。

　　很少有現代占星師會認為自己是靈性顧問，然而，古老的先知總是隨時靜候神聖靈感的降臨，提升思緒的澄淨，並與更高意識的源頭連結。如果你知道將在下午一點有諮詢，那麼直到那時你都必須「保持能量」，理想的情況是，你不會想參與任何令人感覺煩躁的會談或活動，因為那會消耗、擾亂或占滿你的思緒。但是我們並非生活在一個完美的世界，為了顧及必要的日常事務，很多占星師會將諮詢安排在晚上；但無論如何，重要的是，你需要封存好部分能量以供解盤之用。

　　相傳德爾菲的女祭司在發表神諭之前會呈現狂喜的狀態。狂喜（Ecstasy）源於希臘語 ekstasis，意思是「站在自己之外」，然後進入一種充滿熱情的狀態——enthusiasmos（熱情）——希臘語是「讓神進入你」。

　　以類似的方式，試著擺脫所有自己的「雜物」，隨著諮詢時間即將到來，準備好所有的星盤，拿著星曆，啟動電腦，錄音機連接電話線，整理諮詢室，倒滿水瓶或咖啡。用些時間沉澱清理你的思緒，把你所有世俗的問題、憤怒、煩惱和待辦事項統統擱置一旁，將一切

雜念全部打包丟到衣帽間裡的高架上；一旦你的內在挪走了私人行囊，便騰出了空間以待超然的存在。古人都同意，占卜，或以超自然方式預測未來的能力，是一份來自神所賜予的禮物。

那是神聖靈感的火花，從平鋪直敘的事件分析，點燃生動靈活的解讀，將枯燥的事實提升進入到一種充滿活力、轉化和療癒經驗的境界。諮詢前點燃一支蠟燭是請示智慧之源的一種方式，祈禱那神聖不可言喻的存在進駐你的話語。與此相關的是，披上了占星師斗篷的你，隨著技術越加熟練，你將成為更有價值且運作順暢的容器，以迎接神性的降臨。

你該說什麼……以及說多少內容？

除非你接受過心理學相關培訓或取得證書，並且在心理治療的範圍內持續與客戶見面，不然，你很可能只會見你的客戶一次，又或者為了年度運勢而每年見面一次。因此，假設你只會跟你的客戶諮詢一次，也許是一到一個半小時的時間，那麼你該如何做最有效的分配運用？在一小時的諮詢當中，你實際能夠傳達多少訊息呢？

正如了解每顆行星、星座、宮位的個別意義，以及將這些意義整合為關於生活的陳述之間有著巨大鴻溝一樣，從你使用工具箱內十幾種技法來了解星盤中所有複雜的意涵，到你理解實際需要對客戶解說的內容之間，其實也存在著很大的差異。

隨著不斷增加星盤解讀的經驗，你可能會有許多足以討論很多個小時的題材，但是，根據我的經驗，客戶最多只能吸收約一個小時的訊息量——至多一小時十五分鐘，你可以繼續滔滔不絕，但你的客戶只會目光呆滯，再也無法聽進你話語中的真意。

我想起以前一件有趣的事，那時我的諮詢時間偶爾會持續三到四個小時，一位精疲力竭的客戶快步走向門口，頭也不回地，從心靈被高度檢視的情境中脫身，而我居然還想抓住他的腿說：「等等，我還沒有告訴你水星五分相你的土星呢！」重點是，你必須要能夠把你所感知到關於星盤中的一切，萃取出最重要的內容，包括本命星盤和目前的行運，將它們組織並濃縮為一個簡練的諮詢，同時讓客戶仍然有提問和回饋的時間。

你可能會看到有些模式和潛在跡象並不適合討論——例如性虐待，或者即將到來的流運事件可能是場災難，但你需要決定如何呈現這種內容，以免把氣氛弄僵，使客戶感到羞恥、恐懼，或絕望。如果你在檢視客戶星盤時看到困難的相位結構——像是在天蠍座第十二宮裡合相的本命月亮與本命土星，正受到流運冥王星的影響——你可能會一陣冷顫，對自己說一大堆。但是實際諮詢時，你必須深呼吸，試著以一種可能有補救辦法的手法，來解決困難的象徵意義，同時巧妙地傳達告誡和警示。

你所提供的解盤，到底該不該「全部而且只有優點和正面」，

還是無論看到什麼內容都誠實表述？一方面，處於不安狀態的客戶來找你尋求指引，是希望離開的時候多少感覺受到療癒，或是在朝向最高利益的更大發展背景下，對於可能經歷的困境，至少心裡有個底或預先計畫。

　　一些占星師明確表示他們只與客戶討論積極的事情，因為我們的思想創造了我們的現實，他們不希望為客戶建立一種信念，使他們的思路傾向於表現出相位結構的負面可能。但假如你有看到明顯的跡象，比方說重大的健康問題，卻只因為你不想嚇到他們或說任何壞事，而沒有告知客戶應當尋求醫療建議的話，那麼你最終會被認為是不負責任的。假如你的醫生不想讓你產生負面想法和讓你擔心，所以沒有告訴你 X 光片上看到腫瘤，那麼，他是在幫你的忙嗎？當然，雖然不可避免，但你也不該預測致命的健康狀況，而應當導引你的客戶適時地去做追蹤檢查。

　　另一方面，假使星盤的確顯示了困難的主題和議題，客戶也的確生活艱辛，那麼，如果你只是提供一個現象解釋，以及有什麼可能性等等，如此不接地氣的報告，那麼你的諮詢內容將會與對方的經歷脫節，客戶在離開之後可能感覺更糟，因為你的分析內容可能留給客戶一種感受，那就是他們尚未實現你依據星盤最佳腳本所描繪的那幅景象。

　　承認客戶生活艱難的現實，討論在有限範圍內的可能作為，以

及什麼事情不大可能發生，或許，才是更有同情心的做法。

這使我們面臨了一個非常敏感的問題 —— 你可以潛入客戶心靈多深的地方，並且依然保持尊重的界線範圍。這個答案因人而異，你需要學習如何從客戶的聲調語氣、他們的作風舉止、提供的各類訊息、他們的提問疑惑以及他們的年齡和整體背景中汲取線索。有些客戶的情緒開放 —— 可能習慣於其他執業者的諮詢和療程 —— 並且迫切希望了解備受痛苦的原因。此時，你可以深入，但請先量測水深。

例如，如果你懷疑客戶可能兒時曾遭受某種形式的虐待，請詢問對方對童年時期的創傷經驗是否有任何的頭緒，像是期待受到保護但情勢卻不允許的狀況。依據客戶的回饋，你可以深入探討或就此打住，但是千萬不要在這些主題上頭表示意見，像是具體地陳述情況。如果客戶還沒準備好接受或無法消化這類資訊，說開的結果可能帶來難以預期的傷害。挑起客戶壓抑的情緒，然後在毫無資源可以處理整合已經浮現的事態就把他們送出門，是不負責任的。

另一種應對這種情況的方法，是直接詢問客戶是否願意討論此特定議題，如果不想討論，請告訴他們星盤中還有許多其他需要解決的事項。再一次地，讓他們的回應引領諮詢，如此一來，便可以讓客戶幫助你看清安全或不安全的水域；有時，他們可能又會來電再次預約時間，討論先前他們根本尚為準備好面對的事情。

是否有任何禁忌的主題？對某些人來說感到忌諱，對其他人而言則不大在意。性、外遇、虐待、銀行存款和宗教信仰是一些潛在的危險水域，你必須學會明智地判斷哪些是每個人都能接受的事情，也必須願意尊重別人的價值觀並以禮相待。

身為占星師，你的角色不是去打擊、糾纏、嚇唬、暗中顛覆，或者將客戶從你認為過時或無知的信仰體系和道德中解放出來。切記，客戶付費給你，是希望你以不會破壞或挑戰他們生活的世界為前提，提供他們有助於解決問題的方法。當他們離開你的諮詢室時，仍然必須回到自己的生活。當然，你可以適時地提出改變、治療和轉化的建議，但這些建議必須符合他們的本意、價值觀和時間，並且由他們自己決定如何進行。

那麼，身為一名占星師，你如何決定要說什麼和說多少？如何能夠知道什麼不該提，抑或必須重新構思或修飾迂迴？最後，你如何快速評估客戶的情緒恢復力，或是他們希望獲悉多少程度的實情，能夠處理的又是多少，且又不會從無意識中突然爆發出你尚未學會管理的情緒呢？

初步訪談

在第三章中，我們討論了從諮詢一開始利用五分鐘的時間進行初步訪談的重要性，在這短暫的時間裡，你必須詢問客戶的占星知識

背景，因為這會徹底左右你的陳述方式。從回答內容是簡單或複雜的占星程度，讓你知曉並擬訂使用的術語層次。對於那些完全不熟悉占星語彙的初學者，請花點時間以周密而明白的術語來解釋你正在做什麼，確保他們諮詢結束離開時，你已經用他們能夠理解的方式討論了太陽、月亮和上升點的基本意義。

例如，我可能會對第一次接受占星諮詢的客戶說這樣的話：

「我們現在要討論您的上升星座，也被稱為上升點，您可能已經聽朋友提過這兩個術語，它們指的是相同的因子。首先，上升星座描述您的外貌、外在的個性和行動風格，它是您出生那一刻從東方地平面逐漸露臉、緩緩上升，直至出現的黃道星座，並以您的出生當天時間所計算出的結果來決定，因此無論您的太陽星座是什麼，十二星座的任一星座都可能作為您的上升星座，您的性格特徵則會由您的上升星座來表現……」

然後我會詳細說明上升點及上升主星相關的要素。

然而，對於曾經接受過多次年度運勢解讀，並稍微熟悉占星語彙的客戶來說，即使他們不是執業者，除非諮詢時上升點正受到流運外行星的重大過境，不然，你最後所要提供的才是上升星座的另一種詮釋。對於這些客戶，快速評估他們已了解的星盤部分，並找出他們本次諮詢的重點；再一次，衡量他們對「占星術語」的理解程度，這

將影響你帶入行話的多寡，以及需要解釋到哪一個層次。

　　最後，對於熟悉占星術語中級或高級的學生，甚至是專業人士的客戶，你可以直接使用術語簡略表達，無需任何解釋：

　　「金星，在第十二宮處女座，入弱又四分相其主星水星，主管了第二和第九宮；明年將受到流運木星的過境，木星剛好是流年小限主星會在您太陽回歸時開始起作用，然後您可以預期……」

　　假如你對首次來解盤的初學者一開始就這般說明，客戶可能會感到不知所措、困惑又沮喪。初步訪談時，你也應該注意客戶講話的速度和節奏，留意他們花了多長的時間來處理你所提供的資訊。試著調整你的節拍來配合對方的步調，以達成最有效的溝通。

　　有些客戶思維敏捷，你可以用專業術語快速密集地提供意見；而有些人理解字句涵意的速度較慢，為了他們，在表達辭語和構建概念之間，要經常放慢速度並暫停，讓他們有時間消化這些內容。作為占星師，我們必須牢記將客戶放在第一順位的重要性，引用魯迪海爾的說法：以客戶為中心的諮詢方式。你的諮詢目的不是為了展現你有多了解占星知識，以及你有解盤解得多精準，而是要把客戶的需求擺在首位，訴說著他們可以理解的話語 —— 對程度較高的客戶來說不會太簡單，對初學者也不會太為難。

　　我的編輯一再叮囑，要針對我所定位的讀者程度來寫作，起初這讓我不斷惱怒，因為我想把腦海中湧現的那些話說出來，然而很快的，我便意識到這個建議的智慧。

　　我領略到，即使我做了深刻詮釋，如果它無法讓目標受眾理解，那麼最終對任何人都沒有好處。所以要確定你的聽眾，每次遇到新客戶，都要詢問他或她：你之前的占星背景是什麼？在取得明確答覆後，依據相應程度來呈現你的訊息。

　　身為一名占星師，你需要知道為什麼你的客戶來找你，還有存在於他們生活中想要有所領悟和反思的問題。有些人定期去找占星師作「年度運勢」，而沒有任何具體的疑問，對他們來說，在現場收聽他們未來一年的「天氣」是值得的 —— 他們想要線索，知道自己可能擁有的機會，或是會遇上什麼障礙等。

　　對於二度來訪的客戶，要詢問他們自從上次和你談過之後發生的事，因為許多來找你的人正面臨了某種危機、變化或決策，需要真知灼見和引導。因此請仔細聆聽，記下他們對諮詢的期望和向你提出的疑問，以確認你有談到這些問題。

　　如果客戶詢問的是實際問題以及搬家或換工作等外部事件，那麼請將諮詢重點放在那裡，這類型的解說，與試圖解開關係中的性問題，兩者私密的程度是完全不同的。但是，除了客戶的具體提問之

外，這初步的訪談還可以讓你了解到，此次特定的諮詢中，他們需要你提供的是實用的、心理的，還是精神上的觀點。

　　一名成功的占星諮詢師，向客戶陳述時所用的字句詞彙、語氣手法、內容層次和討論方向，都會帶來最大程度的理解交流，並且無論客戶碰巧發生了什麼事，都會關注他們每一位傾吐的煩憂。

　　此外，從客戶自我描述的方式以及所關注的事態性質，你就可以得知能夠多深入他們的心靈，並且同時又能保有尊重的界線。如果他們要求你談論性方面的障礙，而你觀察到早期性虐待的跡象，就可以將這狀態提出來，但是，仍需持續向客戶確認，並知道何時該停止討論這一主題。

　　以上最重要的是，雖然你身為占星師，也有意成為療癒者，但除非你接受過正式的訓練，否則別把自己當成心理治療師。在很多情況下，你需要做的是轉介給另一位專業人士，而你的手上應該備好這些資源清單。

　　將客戶轉介給其他專家，並非意味著你是一名不稱職的占星師，而是在面對特定情況時，他們需要具備更多專業知識的專家。再者，許多人會來找你，是因為他們有個明顯存在或長期感到痛苦的問題，或是心神不寧或混亂的感覺，大多數情況下，這表示正有某重大的外行星過境，觸發星盤並引動危機。有時，你可以告訴他們最使人寬心

的事情之一是：

「隨著這些流運，如果目前處於崩潰之中，那麼代表著正如期展現您出生時的潛能；假使過去生活一切順利，那麼您確實會遇上難題。」

我們此處真正要表述的是，在諮詢開始的前幾分鐘需要與你的客戶建立融洽關係，這樣他們就會覺得你有真正聽到他們所說的內容，理解發生在他們身上的事，並且富有同情心。對很多人來說，向陌生人敞開心扉，承認自己的失敗和缺點需要很大程度的信任感。

身為占星師，你還得面對占卜者可能會利用人性脆弱面的文化偏見，因此，為了使解讀有效，你的客戶必須感受到他們可以信任你，透過完全與他們同在，讓他們覺得你值得信賴。

細心聆聽，探討問題，尋求進一步釐清他們的處境，並重述他們關心的重點，以便讓他們知道你理解他們所傳達的內容，然後你必須向他們反映，你已察覺他們可能遭受的困境，因為星盤中有些象徵暗示了正在發生的事，而且雖然可能會很痛苦，但這是較大行運中的一部分，最終可以帶領他們進入實現自我的下一個成長階段。倘若你以一小時諮詢為流程，所有這一切必須在解讀開始之後的七到十分鐘內進行。

　　根據最初訪談中的內容，你將了解到客戶對於解讀星盤的要求和期待，以及在這過程中他們自我參與的程度相對有多少。身為占星師的你需要使自己因應各種客戶的不同立場，以下是你可能會遇到的一些客戶類型：

- 有些客戶只想知道事實，無論內容是好是壞。他們付錢就是想知道這些，不用心理分析，謝謝。
- 有些客戶需要你向他們保證，無論發生什麼事，最後一切都會沒事，進展順利。
- 有些客戶希望你能看透他們的靈魂並驗證存在，然後告訴他們正活在自己正確的道途上。
- 有些客戶對「為什麼」會發生更感興趣，有些人則對預測事件開始和結束的時間感興趣。
- 有些客戶需要你提供一些力法，使他們可以下定決心；有些人會想要你明確指示他該怎麼做。
- 有些客戶希望全由你告知，有些客戶則想要有來有往地對談。有些人只想說話，你只要負責傾聽就好。
- 有些客戶願意透露個人訊息，有些人則惜語如金，想看看你自己能從中「挖出」多少內容。
- 有些客戶是自願來訪，有些人則可能出於壓力、被迫，或是朋友、伴侶、家人送他過來的，因此可能會有所懷疑和抗拒。

誰知道來的是什麼人？

「自以為是」是作為占星諮詢師的危險之一，這份高傲來自於你自以為知道所有的答案——你的客戶無知愚昧，應該要全然臣服於你的智慧。你和你的客戶，或許都共同助長了這種態勢，你可能會因此而提心吊膽，害怕客戶會發現你可能不知道該如何詮釋星盤的某些要素，而這會招致你為了墊高實力去故弄玄虛。

還有一些情況是，你的客戶受困於他們的迷亂和恐懼，可能會將救世主的原型投射在你身上——而你可能也默許它發生。

你必須承認的第一件事情是，你並不知道所有的事，而且星盤中可能有些部分，你會避而不談，除此之外，你還必須認知到，你對客戶星盤的描繪存在著不準確的可能性。當客戶無法將你關於他們的解說與自己連結時，誰才是對的？是你還是客戶？先不要緊張，仔細檢查並確認你是否使用正確的出生資料來計算星盤，同時請你的客戶確認，然後詢問客戶這份資料的來源——出生證明，或父母的記憶，或只是他們一直篤信是真的出生時間？如果你認為出生時間有疑慮，該誤差則會影響解讀的準確性。

如果出生時間是正確的，但你的客戶仍然無法對應你的解讀，也不要一下子就跳進客戶拒絕承認的結論，而不去看看自己敏銳深入的洞察力是否偏離了目標。有時的確會遇到客戶一口否認的狀況，但

大部分的狀況並非如此，此時可以暫停一下，騰出一些空間，試著與客戶一同探討，了解一些因子所代表的涵意。

我們知道每個符號都帶有一些延伸的意義，所產生的結果幾乎是無限多種的組合。你必須尊重客戶的反饋，因為他們比你更了解自己，正是他們體現了自己的生活。事實上，你的客戶是你最好的活教材，此時此刻他們正在驗證一個活生生的星盤。而當你願意與客戶互動，一同達成對他人生有意義的詮釋時，並不會降低你的聲望格調。

在解讀的過程中，不時地與你的客戶核對，以確保所說的內容合理且與人生境遇相關。對於特別沉默寡言的客戶，我或許會說：「我說的是一般原則，希望它們會觸發您腦海中的具體情況。」

不需要知道太多細節，我只需知道自己還在正確的思路上，如果他們表明情況確實如此，我就會繼續往下進行。

散發「神性光環的占星師」是另一種技巧，透過巧妙提問的藝術，你就能細心引導客戶自我覺察。

舉例來說，你看到第三宮主星受剋，且與第八宮主星有凶相位，與其告訴客戶他的手足是在騙取祖先的遺產，你可以換個方式詢問，是否手足之間存在以資源共享為主的問題。透過這種方式，可以促發

客戶自己得出結論 —— 這些結論若由你說出，可能會過於具有侵略性或令人反感。

識別自己的成見

　　無論你在解讀前試圖摒除多少私人好惡，你對客戶所說的一切仍會不由自主地被你的個人取向篩選，你所有解釋的傾向，都會受到你自己的價值觀、訓練、信念和過去經驗所影響。因此，你有責任遵循銘刻在德爾菲神廟上的格言：認識你自己。

　　你必須認識到自己的成見和創傷，以及它們如何影響你對客戶所說的話。如果你曾受到父親虐待，是否自然會去懷疑和不諒解客戶與他們父親的關係？如果你曾墮過胎感到後悔，那麼你是否傾向於建議你的客戶不要墮胎，毫不理會他們自身的情況？

　　同樣地，要警覺到你的政治立場、有無宗教信仰、性取向或道德觀，可能會在你與他人討論這些議題或指引他們解決難題時染上色彩。

　　即使他人的信仰與你衝突，你是否仍舊能尊重他人？如果有位女性客戶面臨冥王星過境到某個與關係相關的點上，她覺得因為在上帝面前發過誓，所以即使面對艱難的婚姻也要絕對忠貞，而你是一個無神論者，你能否支持她留下來的決定，並嘗試找到一些解決方案？

你能否不要對她的立場感到不耐煩或不屑一顧？又如果你是一位對婚姻忠誠的堅貞信徒，特別是假設你曾經被伴侶背叛過，而你的客戶性生活繁複，那麼你是否能夠不加批判地同理對方？

　　這種自我檢視的過程非常困難。接受過心理學訓練的占星師經常建議學生去進行某種分析或治療，以便他們至少可以意識到，當在引導他人時，因為自己的障礙所發生影響的領域有哪些。你完成了多少個人功課？占星學的專長是什麼？你吸引到什麼樣類型的客戶？以及你與他們合作的深度，這些都將會決定你應當如何遵循另一個經典格言：醫者，自醫。

　　最後，你對命運與自由意志的立場是什麼？你必須在這條連續帶上找到一個讓你感到舒適，也能為你的公開立場提供合於情理的位置。

　　遲早，客戶會問你：你真的認為星盤所說的這個情況，肯定會以這種特定的方式發生？還是你認為結果會是取決於我個人？如果星盤準確描述了一個人的性格和命運，那麼選擇、機會以及治療，對於星辰的命定能有多大程度的改變？占星學仍然有效嗎？個人實際上擁有多大的自由去塑造他們的人生方向？由行星狀態所決定的可能性或希望的程度，是否存在著限制？

　　你如何回答自己這些問題，將會影響你向客戶提供訊息的方式；你對自己的準確預測越自豪，你給予客戶的自由度就會越低。有些堅

信自由意志的占星師根本不做預測性的工作，而是使用星盤當作討論客戶問題的跳板，不做任何定論。

其他占星師則認為占星學的預測能力是其最大的資產和效益。這個問題在四千年的占星學實務中尚未被解決，同領域內的每一位執業者都被迫參與討論，你無法避免。此外，在你作為占星師的職業生涯中，你的見解可能會來回擺盪與變化。

畫定界線

在許多情況下，畫定與客戶之間的界線是很重要的，某些時候，你甚至可能需要包容某種客戶。你必須決定要緊守還是放鬆界線，以及何時可以靈活調整多少距離。完全沒有界線，等於是在鼓勵客戶把你的生活搞得一團糟且難以管理。這裡有些你可能會面臨的情況，以及你應該採取的立場。

當你與客戶第一次討論你的服務時，請表明諮詢時間的長度。如果預定時間已過，而你還沒有說完想說的或回應客戶所要求的內容時，該如何應對？如果客戶對你所說的話興致勃勃，想要延長時間，你該怎麼辦？你會繼續嗎？超過的時間是否收費？因為他們嘗試從你的大腦次次提取最後一滴的精華，你又該如何處理諮詢結束後不想掛斷電話或早該離開的客戶？如果他們試圖以哭泣或情緒崩潰為由來延長諮詢時，你會怎麼做？如果他們在幾個小時後又來訊附上另一堆問

題，或者想要你澄清並重複你之前說過的話，該怎麼回應？

　　說到付費，你是否堅持在諮詢前收到款項？還是你願意相信客戶會履約支付？如果他們要求退款或拒絕付款，是因為他們對你的解讀不滿意，這時你該怎麼辦？

　　你是否只接受預約諮詢的客戶，還是在他們碰巧打電話給你的時候，盡量空出時間？如果上午是你最適合解盤的時段，但因為對客戶比較方便，你是否會容許客戶要求在晚間諮詢？如果你為自己的護膚保養或家庭時間預留了週末假期，你是否會讓咄咄逼人的客戶說服你安排週末諮詢？假使你在當天或當周的預約都排滿了，你是否會允許有急切諮詢需求的客戶擠進來？你有多需要錢，以及是否會影響你自己的生活品質？

　　當客戶不讓你主導諮詢，也不讓你專心工作，而是不停地打斷你，問一些不相關的問題，或者根據另一個占星、通靈或塔羅解牌的人，對你所說內容提出異議的時候，你會怎麼做？當客戶比較希望你聽他說話，而在你解讀時意興索然，你會如何回應？

　　假如有個客戶突然想要你解讀伴侶、小孩、老闆或父母的星盤，並拿來和自己的星盤作比較，要你告訴他或她該星盤中發生的事情，你會做嗎？或是你會表示同意解讀，但以另一次諮詢計費？你是否有請客戶在你解讀第二張星盤之前必須徵得對方的許可？

　　你是否願意作「盲解」，也就是客戶寄給你出生資料和支票，而你在未與客戶本人有任何接觸之下，準備錄音或書面解說？如果你發現這不是你的強項，是否仍允許某些客戶說服你接下諮詢？

　　你在保護客戶隱私上有多嚴格？你是否接受彼此之間存在敵對關係的客戶們？如果是，你將如何使用那些私密資訊？你是否會因為需要整理、發洩或提供聊天的有趣話題，而與最好的朋友或伴侶討論覺得困難的諮詢內容？

　　當你在某種社交場合或路上遇到客戶時，你會怎麼樣？如果客戶與其他人在一起，你是否會暗示對方曾在你的職業上有過互動？如果客戶一看到你就立即提起他們的星盤，想知道發生什麼事，你該怎麼做？如果他們覺得因為曾經將自己的靈魂透露予你而感到尷尬，並且現在後悔曝光而想避開你，你要怎麼辦？你該如何將發生在諮詢室的狀況留在諮詢室裡，而不會讓它們洩漏出來，甚至氾濫成災影響到日常生活？

　　這些是出現在占星諮詢師的生活中，眾多問題的一部分。我們每個人的處理方式，會根據自己的個性和風格而有所不同，你必須從自我角度仔細考察這些情境，並思考對你最適合的反應以及這樣做的原因。如果你正遇到困難的情況，並且努力摸索正確的應對方式，那麼請教經驗豐富的心理諮商師或其他執業占星師來協助你，你不必獨自解決這些問題。好的治療師總是讓其他治療師適時地指導他們。

要清楚分辨什麼是自己「感到舒適」和「可以接受」的作法，因為你個人的行為將影響你與客戶的互動。人們進入你的諮詢室是企盼著事情得到釐清、接受指引和感到療癒，但最為重要的是，你將他們視為真實的人，而不單單是紙上的占星符號。

與你的客戶建立真正的聯繫，並且在允許的範圍內，穿過他們的外表以接觸他們的個性。如果可以，深入他們的心靈並觸摸他們的靈魂。為了照亮每個客戶的真實自我，身為占星師的你，必須向他們展現真實的自我，而真實的一部分是需要你對界線的明確認清。

準備結束諮詢

在你進行諮詢時，請留意已經過了多久時間，剩下多少時間，你的解說內容已經有個總體規畫，然後根據可用時長，適時地精簡或詳述。

試著在諮詢結束前十分鐘完成約百分之九十五的進度。這時候，暫停片刻並詢問客戶，他們是否覺得你已經圓滿解釋了他們的疑問，以及他們是否還有任何的疑惑 —— 無論是已說明的內容還是任何其他提問。然後，利用剩餘時間來回應他們最後的問題，或補充一些次要內容的細節。許多客戶讚賞將已討論的內容作重點摘要。嘗試以正面的氣氛結束諮詢，即使過程中出現困難的狀況，也會讓客戶留下受到啟發與充滿希望的感覺。

在諮詢結束前兩分鐘，告訴客戶你即將結束這場諮詢時間。完成有關付費的任何問題，確認正確的地址，並祝他們一切順利。如果他們現在想要另外預約時間，請準備好你的行事曆。

如果客戶不想結束談話或離開你的辦公室，要怎麼做？偶爾，如果你覺得訊息很重要或必須處理，你可以額外給十到十五分鐘；但一般來說，你應該堅持結束。我經常會說還有另一位客戶在等候，或是我已經預約該去看醫生了。

客戶可能會詢問你，是否已經涵蓋了星盤的所有重點，或者是否還有更多可以說明的內容。我的回應是：

「關於您的星盤，我可以談十到十二個小時，但以我的經驗來說，大多數人在一小時十五分鐘之後就再也沒辦法接受任何訊息了。但是，我已經含括了我認為目前對您來說最重要的解讀。如果您有興趣討論星盤的細節或更詳細地了解任何事情，在您聽過本次諮詢的錄音並整理了我們今天說過的內容之後，歡迎再次預約時間。我確實有一些客戶會持續來訪，並且很多人會安排年度運勢的諮詢。」

此時，客戶可以選擇是否要安排另一次諮詢，這一般程序也相同適用於幾個小時後又來訊提出有關解讀問題的那些客戶。但是，你應當留心不要鼓勵非必要的諮詢，雖然那會增進你的實務經驗，但卻會養成客戶的依賴，反而讓他們在沒有事先諮詢你的情況下，感到害

怕和無力採取任何行動。

客戶離開後，吹滅你的蠟燭，默默感謝你所獲得的靈感和指導，在流動的冷水下，沖洗雙手，滌淨你的心靈。

記住，你是一個獲得神聖靈感的渠道，而不是通靈的海綿，你可以當下存在於客戶的生命中，但你不該把他們的處境帶入自己的生活並抓著他們的困難不放。古代女祭司總是沐浴在聖泉中，以恢復她們的純淨，並為下一次的儀式做好清理和淨化。

學習指南

- 查看本章中所提出的各種問題，包括客戶風格、個人成見和畫定界線。思考一下你要如何回答，或是當狀況發生時，要如何應對。
- 如果你在練習時已經發生了這些情境考驗之一，而且讓你感到不安，請描述發生了什麼事、你做了什麼，以及如果有機會再試一次，你會用什麼不同的方式來處理。
- 諮詢另一位能夠了解情況，提供反思和回饋的占星師或諮詢師來分擔你的問題。

—— 第十五章 ——

神話對於苦難的療癒力量

在為客戶解讀的過程中，不可避免會看到誕生星盤中顯示出一些難以直接討論、非常敏感的議題，那些內容可能是敏感的、尷尬的、痛苦的、感到羞恥的、隱諱的，或是社會上無法接受的事情——如性侵、配偶虐待或同性戀等，客戶可能會覺得討論這些問題令他們感到不自在，也可能會因為他們有這種經歷或有這樣的問題而感到難堪，可能會覺得小心翼翼守護的隱私被侵犯和暴露了。

但是，身為占星師的你，也許懷疑這個主題對於他們經驗「自己究竟是誰」來說至關重要，又或是折磨著他們的生命，糾纏不去。像這樣的情形，你該如何處理這頭「房中象」呢？

直白闡述這些議題並不是很恰當，除非你已事先確定客戶能夠接受，而且願意討論這些話題。有種方法很有效，可以用來討論這類沒人想承認的問題，那就是將它們當作一般的故事去談。例如以眾所皆知的神話故事為引。

普魯托強暴波賽鳳妮，或朱彼特對朱諾的配偶虐待，或莎孚愛

她的女學生，你可以講述這些故事來試水溫，讓客戶有個提供訊息的空間，讓他們來告訴你那些故事是否反映了他們個人的任何經歷。

運用這種方式來讓客戶引導或阻擋你進入某種可能超出占星諮詢範圍的禁忌話題，而神話故事的講述，能夠成為進入這個隱藏內心深處的一條通道，進而啟動理解、接納與療癒的過程。

本書第一部分強調邏輯與分析的星盤解讀方法，幫助你識別可能的問題所在，而在本章，我們將考量以一種更具想像力、針對心理與原型取向的方法，來進入占星符號更深層的意涵，以達到療癒的目的。在我們更深入運用神話作為占星諮詢的療癒模式之前，讓我們先簡單談談神話詮釋與原型心理學背後的理論。將行星神話作為占星詮釋基礎的有效性感到存疑的人，以及那些對於將神話和占星結合感到興趣的人，我將提出一個說明，闡述以神話方式詮釋星盤的基本原理。

原型心理學與占星學中的神話故事

神話的內容是由一個文化中各種神和女神的生活、行為與關係所構成。人們在古代和現代都相信，單一或多位神靈負責創造並統治著世界。諸神在宗教儀式中被人們所崇拜、召喚，以祈求避開災禍，賜予祝福。

神話的本質，其理論上的解釋可分為兩大類——外部理論和內部理論。首先，神話被解讀為信仰與歷史的記載與口語相傳，試圖解釋自然現象，或是試圖解釋宗教、社會或政治制度的理由。在第二部分中，神話被視為是人類心靈自發性的表達，[1] 我們將以這種理解神話的方式，在本章中進行探討。

從心理學的觀點，神話是人類心理結構的一種投射，這對占星師非常有用。卡爾‧榮格（Carl Jung）稱神話為「人類偉大的夢」和「集體無意識的原型」，他提出了人類心理運作的兩個層面：個人層面來自於我們自身過往的經驗，而集體層面包含著心靈的先天結構，就像身體的物理結構一樣，所有人類都是共同的，並且從出生就已經存在。

這個集體層面是無意識的一部分，由原型所構成，而這些普遍的原始模式代表了人類的典型經驗，在宗教、藝術、創意、夢想、異象和神話都能看到原型的內涵。在跨文化的神話比較中，很明顯的，雖然眾神和女神的名字與外貌都不盡相同，但在各種文化的萬神殿內，通常由相同的原型人物所組成，例如，蘇美人的伊南娜（Inanna）、巴比倫的伊什塔爾（Ishtar）、腓尼基的阿斯塔特（Astarte）、希臘的阿芙羅黛蒂（Aphrodite）、埃及的哈索爾（Hathor）和羅馬的維納斯（Venus），都是愛、美和慾望的女神，這些相似性暗示了神話中的神靈可能正是普遍存在於大多數文化中，內在心靈結構於外在象徵性的投射。

　　神話是無意識心靈的投射，它包含了圖像與經驗，而透過這些圖像與經驗，我們掌握人類內在現實的狀況。神話不只是遙遠過去發生的故事，而是在我們個人生活與周遭一切不斷重複上演的永恆戲碼。②

　　榮格給出一種原型的心理學解釋，建議將古老的奧林匹亞諸神，依現在各種型態的精神官能症來理解。③原型，作為生活的心靈力量需要被認真對待，當它們被忽略時，將無窮止盡地成為神經質和精神失調的原因。④

　　默里斯坦（Muray Stein）解釋道，那些曾經創造神祇和神話圖象的無意識心理內涵，並沒有隨著宗教信仰的衰退而消失，而是以疾病和各種症狀呈現，繼續影響人類的意識。經由了解神話模式與精神病理症狀的對應關係，可以大大地增益診斷與治療。⑤

　　事實上，希臘人也知道這種觀點。荷馬早期的文學作品裡，暗示了疾病與神的因果關係。眾神將疾病和不幸作為對那些不尊重祂們的人的懲罰，而治療疾病時，必須到受到冒犯的神祇聖地朝聖，在寺廟裡供奉祭品，可能還要舉行宗教儀式。原型治療推薦採用類似的方式，建議治療心理症狀的方法包括去發現是哪一個原型（神）被忽視了，然後去榮耀它。⑥症狀被視為來自心靈的訊息，暗示個人需要做的事，以進行大幅度心靈整合與療癒。現代詞語「治療」（therapy）源自希臘語 therapeia，意思是「諸神列席」。

在占星學的萬神殿裡，行星、小行星、恆星、星座和二十七星宿（nakshatras）都有著神祇的名字。巴比倫人以及後來希臘人的宇宙論當中，天體被視為眾神聖靈的顯化，這是四千多年前在美索不達米亞，占星學最初雛型的基礎，一顆行星的出現預示著一位神祇向人類展示祂的意志。例如，西元前一千年的一條天體預兆告訴我們：「當伊什塔爾高掛天上，人間充滿愛。」我們將稱作金星的行星視作是愛之女神伊什塔爾的化身，同理，其他每一顆肉眼可見的行星也都被視為是一位神祇，由此，行星、神靈和人類之間親密明確的關係構成了占星學的基礎。

當希臘人在西元前六世紀與巴比倫人的天文學相遇，畢達哥拉斯學派對照巴比倫的行星，給出了其意義最為接近的希臘神祇名字——將名為伊什塔爾的行星改為阿芙羅黛蒂；行星尼布，是寫作之神，則成為希臘的赫米斯和羅馬的墨丘利。每個神靈的相關屬性，都成為占星家賦予該行星代表意義的一部分。

希臘哲學家在思考宇宙論時提出了許多觀點，那些觀點後來為占星學的有效性提供了哲學的基礎。宏觀世界與微觀世界的關係以及宇宙共感的概念，使得人們臆測行星可能是諸神的化身，或者祂們可能代表著靈魂的品質或神意的具體展現。赫密斯占星文本裡精確地指出行星和黃道星座直接對應的人體部位，也就是說，人類反映了宇宙的結構。

運用神話作為占星詮釋基礎的理由，我們可以說，神話是關於神祇生命與行為的一種文化故事。**原型是人類心靈共同的原始結構，而神話是原型的內容之一，是心靈內在結構的象徵性投射，它們描述了人類經驗中普遍存在並且永恆的模式，這些模式構成了每個人生活的基本，並且為每個人的生活提供了信息。**

占星學以這樣的觀念作為基礎，即是行星為眾神顯化的形式之一，它們在天空中出現，顯示了天神於人間事務的地位和影響。從神話中衍生的眾神屬性成了行星部分的意義，而今日，古代諸神被理解為，祂們之所以在現代心靈中以疾病和症狀展現自己，乃是由於某些特定原型／神被忽視所導致的結果，而「療癒」，則是需要去擁抱並尊重那一部分被忽視的自我。

因此，如果天體的性質與地球和人間的表現呈現一系列的對應關係，那麼與行星神祇相關的神話故事，同樣也塑造著人類的生命歷程。誕生星盤描繪了個人出生時天體在天空中的位置，因此可作為確認哪些行星最為突顯的星圖，而與這些行星相關的神話主題，即成為影響那人一生的重要主題。**神話，作為心靈原型的展現，顯示了基本的戲碼或腳本，讓我們得以活出意義，並藉此了解我們的人生道路與目的。**

在古代文化中，神話不是用讀的，而是由說故事的人朗聲說出來；同樣地，在運用神話詮釋星盤時，我們是以說故事的方式來啟動

客戶的內在認知過程。透過聆聽故事，過去那些可能被認為是生活裡無關緊要的事件，將被作為更大故事裡的一部分來融入主題。此外，這些故事雖然是以個人角度來經驗它，但這些故事是原型，是其他人也會經歷和承受的普遍型態。

因此，一旦你開始講述客戶的誕生星盤裡，那個位居重要位置、並且與神話裡相關神祇或女神有相同名字的行星故事，那麼你就成為一條傳達故事力量與它永恆智慧的通道了，而你和你的客戶將會發現，古老神話裡的神祇永遠存在，並且活在我們所有人的內心與靈魂之中。

以分析的方式進行星盤解釋，透過占星技巧，從神話的方式著手，故事本身即能對客戶產生療癒。行星的星座、宮位和相位提供故事如何演進的具體細節，就像各個劇團製作同一齣戲，雖然服裝、佈景和道具不同，但戲劇本身的核心特徵仍是相同的。根據我的經驗，與故事本身的力量相比，星座、宮位和相位的細節幾乎是微不足道的。卸下占星相關事項的考量，故事依然可以傳達人類生活中的重要意義與考驗。

用神話方式進行星盤詮釋時，需要深入了解，並且要從神話故事去了解哪些神祇與其他神祇有著親族關係，包含數千個以各種文化神祇命名的小行星，都豐富了神話裡的萬神殿，使你能夠從中了解其意義。

你也可以用相同的方法討論恆星星座，這些星座有諸神和英雄的名字 —— 例如英仙座和海克力斯，或吠陀占星學的二十七星宿（nakshatras）是以印度教神祇所命名的。解讀星盤時，可能變成主要是說故事 —— 你所選的故事是基於出生時刻最為突顯的天體為主。當客戶聽到屬於他們自己的故事時，就能感受到內在的融合與自我的接納。

在諮詢中運用神話

現在讓我們來看看幾個運用這種方法的例子。如果客戶的婚神星在星盤中很突顯，例如可能與冥王星或火星有相位，這暗示了關係中的權力鬥爭、迷戀或潛在的暴力主題，那麼請務必提到朱諾是如何被她的丈夫朱彼特不斷地背叛、不忠和羞辱；而講述朱諾的故事時，要包括這樣一個事件，就是當她抗議受到壓制和統治時，她的丈夫用手腕上沉重的金手鐲，將她倒掛在天上。你還可以講述朱諾如何尊重婚姻誓約，一再地試圖與朱彼特妥協，希望能夠維持婚姻。某程度上，當你的客戶認為這個故事與他或她的生活有相似之處並且提供訊息的時候，便可以開始更加仔細地探討這個議題。

這是以一種更幽微也更慈悲的方式，來表達客戶星盤中這些議題的可能性，而不是直白地問：「你的伴侶對你不忠又羞辱你，為什麼你還要繼續維持這段婚姻呢？」或更糟的是，客戶可能因為羞於提及，而完全漠視生命中這項核心議題。同性傾向是另一個禁忌話題。

雖然這種情況正逐漸得到公眾的認可，但是對於許多人來說，由於害怕被社會排斥，所以依然是件困難的事。

　　當小行星莎孚（Sappho）在星盤中很突顯、或與金星、或與七宮主星、或與婚神星合相時，或許，這會是個打開同性戀話題的故事。莎孚是一位歷史人物，生於西元前六世紀的萊斯博斯島，她是有名的詩人，是柏拉圖的第十位繆斯。莎孚創作抒情詩，詳細描述了親密的情感關係，她的許多首詩都獻給了阿芙羅黛蒂，也寫給了她的女學生。

　　敘述莎孚的生平細節之後，你可以說，在誕生星盤中莎孚代表詩歌天賦、女性教育，特別是美術，對心靈和性行為極為敏感，或對同性之間有著強烈的情感或身體的接觸。莎孚並不表示客戶一定是男同性戀或女同性戀，不同星盤適用不同的解釋，所以你可以開放讓客戶去定位自己，討論在他們的生活中是否經歷了這個原型的相關事物。

　　希瑞斯（穀神星）在希臘萬神殿和宗教上是非常重要的女神，她的故事包含許多不同的主題，這些主題實際上是以故事的方式串聯在一起，正如我們在第九章所看到的，穀神星對星盤具有強大的影響力。

　　我有位客戶的穀神星與她的摩羯座上升點合相；她是位年輕女

性，離過婚，有一個孩子。她和現任伴侶在全國各地尋覓新居的途中，孩子突然死於一場意外事故。由於她的伴侶無法生育，因此她將面臨餘生無子女的處境。

經過多年的悲傷和沮喪，他們私下安排領養了一名被酗酒母親拋棄的孩子。我的客戶非常投入園藝工作和準備營養的飲食，因此創立了家庭有機麵包的事業。她去學校作營養諮詢時，發現她大多數的客戶因為無法攝取或保持營養而患有飲食失調症，並且大多數的患者，都是在童年受到性虐待之後，就患上了這些病症。她繼續接受療癒方面的教育，現在和受過性虐待的孩子們一起合作，試圖治癒這些創傷，不讓這些創傷摧毀他們成年後的生活。我期待看看她是否會在生命結束之前，參與臨終關懷的工作，並且推動有意識的死亡。

這個案例經歷說明了客戶生活中的重大主題是如何與穀神星的神話相呼應，其中包括種植食物、失去孩子、撫養另一個孩子、與那些將「拒絕提供食物」視為是權力行為的客戶合作，以及為那些曾經被誘拐到陰暗社會的創傷兒童提供輔導。

然而，如果沒有從神話的視角來看，客戶可能無法辨識這所有生活情勢和事件之間的關聯，並統整到一個更大架構裡。一旦客戶認出它們的關聯，就能知道自己的生命，正按著一個完整的主題展開，而這能夠引導他們對自己在更大整體中的定位有超個人的理解。

　　神話提供所有個別主題連結後的完整形象。客戶原先以為只有自己得背負如此悲慘的十字架，但當知道其他許多人也有這種經歷時，多少會有一絲安慰，更能全面地接受生活中的困境，意識到自己生命的輪廓是源自於集體心理的樣板之一。這些以神話發想的原型模式是我們可以依循的途徑，引導我們去過著有意義與有目標的生活。就是在這樣的時候，占星學轉成一種療癒模式。

　　有一種原型的心靈療癒方法，使你能夠幫助客戶認清，那些不適感源於對部分的自己所產生的身心反應，正如那被忽視的行星神祇所象徵的。

　　慢性憂鬱症，可能是一個人的星盤裡，有顆顯著的穀神星（希瑞斯）所呈現的徵狀。曾經遭受失去父母或孩子的痛苦經驗，因而尋求另一種方式來展現「養育他者」的基本需求 —— 養育棄兒、照顧寵物、或種菜養活他人 —— 各式各樣的方法，讓那被忽視的穀神星原型能量得以積極地投入生活。

　　養育的主題也體現在希瑞斯（穀神星）女兒的原型當中。攝食障礙症往往是女性在孩提時候曾經歷被騷擾的徵狀，如同波賽鳳妮自己在被囚禁的期間，她感到無助、受到迫害而拒絕進食，拒絕滋養自己的食物似乎是在生活中保有某種控制的途徑，因此，攝食障礙症往往是波賽鳳妮型的孩童持續感到恐懼的身體表現，那個行為顯示她需要確保安全感和受到保護。

當你遇到波賽鳳妮突顯的原型時，從孩子的角度講述綁架的故事，專注於故事當中的場景。波賽鳳妮的母親需要暫時離開她，因此讓她去跟其他少女仙女一起在田野採花玩耍，但母親叮嚀她要遠離水仙花。水仙花是性覺醒的象徵。但是，波賽鳳妮無法抗拒花朵醉人的香氣，因而促發了她原型故事其餘的部分；她作為一種突顯的原型出現時，往往暗示著某種早期童年的創傷。

孩子希望受到母親的照料，但由於某些意料之外的原因，她被拉進地底，在那裡經歷了失落、恐懼、困惑和被遺棄的感覺，可能是父母的死亡、離婚，或家中有人生病、身體遭受意外或虐待等因素所造成，而孩子通常用解離和退回到某種幻想世界的方式活下去。長大成人後，他或她仍凍結在情緒受創的年紀，花了很長的時間，生活在某種內在替代現實的狀態之中。這也是波賽鳳妮型的孩童最初進入靈性世界的開端，感覺無力控制外在世界的殘酷，而終日生活在受害者的陰影之下。

再舉一例。有位女性，在她的星盤中有個相位結構是由太陽、月亮和穀神星，與小行星波賽鳳妮、小行星妮克提美妮（Nyctimene）的合相所組成，所有這些行星都相鄰 5 度範圍之內，位於第五宮，而波賽鳳妮則與太陽相距 1 度內。

神話中，萊斯博斯（Lesbos）國王的女兒妮克提美妮被她的父親誘姦，她因為覺得羞恥而將自己隱藏在森林裡，後來被雅典娜變成一

隻貓頭鷹（只在晚上出來的鳥）。把這兩個神話放在一起，你可以推測這個女人曾被她的父親性虐待，而且，仍然走不出創傷陰影。

事實的確如此。第一次見這位客戶時，我只是簡單講述了這些故事，但沒有下任何結論，客戶保持沉默，也沒有任何評論，因此我繼續談及星盤中的其他要素。隔週，她打電話來告訴我，在我們第一次解讀星盤的時候，她尚未準備好承認她生命中的關鍵事件，但現在，她想追蹤下去，並探索更深層的象徵性意義。隨後，經過多年的心理諮詢，她已經了解到這種暴力行為所引起的情緒動盪，是如何刺激她在藝術和音樂領域的創作力，這些符合了行星位於藝術創意的第五宮。

一名男性客戶的小行星波賽鳳妮與他的太陽合相。七歲時，他發現母親上吊自殺，一位心煩意亂的親戚告訴他，他的母親是因為他太調皮才自殺。從十一歲開始，他每天喝酒麻痺他的痛苦和羞恥，對他而言，每天能起床上班就已經是一場勝利。有些波賽鳳妮型的兒童還受困在嚴重受創的深淵裡。

在某些情況下，講述神話能夠提供客戶另一種更為寬廣且更具包容性的觀點來理解自己的生命。然而在其他情況裡，這樣還不夠。神話與占星學的結合，能夠指出療癒心靈的道路，把鉛變成金，替煉金的轉化過程提供線索。

　　換句話說，療癒過程的下一步，可以討論關於痛苦與磨難的經歷如何使一個人處於更有智慧、且積極朝向目標行動的狀態。通常在幫助他人的過程中，我們也能減輕自己的痛苦，這帶領我們更進一步探索創傷治療者的原型，並從占星徵象上了解這是否為生命的核心主題。對客戶來說，重要的是能夠承認困難的生活經歷，並嘗試將它們放置在具有某種救贖意義的角度去看待。

創傷治療者的原型

　　占星分析方法能夠知道客戶生活中的某些事件可能會出現問題，帶來疾病、貧窮、不幸、失敗、失落或痛苦，但不幸的是，星盤不會告訴你為什麼這些壞事會發生在看似好人的人身上。

　　客戶可能會問你，他們到底做了什麼要遭受這種痛苦，或者上帝為什麼要如此懲罰他們。簡單直接而非錯誤的回應是，占星學本身並無法提供這類問題的答案，然而，作為占星諮詢師，你必須學會處理這種情形，並且承認人類的苦難是普遍存在的狀況。

　　如果你認同東方的業力說與輪迴說，那麼你可能會認為當前的不幸是因為前世的惡果，但是，那種想法通常對客戶的困境並無立即的幫助；或者，如果你是從基督教的觀點來看這情況，你或許會退一步地說：上帝的旨意深不可測，我們無法得知上帝的目的。

　　儘管這兩種說法在各自情況下都可能是正確的，但你的客戶在結束諮詢時，卻依然只能帶著抽象的解釋與遙遠的可能性離開，就是如果他或她現在做善事或更虔誠，那麼在來世或死後的永生中也許情況會變好。要如何使這兩種靈性取向的見解，能在占星學已經脫離宗教源頭的背景之下，得以更具體地表達出來？

　　創傷治療者原型提供了一種方式，探討痛苦的經歷有時可能成為一種訓練的背景，作為協助其他類似遭遇者所需要的知識與同理心的基礎，或也可能是，透過這類的活動，引導我們朝向自己的天命。訴說這種情況的兩位神話人物是波賽鳳妮和半人馬的凱龍。第十二宮內的行星也可能暗示著創傷治療者的主題。

　　凱龍星是一顆天體──很可能是顆太陽系外的彗星──繞著太陽轉。它不在小行星帶中運行，而是運行在土星和天王星軌道之間。凱龍星是一九七七年十月卅一日萬聖節前夕被拍到的，於次日早晨，十一月一日的萬靈節被確認是一顆新星。根據民間傳說，在這個前夕，世界之間的帷幕是可以穿透的，因而使靈魂能夠容易地從冥界穿越到陽間。

　　凱龍星（Chiron）是以佩利翁山區（Mount Pelion）半人馬神話人物命名，他的出生被認為是他的父親薩圖爾努斯（土星）偽裝成一匹種馬，和一位毫無防備的仙女菲呂拉（Philyra），透過不正常的關係所生下的。他的母親看到她自己生下怪物，便立刻將他丟到一邊；

凱龍第一次受傷是被母親遺棄，父親拒絕承認他。他由阿波羅和阿緹密斯發現並撫養長大。

　　與其他喧囂吵鬧的酒鬼半人馬不同，半永生的凱龍是以他的智慧和善良而聞名。在佩利翁山峰下的洞穴中，這沒有父母的孩子成年之後，成了許多希臘青年的養父，他撫養他們並教育他們，協助他們完成英雄之旅，他的學生包括傑森（Jason）、阿基里斯（Achilles）和阿卡頓（Actaeon）。凱龍以他的醫學知識而著稱，他的老師是醫神阿斯克勒庇俄斯（Asclepius），指導他運用許多在佩利翁山區生長的藥草。

　　有人說凱龍是半人馬之王，與宿敵拉普瑞斯（Lapiths）人長期戰鬥時，被驅趕到伯羅奔尼撒半島南部的馬累山（Mount Malea），途中，他們在一場衝突中遇到海克利斯，凱龍的大腿、膝蓋或腳踝被一根沾有九頭蛇劇毒的箭給射傷。

　　凱龍的傷口本是致命的，但由於他是半永生，不會死，因此註定要遭受永遠的折磨。普羅米修斯因為將眾神之火帶給凡人而受到懲罰，他被綁在高加索山脈最高的岩石上，老鷹每天都來吞食他的肝臟。凱龍最後意識到泰坦神普羅米修斯的困境，認知到只有其他具有永生的神在冥界替代他，他才能夠獲得釋放，所以凱龍，療癒技術的創始者，因為他自己有個無法癒合的傷口，於是他進入冥界，替代普羅米修斯承受苦難和死亡，並讓這位為凡人帶來益處的能夠重獲自

由。宙斯後來將凱龍變成半人馬星座，以向他的服務精神致敬。

凱龍星象徵典型的薩滿治療師。薩滿與其他治療師的區別在於，薩滿總是先受傷。正是源自創傷的痛楚與折磨，引領薩滿與靈魂的世界相通，從那裡獲得智慧和洞察力。薩滿的命運是要為其部族服務，從靈魂的世界帶回有關身體和靈魂療癒的訊息。

這種凱龍型治療師的資歷是直接來自現實的生活經驗，而不是從書本和教室獲得的理論知識。發現凱龍星的同時，在一九七七年出現了很多十二步驟復原計畫，其中包括遭受創傷或成癮的人，在類似的困境中促使他人康復。在凱龍的世界裡，傷口永遠不會完全癒合，並且在不同程度上，個人是處於持續受苦和恢復的過程。

無論凱龍星位於本命星盤的何處，它都意味著生命中某種核心創傷成為了主要的挑戰，而面對這項挑戰，可以引導一個人掌握自己的命運。當凱龍星是突顯的原型，並與任一發光體、或與上升主星合相、或位於任一四軸點的時候，創傷治療師的主題便成為生命歷程中必不可少的一部分。

身為一名占星諮詢師，當你看到這種狀況時，向客戶提供引導，那承受痛苦的原因之一，可能就是為了獲得個人知識，使得他或她能夠幫助他人。通常，用富有同情心的傾聽與表情說「我知道你正在經歷的事情，因為我也曾經歷過」，這可以成為另一個人情緒支持的極

大來源,而在其他情況下,你所做的,將會比僅僅只是表達同理心來得更具影響力。

　　有位客戶的本命凱龍星位在第一宮,我懷疑創傷可能在身體上。客戶二十歲的時候,當流運冥王星過境本命凱龍星,她被診斷出患有子宮頸癌。傳統的治療方式建議她接受手術,而那很可能讓她在未來無法生育。她研究另類療法,並且發現一種有效的藥草療法。接下來的幾年裡,她接受藥草研究的培訓並獲得認證,現在成為一名身體工作者。這個與近乎致命創傷對抗的過程,促使她在未來的道路上成為了一名治療師。

　　因此,當客戶看著你說:「為什麼這件事發生在我身上?」請看一下星盤,看看此人是否有受剋和衰弱的行星。單單告訴客戶月亮的狀態不好,那並沒有什麼用,你必須協助客戶在痛苦中找到某種救贖的價值,而最基本且最適合的方式,是引導客戶如何運用自身痛苦的經歷來幫助他人。從幫助他人的過程中,他們最終能為自己帶來療癒。

　　讓我們回到波賽鳳妮。就像凱龍一樣,她也進入了地底。根據她母親希瑞絲和她的丈夫普魯托的協議,他們每年各分享她一部分時間的陪伴,每年陽間農作收成,安全存放到穀倉之後,她就會回到陰間。她是個流動的旅行者,在陽間和冥界之間穿梭。每年當她旅居黑帝斯身旁的期間,她監督亡靈,並引領他們進入重生的儀式。正如我

們先前提到的，波賽鳳妮兒時的悲劇使他或她接觸心靈的世界。

這可能與波賽鳳妮型人格的命運有關，他們成為接收來自星光體訊息的靈媒或是心理治療師，在無意識的領域中引導他人並促進心理重生。近年來，出現一種稱為靈魂回溯的治療方式，在這種治療方法中，波賽鳳妮型治療師採用一些方法，來幫助那些因創傷而與自己的心靈分裂解離以求活下去的人們，重新與自己的心靈結合。

從事臨終關懷、照顧即將死亡的人、與遭受虐待或處於危險之中的孩童交朋友，或向吸毒成癮者提供諮詢，這種成癮症往往反應了滿足麻痺創傷記憶的需求。這些職業都可以為那些忍受波賽鳳妮原型痛苦的人帶來救贖的價值，這就是講述神話能夠喚起原型，激發無意識形成一系列的圖像與聯想，使客戶更容易接受接下來的訊息。

第十二宮

最後一個我們所要討論關於創傷治療者的主題是第十二宮。雖然這個宮位並不直接與天體象徵的神話原型相呼應，但是我們可以透過東方哲學與宗教教義中菩提心的概念，繼續將原型理論運用於星盤中的這個區域。傳統上，第十二宮意味著痛苦、失落、折磨、敵人和禁閉，現代占星學增加了業力、集體無意識、孤獨、避靜和隱藏的動機等意義。受到吠陀占星學的影響，將解脫（moksha）的概念，或心靈解放列入第十二宮的涵義，現在，它也帶有超然精神和無私服

務的內涵。一般來說,當一個人的第十二宮內有行星的時候,他會經歷某種失落、痛苦,或是與那行星及其主管宮位主題相關的困難事項——如果行星狀態不佳,情況加劇。

依據占星師和客戶的信仰,這些主題能以業力和輪迴來建構。今日的苦果是過去所造之業,創傷與前世未解決的議題,在此生中尋求療癒和解決的辦法,或者那可能是前世以「我欠你」的形式所做的承諾,因此可以說,此刻正是過去所召喚而成,也可能這些令人不安的事件,是無意識中那些消極且有毒的心靈和情緒模式所引爆。

這些模式若非前世帶來,就是客戶自己先前事件經歷所殘留的記憶。在個人生命中殘存的陰影主題具有集體象徵性,或者是關於個人家族、宗教或文化試煉等這類累世的議題。

雖然,所有這些方法都可能對第十二宮內行星相關的痛苦提供一些令人滿意的解釋,但並不一定能夠幫助客戶度過磨難,或將痛苦轉化為某種有益的行動。第十二宮所經歷的危機經常能啟發創傷治療者原型,早年生活的困境形成經驗,使人能夠辨識他人特殊的傷痛,感到同情進而幫助他們,這使我們需要討論一下「菩提心」的原型,而那可能是第十二宮的最高表現之一。

在東方的學說中,菩薩是悟道尊者,祂有意識地轉生以減輕他人的痛苦,並幫助他人尋求解 。菩提心是一種領悟的動機或態度,

能激勵一個人成為菩薩以造福所有人。你不需要皈依一個東方宗教追隨上師修行，就能透過模仿，產生具有菩提心的利他行為。

根據客戶的信仰，你可以這樣暗示，如果轉世前存在某種意識，那麼不斷發展的靈魂可能會出於同情他人困境，或個人救贖，或認為必須犧牲小我才能成就大我，因而做出自願承擔他人負擔的決定。這可以從第十二宮內的行星來理解個人比他人肩負更重的負擔——不是無意識裡抱著因前世犯錯所受的懲罰或是前世的創傷，而是經過開悟的意識而自行發願的承擔。

我想以自己的老師——澤齡艾佛樂絲喇嘛的教誨來結束本章的說明。我曾問她誕生星盤實際上代表什麼？她的回應是，從佛教的觀點，星盤是我們生命中基本業力狀態的寫照，是我們前世行為的成就與結果，因此，它代表了我們的局限和消極的情緒模式，是我們痛苦的根源，然而與此同時，如果我們能夠通過冥想練習和正確的行動，將消極的業力思維模式轉變為相應的智慧素質，那麼，誕生星盤便是描繪出我們開悟的樣貌。

原型治療的方法，假定痛苦乃是來自心靈的訊息——來自那些被忽視的部分自我的痛苦哀求，希望得到關注。在佛教哲理中，痛苦是錯誤思維的結果，導致我們採取錯誤的行動，也讓未來更加痛苦。占星學是一種使我們能夠辨別誕生星盤中痛苦指標的方式，身為占星諮詢師，我們可以得悉客戶現實生活中所經歷的困難，並討論如何運

用各式各樣的方法，使痛苦把握自我療癒的關鍵、實現潛能，透過利他行為使他人受益，從而實現靈性成長。而原型神話與這些永恆普遍的故事，則為我們提供一個通往療癒之路的切入點。

學習指南

- 檢視你的練習盤，確認你是否看到任何能以神話故事講述的敏感議題。練習向你的「客戶」講述這個故事，詢問故事是否反映了他或她自己生活經驗中的任何事件。

- 仔細探索與第十二宮相關的因子 —— 由哪一星座所守護、宮內有無任何行星，以及該宮位主星。詢問客戶是否曾經遭遇過任何與這些行星意義或星座的心理特質相關的困難、損失或痛苦。這些創傷治療者原型的討論，是否為客戶提供了安撫、或指引了療癒這些議題的方向？

—— 結語 ——
占星師作為諮詢師

　　占星諮詢師的為難之處，是他們必需橫跨在理性科學與感性藝術間的鴻溝之上 —— 左右於邏輯分析和慈悲療癒之中。對於致力鑽研的占星師而言，這門學問在於精確地辨識本命天象的星體意義，若能貫通技藝並融會明曉星盤所揭示的真相會是一種榮耀，但是，諮詢師們明白，冷靜客觀地宣讀著純粹赤裸的事實，對客戶來說不一定是最有益的方式。你要如何忠實面對星盤中占星符碼的暗示，而當它們指向有問題的結果時，但又能傳達出希望而不是絕望？你要如何承認業力或命運的輪轉可以是一種解釋說法，或許未必站得住腳，卻能夠為人們的苦難賦予救贖的意義？占星諮詢師的最大挑戰，是忠於誕生星盤的客觀事實，同時給予客戶一個積極正向並振作精神的願景，讓他們過著有目的和有意義的生活，也為他人帶來福祉利益。

　　有時候，這工作相對容易，因為有些星盤顯示大部分都有著好運氣，將光明燦爛的信息傳遞給那些幸運的人們是一件愉快的事。根據古典占星法則，這種星盤明快、正面，專為成功和幸福所設計。此時，你知道自己正站在平實的立場上，可以自信而有把握地對客戶的生活和未來侃侃而談，你將擁有一位滿懷幸福的客戶，如愛著捎來佳

音的青鳥般愛著你，但是通常，那些生活輕鬆的人不大可能會來尋求
諮詢和指引，一般的情況是，當事態變糟時人們才會向外求援。多數
人來徵詢占星師的見解和建議，都是出於他們或多或少已經意識到某
種的心神不寧，無論是暫時的或長期的，多數的我們，內心深處都有
著自己的苦痛。

　　正如荷馬在《伊利亞德》裡告訴我們的，只有神，被賦予了生
活中所有美好的事物，大多數凡人所得到的，好壞參半，而有些人最
終被配給的，只有壞事。占星諮詢師真正的考驗是，當星盤指向有問
題的結果，並描繪了客戶已經歷的困境或未來需要注意的難關，這時
你得知道該說些什麼。當你在誕生星盤中看到某種配置，對個人以及
他們的期望或生活來說是不好的徵兆，此刻你的職責是什麼？當星盤
表示他們不大可能獲得自己想要的，又或是在他人看來理所當然的
事──假使他們跟著做了，可能也不會符合他們的最大利益，此時
你會怎麼說？你將如何能夠做到誠實，又不否定或摒除存在於他們生
活裡的現實問題，但同時也要再次構建局勢，好讓你不會留下客戶獨
自陷入絕望的境地？

　　我們可以推測人們把壞事變成好事的能力範圍，而事實上，大
多數的宗教、靈修和心理療法，正是以人類的潛能範圍作為前提。我
們也許永遠不會真正知道它的真相，但顯然地，我們必須假設星盤為
真，來活出生命的真實自我，否則我們將放棄一切並失去希望。身為
占星師，我們必須正視自我的信念，也就是本命星盤實際所呈現的，

以及它所描繪的個性特徵和命運模式具有多少不可改變或彈性變化的可能。如果我們考量個人有機會可以採取有意識的行動來代換星盤代表因子的暗示，或者有可能按照它的象徵意義去更熟練地展現能量，這時候，我們所提供的方向指引，就能成為克服障礙的意志與力量。信賴更高層次的力量，相信專注意念的能力得以創造實相，正向思考，運用心理治療以釋放受阻的能量，靈修和祈禱，履行正確的行動，以及用輔導的方式來化解原本具有破壞性力量，全是實現這一目標的方法。

出生那一刻的星辰布局，真實刻劃了種子的印記，決定了我們的形狀以及整個人生的時間表，但是如果，我們對這觀點產生懷疑，那麼我們可能就需要改變對於現實中客觀生活條件的看法。西方占星學的傳統是在斯多葛學派的羽翼下發展起來，他們認為自然界中的一切過程皆是根據自然法則，連結合一，條理秩序，並決定了所有一切的事物。幸福和自由源於心悅誠服於自然法則的智慧，並依照自然而生活。苦難，正是奮力強求一切非己所有的徒勞結果。

雖然，有些人可能認為這意味著嚴苛的決定論，否認了我們做出選擇及覺察我們人生方向的自由意志，但這引出了以下問題：**鑑於這是我一生的境遇，我能為它們帶來最大利益的最佳表現是什麼？我如何充分運用現況來實現星盤所支持的內容，而不是那些我所渴望或想像會帶給我快樂的事物？**這個實現生命的途徑，與試圖改變或創建我們想要的，截然不同，它並不意味著對命運逆境低頭，而是提出一

個問題：如果星盤否認了某些主題的實現，為什麼？取而代之的是，那麼這個人又會被要求完成什麼？

當客戶的現實狀況似乎無法改變、轉變和再造的時候，你可以建議幾種替代方案：第一，轉換角度、重新構架，提出合於情理且客戶可以接受的觀點。第二，與不大可能發生的主題和解，轉向專注於星盤所支持實現成功和提供好運的其他領域，並在那裡發展生活能量。第三，敞開心扉接納痛苦，發揮惻隱之心，從該處採取行動並協助他人減輕痛苦。這些可能的作法並不會互相排斥。

貫串本書始終，我再三強調，在決定以何種觀點以及何時進行「轉換角度」解讀之前，最重要的是了解星盤所指示的內容。就隱喻的意涵而言，摩伊賴（Moirai）是命運三女神，祂的工作是轉動紡輪並編織著人類一生的命運。在這種情況下，「轉換角度」並不意味著說出與實際情況不同或相反的意義，而是提供代換的觀點，以一種既合情合理又能提供積極行動的途徑來再造重整處境。

假設有個男人到你的辦公室來，煩惱著正面臨危機的婚姻關係。他是上升天秤座，作為舵手的上升主星金星位於白羊座，位在代表婚姻的第七宮內指引他的生活。第七宮由白羊座守護，其主星火星位在處女座，且位在代表苦惱的第十二宮，與土星合相。火星也主管天蠍座，守護代表生計的第二宮。這個男人曾與易怒、盛氣凌人的女人們有過三段的長期關係，她們經常批評和責罵他，不斷挑剔他掙的錢太

少，儘管勤奮工作的他是個技藝純熟的工匠，然而他仍然忠於婚姻，直到被迫分手。

你可能認為這個人不大可能找到溫柔、善良和欣賞他的伴侶過著幸福平安的日子，然而，關係主題引導著他的人生，不要有戀愛結婚的想法對他而言絲毫沒有說服力。那麼你要如何再次解構這些星盤的指標，合理地解開他的困境？作為諮詢師，你可能會推測，那些因過去經驗而對男人充滿內在憤怒的女人（他的金星白羊座在第七宮），而他或許已經為她們承擔了業力（七宮主星在第十二宮）。因為他自己的內在力量足夠安定，所以能受得住她們的喋喋不休，並給予無條件的愛、承諾、持續的幫助和情感支持，為她們的生活帶來些許療癒，每個人都可以從被愛中得到療癒並受益，也許他有能力並且願意付出憐憫給這些非常需要關懷的女性。這裡的問題是，在一個人不願意或無能為力去改變的情況下，如何藉由肯定個人更高層次動力的方式來找到和解與平靜的觀點。假使客戶對離開這段關係的可能性抱持開放的態度，那麼討論可能會轉往不同的方向。

或假設，如果星盤否定了你想要的，會不會是因為它有其他的事要你去做呢？有個男人終生無法實現擁有自己孩子的夢想，他的妻子並不想要生兒育女。他的上升主星火星，位於代表子女的第五宮，太陽主管了代表事業或從事什麼的第十宮，它同樣位於第五宮。火星與太陽緊密合相，兩者一起受到土星的對分相，暗示了某些問題。此外，冥王星和小行星穀神星位在他的上中天，彼此呈等分合相（精準

的度數）。他唯一的孩子在出生前過世了，然而，他的兩個好友經歷伴侶去世，留下十多歲的孩子們，於是他欣然同意分擔朋友的責任與教養，一起幫忙把孩子帶大。此外，他還寫了幾本關於兒童情緒療癒的書（太陽主管代表事業的第十宮，位於代表孩子的第五宮，而第五宮主星位於代表寫作的第三宮）。這些書儼然成為他創作的孩子。

　　你可以指出，假如他擁有自己的孩子，他的能量可能無法像現在一樣支持他去幫助其他孩子。再者，他的星盤指出他對孩子的自然動力，被要求轉向通過他的著作來接觸更多的受眾。透過幫助他人的孩子，他不僅從痛苦中復原，也實現了自己生命的基本意義和目的。

　　讓我們來看看藝術家芙烈達・卡蘿（Frida Kahlo）的星盤，她展示了將苦難轉化為其他努力的目標，從而找到救贖的意義。她的太陽是上升主星，位於巨蟹座第十二宮，與入旺摩羯座並喜樂於第六宮的火星呈對分相。火星代表重病、意外事故及無數的手術，她終生承受肉體苦楚，以及因無法生育的情緒折磨。你清楚地看到，健康狀況不佳是她生命中最突顯的狀況之一，你也看到這兩顆行星分別與入旺金牛座第十宮的月亮有六分相和三分相，月亮主管第十二宮。你可以證實她的基本生命目的是透過轉化她的自我情感和身體痛苦來表達，並經由她在創作藝術的成功事業來實現。她的痛苦，是她的藝術表現以及給予世界的禮物，並且從中獲得了許多肯定與榮譽。

　　上述的例子中，我並沒有試圖粉飾痛苦處境的現實，也不否認

和忽視這些人生活中的困難。我也沒有告訴他們任憑個人意願，去採用各種方法來改造和轉變他們的生活。我承認星盤的真實性，但提供另一種觀點去理解事實所賦予的意義，讓他們能夠以積極的態度去生活。當你不再奮力去變成自己以外的人，或不再追求自己以外的人生，你的心境將歸於平靜，正如「匿名戒酒會的寧靜禱告文」所陳述的：「上帝賜予我寧靜，去接受我不能改變的事物，勇於改變我能做的事情，以及了解差異的智慧。」專注於你能掌握的，集中並釋放出巨大的能量，充分發揮星盤中與生俱來的潛力，完全表現自我的最高境界。最後的目的，是發掘你的真我，這樣，你就可以如實接納並欣然擁抱自己的命運。

占星諮詢師的工作，是以誠實和慈悲的胸懷衡量客戶的生命情境，為他們帶來利益。誕生星盤是以占星符碼羅列的天體星象，反映交織著一個人過去的業力、現在的命運以及未來渴望實現的天命。身為占星師的專精技藝，允許你得以通觀星體的相位結構、整合並解讀符號的意義，以此表述客戶的真實自我。

作為諮詢師的觀照智慧，賦予你能以悲憫客戶苦痛的方式來傳達這一願景，並啟發他們為更大的福祉來實現生命目的。在你整合兼備了占星師的技巧與諮詢師的慧心——當你懷著慈悲之心面對你的客戶——便能將占星學的解析力量，用於服務客戶個人的療癒，使其向外輻射進而造福更大的全體。

—— 附錄A ——

如何判斷
你的本命和次限推運的月相

　　以下流程敘述將引導你判斷本命出生月相以及次限推運月相的日期。你會需要準備一份你的本命星盤以及一份一百年期間的次限推運月相的電腦報告。這些文件可以在 ASTROLABE 上訂購，告訴他們你是要參看本書所使用。或者，有許多電腦軟體程式可以產生次限推運月相的日期；這裡的報告是運用 Solar Fire 程式所示。

本命月相

　　要判斷你的出生月相，請計算出你的誕生星盤中，太陽和月亮之間的度數。以太陽作為起始點，依照黃道星座次序計算從太陽到月亮的度數（逆時針方向）。每個星座 30 度，每度有 60 分。將太陽和月亮之間的度數和分數加總，並使用第ＸＸＸ頁的表格 7 查找你的月相。比爾的太陽位在天蠍座 24 度 23 分，月亮位在水瓶座 9 度 51 分，所以比爾的星盤中，從太陽到月亮的距離相加起來是：

距離天蠍座 30 度還有 5 度 37 分

加射手座 30 度

再加摩羯座 30 度

最後加上水瓶座 9 度 51 分

得到太陽和月亮之間為 74 度 88 分 =75 度 28 分

表 7：太陽與月亮之間度數和分數所表示的月相

太陽和月亮之間的度數	月相
0.00 - 45.00	新月
45.01 – 90.00	蛾眉月
90.01- 135.00	上弦月
135.01- 180.00	盈凸月
180.01 – 225.00	滿月
225.01 – 270.00	虧凸月
271.01 – 315.00	下弦月
315.01 – 360.00	殘月

　　請記得，每個星座有 30 度，每度有 60 分。不要將度數和分數欄互相加總，而是要分別計算。上述的例子，88 分等於 1 度（60分）28 分。因此我們增加一度（等於 60 分）到 74 度，結果是 75 度28 分。根據計算結果，比爾的本命月相是蛾眉月。

次限推運月相

我將使用 Solar Fire 程式軟體的動態表單（參見圖 16）產生的電
腦報告，來示範如何判斷你的次限推運月相的日期（參見圖 16）。
如果你沒有這個占星軟體，你可以在 ASTROLABE 訂購。告訴他們
你是要參看本書所使用。

從左邊數來第二欄，是次限月亮（第一欄）和次限太陽（第三
欄）所產生的各種相位符號。

- 沿著此欄向下移動手指，直至找到第一個代表合相的符號 ☌ 在左
  邊的空白處，寫下「新月」。

- 緊接在合相下方的字形是代表八分相的符號。∠ 在符號後面，寫下
  「蛾眉月」。

- 在八分相的符號下面是代表四分相的符號 □ 在這個符號後面，寫
  下「上弦月」。

- 在四分相的符號下面是代表補八分相的相位符號 ⚼ 在這符號後面
  寫下「盈凸月」。

- 在補八分相的符號下面是對分相的符號 ☍ 在這個符號後面，寫下「滿月」。

- 在對分相的符號下面是代表補八分相的相位符號。⟲（這和盈凸月相位的符號相同） 在這個符號的後面，寫下「虧凸月」。

- 在補八分相相位的符號下面是代表四分相的符號 □（這與上弦月符號相同）在這個符號後面，寫下「下弦月」。

- 在四分相的符號下面是代表八分相的符號，∠（這與蛾眉月符號相同）。在這個符號後面，寫下「殘月」。

- 下一個符號是合相的符號：☌ 重複這個順序，直到本欄最末。

- 現在回到你的起點（第一個代表新月的合相符號）。但這一次按欄位向上移動直至報告頂端，反向順序寫下各個月相符號的名稱：殘月、下弦月、虧凸月、滿月、盈凸月、上弦月與蛾眉月。

- 當你到達該欄位的頂端時，即使序列旁沒有符號，也請寫下序列中的下一個月相。這就是你的本命月相。

在次限推運太陽右側的日期是每個月相開始的日期。

圖 16：比爾的次限月相報告。計算結果由 Solar Fire 提供

次限推運月相

☽	(3) 上弦月	□	☉	(12)	1941年3月16日	25°♒43' D	25°♏43' D
☽	(5) 盈凸月	⚼	☉	(12)	1945年4月26日	14°♈52' D	29°♏52' D
☽	(7) 滿月	☍	☉	(1)	1949年2月22日	03°♊44' D	03°♐44' D
☽	(8) 虧凸月	⚼	☉	(1)	1952年9月1日	22°♋18' D	07°♐18' D
☽	(10)下弦月	□	☉	(1)	1956年2月3日	10°♍47' D	10°♐47' D
☽	(11) 殘月	∠	☉	(1)	1959年7月22日	29°♎17' D	14°♐17' D
☽	(1) 新月	☌	☉	(1)	1963年2月20日	17°♍56' D	17°♐56' D
☽	(3) 蛾眉月	∠	☉	(1)	1966年12月26日	06°♒51' D	21°♐51' D
☽	(4) 上弦月	□	☉	(1)	1971年2月9日	26°♓03' D	26°♐03' D
☽	(6) 盈凸月	⚼	☉	(2)	1975年2月13日	15°♉08' D	00°♑08' D
☽	(8) 滿月	☍	☉	(2)	1978年9月16日	03°♋47' D	03°♑47' D
☽	(9) 虧凸月	⚼	☉	(2)	1982年1月17日	22°♌11' D	07°♑11' D
☽	(11)下弦月	□	☉	(2)	1985年6月8日	10°♎38' D	10°♑38' D
☽	(12) 殘月	∠	☉	(2)	1989年1月7日	29°♏18' D	14°♑18' D
☽	(2) 新月	☌	☉	(2)	1992年10月22日	18°♑09' D	18°♑09' D
☽	(4) 蛾眉月	∠	☉	(2)	1996年11月4日	07°♓16' D	22°♑16' D
☽	(5) 上弦月	□	☉	(2)	2000年12月29日	26°♈30' D	26°♑30' D
☽	(7) 盈凸月	⚼	☉	(3)	2004年10月28日	15°♊24' D	00°♒24' D
☽	(9) 滿月	☍	☉	(3)	2008年3月15日	03°♌50' D	03°♒50' D
☽	(10) 虧凸月	⚼	☉	(3)	2011年6月7日	22°♍07' D	07°♒07' D
☽	(12) 下弦月	□	☉	(3)	2014年11月5日	10°♏35' D	10°♒35' D
☽	(1) 殘月	∠	☉	(3)	2018年7月29日	29°♐22' D	14°♒22' D
☽	(3) 新月	☌	☉	(3)	2022年7月21日	18°♒24' D	18°♒24' D
☽	(5) 蛾眉月	∠	☉	(3)	2026年9月13日	07°♈36' D	22°♒36' D

☽ (6) 上弦月	□	☉ (3)	2030年10月8日	26°♉42' D	26°♒42' D
☽ (8) 盈凸月	⛢	☉ (4)	2034年5月27日	15°♋22' D	00°♓22' D
☽ (10) 滿月	☍	☉ (4)	2037年8月23日	03°♍38' D	03°♓38' D

符號說明

☌	新月	(0°)	⛢	虧凸月	(225°)
∠	蛾眉月	(45°)	□	下弦月	(270°)
□	上弦月	(90°)	∠	殘月	(315°)
⛢	盈凸月	(135°)	☌	新月	(0°)
☍	滿月	(180°)			

—— 附錄B ——

小行星研究資源

小行星神話與概念來源

書籍

- 《四女神星》（*Asteroid Goddess*）迪米特拉‧喬治（George, Demetra）與道格拉斯‧布洛赫（Douglas Bloch）共著 Berwick, ME: Ibis, 2003.
- 《穿越黑暗之路》（*Finding Our Way through the Dark*）迪米特拉‧喬治（George, Demetra）著 Tempe, AZ: AFA, 2008.
- 《應用神話占星學 - 第三部》（*Mythic Astrology Applied, Part III*）阿里爾‧古特曼與肯尼斯‧約翰遜（Guttman, Ariel and Kenneth Johnson）共著 Llewellyn, 2004.
- Larousse Encyclopedia of Mythology. London & New York: Hamlyn, 1978. Schmadel, Lutz D. Dictionary of Minor Planet Names. Berlin & New York: Springer-Verlag, 2006.
- Tripp, Edward. The Meridian Handbook of Classical Mythology. New York: Meridian, 1974.

網站

- www.theoi.com
  Theoi 希臘神話網站。
- www.astro.com/swisseph/astlist.htm
  提供所有小行星的名稱、編號以及位置。

軟體程式

- 馬克‧波騰吉（Mark Pottenger），CCRS 小行星計畫，所有已命名的小行星星曆表，用 Windows 程式顯示日期和時間的位置。（電子信箱：markpott@pacbell.net）。
- 費‧柯克韓（Fei Cochrane），Kepler Astrology Software（開普勒占星軟體），Cosmic Patterns Software（宇宙模式軟體），用於計算所有已命名小行星的小行星附加模組（電子信箱：kepler@AstroSoftware.com）。
- 《四女神星報告》迪米特拉‧喬治（George, Demetra）與道格拉斯‧布洛赫（Douglas Bloch）。
- Brewster, MA: Astrolabe, Inc., 1995 （astrolabe@alabe.com）
- Jacob Schwartz，Asteroid Signatures （www.AstroSoftware.com）

小行星報告（Asteroid Report）

```
Bill
NOV 17,   1939    15:30: 0 UT   (delta T is   24   seconds)
Geocentric Asteroids in sorted order
```

1282	Utopia	2♈13R	2	Pallas	2♌ 9
271	Penthesilea	2♈45R	-10	Pluto	2♌53R
20000	Varuna	15♈32R	212	Medea	4♌22
90377	Sedna	19♈30R	1958	Chandra	4♌57
313	Chaldaea	19♈37R	1221	Amor	8♌55
238	Hypatia	23♈45R	1181	Lilith	9♌16
4	Vesta	25♈36R	5708	Melancholia	10♌19
-7	Saturn	25♈49R	244	Sita	12♌31
227	Philosophia	27♈45R	14367	Hippokrates	14♌ 0
-12	South Node	27♈54	318	Magdalena	15♌35
90	Antiope	29♈20R	2440	Educatio	16♌24
7066	Nessus	29♈52R	2340	Hathor	18♌37
1589	Fanatica	0♉ 1R	6	Hebe	21♌18
2415	Ganesa	1♉39R	1896	Beer	1♍25
580	Selene	1♉51R	258	Tyche	2♍50
3200	Phaethon	11♉15R	216	Kleopatra	3♍13
-8	Uranus	19♉46R	2791	Paradise	3♍51
3063	Makhaon	20♉21R	105	Artemis	6♍41
101	Helena	22♉ 4R	2847	Parvati	6♍47
423	Diotima	22♉ 7R	57	Mnemosyne	6♍48
2365	Interkosmos	22♉24R	1	Ceres	8♍11
588	Achilles	28♉33R	140	Siwa	8♍45
870	Manto	28♉44R	8	Flora	9♍ 2
621	Werdandi	29♉57R	30	Urania	11♍41
4086	Podalirius	1♊19R	84	Klio	12♍ 3
8990	Compassion	1♊27R	273	Atropos	15♍50
10295	Hippolyta	5♊54R	6805	Abstracta	17♍ 4
1042	Amazone	6♊26R	1154	Astronomia	17♍11
4450	Pan	9♊10R	1198	Atlantis	17♍43
2597	Arthur	9♊20R	3402	Wisdom	18♍ 8
4138	Kalchas	13♊35R	46	Hestia	18♍44
1924	Horus	13♊38R	2041	Lancelot	20♍27
3671	Dionysus	14♊52R	76	Freia	21♍49
49036	Pelion	15♊ 1R	-9	Neptune	25♍ 3
1143	Odysseus	17♊54R	158	Koronis	26♍18
975	Perseverantia	21♊17R	433	Eros	28♍19
5143	Heracles	21♊24	80	Sappho	29♍24
168	Sibylla	21♊36R	3554	Amun	29♍28
2815	Soma	25♊ 6R	5863	Tara	1≙18
881	Athene	26♊21R	8958	Stargazer	3≙14
577	Rhea	0♋27R	1866	Sisyphus	3≙39
12524	Conscience	1♋17R	37452	Spirit	6≙ 9
5239	Reiki	2♋32R	9	Metis	6≙55
1813	Imhotep	6♋25R	1108	Demeter	8≙37
4386	Lust	7♋41R	114	Kassandra	9≙55
875	Nymphe	10♋15R	33	Polyhymnia	11≙22
2212	Hephaistos	12♋28R	2483	Guinevere	11≙39
3497	Innanen	12♋34R	905	Universitas	12≙32
2174	Asmodeus	14♋46R	4342	Freud	17≙46
3688	Navajo	17♋11	29	Amphitrite	18≙20
1862	Apollo	18♋ 9R	4679	Sybil	18≙50
3989	Odin	19♋17	490	Veritas	26≙ 0
2060	Chiron	19♋51R	672	Astarte	26≙34
6630	Skepticus	21♋ 1R	6123	Aristoteles	27≙44
112	Iphigenia	22♋ 0	-11	North Node	28≙59
2598	Merlin	22♋ 8	3258	Somnium	29≙25
643	Scheherezade	24♋38	42	Isis	0♏33
179	Klytaemnestra	26♋ 0	75	Eurydike	1♏11
259	Aletheia	29♋33	829	Academia	2♏36
24626	Astrowizard	29♋47	2202	Pele	3♏ 4
2878	Panacea	0♌47			

由馬克‧波騰吉（Mark Pottenger）於 CCRS 軟體彙編的小行星計算結果

```
Bill
NOV 17,  1939  15:30: 0 UT  (delta T is  24  seconds)
Geocentric Asteroids in sorted order
```

1923	Osiris	3♏39	12472	Samadhi	6♑33
86	Semele	4♏58	1629	Pecker	7♑25
78	Diana	5♏13	1566	Icarus	9♑ 2
11518	Jung	6♏18	1809	Prometheus	11♑18
916	America	7♏14	287	Nephthys	12♑18
2101	Adonis	8♏28	4227	Kaali	13♑12
2938	Hopi	8♏41	2063	Bacchus	14♑11
26	Proserpina	9♏19	4581	Asclepius	14♑11
1685	Toro	9♏34	209	Dido	15♑21
6143	Pythagoras	10♏20	120	Lachesis	15♑44
953	Painleva	10♏35	2082	Galahad	15♑59
201	Penelope	12♏22	1172	Aneas	18♑32
214	Aschera	14♏37	10	Hygiea	19♑24
4341	Poseidon	15♏58R	399	Persephone	22♑ 8
81	Terpsichore	20♏ 3	1173	Anchises	22♑12
908	Buda	21♏22	430	Hybris	25♑ 6
65803	Didymos	21♏49	7	Iris	26♑46
1122	Neith	23♏ 7	638	Moira	29♑23
679	Pax	23♏23	43	Ariadne	29♑49
944	Hidalgo	23♏37	3317	Paris	1♒57
1170	Siva	24♏ 1	5731	Zeus	7♒21
-1	Sun	24♏23	-2	Moon	9♒52
451	Patientia	25♏17	14	Irene	10♒18
7088	Ishtar	28♏49	16	Psyche	10♒37
14827	Hypnos	29♏14	9500	Camelot	11♒35
3908	Nyx	0♐21	4401	Aditi	14♒52
2155	Wodan	0♐26	6063	Jason	16♒ 3
5450	Sokrates	0♐37	499	Venusia	17♒19
55	Pandora	2♐34	8992	Magnanimity	19♒30
3811	Karma	6♐56	251	Sophia	20♒54
432	Pythia	7♐38	8275	Inca	21♒42
8732	Champion	7♐55	69230	Hermes	25♒15R
5381	Sekhmet	8♐46	3	Juno	25♒36
93	Minerva	10♐11	149	Medusa	26♒29
-4	Venus	13♐ 6	-5	Mars	28♒44
367	Amicitia	13♐17	65	Cybele	1♓ 9
309	Fraternitas	13♐19	1915	Quetzalcoatl	1♓35
-3	Mercury	13♐55	100	Hekate	4♓16
53	Kalypso	14♐ 7	886	Washingtonia	6♓48
77	Frigga	14♐39	270	Anahita	13♓21
2102	Tantalus	19♐52	19521	Chaos	14♓44R
275	Sapientia	21♐ 7	1812	Gilgamesh	15♓59
2150	Nyctimene	21♐ 9	103	Hera	16♓ 3
1810	Epimetheus	22♐ 1	1930	Lucifer	16♓48
763	Cupido	23♐14	1184	Gaea	17♓ 2
1009	Sirene	25♐35	1027	Aesculapia	18♓58
1912	Anubis	26♐11	9602	Oya	20♓46
19	Fortuna	26♐47	896	Sphinx	21♓31
3361	Orpheus	26♐55	40	Harmonia	21♓49
34	Circe	28♐ 2	167	Urda	25♓ 7
7853	Confucius	28♐53	1130	Skuld	27♓33
1864	Daedalus	29♐23	24	Themis	28♓34R
443	Photographica	29♐49	-6	Jupiter	28♓58R
382	Dodona	0♑ 4			
97	Klotho	0♑38			
5451	Plato	1♑37			
128	Nemesis	3♑35			
174	Phaedra	4♑ 1			
3218	Delphine	4♑14			
1388	Aphrodite	6♑24			

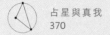
出版品

- Dobyns, Zipporah. Mutable Dilemna/Asteroid World, www.ccrsdodona. org
- Gaia 占星師訊息集成,聯繫「美國 NCGR 占星研究協會」小行星特別研究小組(National Council of Geocosmic Research Asteroid Special Interest Group),www.geocosmic.org

引註

前言

① James Hillman, *The Soul's Code*, New York: Warner Books, 1996, p. 6.

② Plato, *Timeaus*, 30 c.

第一章

① 在整宮制中，上中天的度數可能會出現在第九宮、第十宮或第十一宮；它不像普拉希德斯制（Placidus）或科赫制（Koch）等，在象限宮位制中作為第十宮的宮始點；同樣地，上升度數是落在第一宮內的某個位置，儘管上升點標示出地平線的位置，但它並不是位於第十二宮和第一宮之間的宮始點上。

② 請見道格拉斯·布洛赫（Douglas Bloch）和迪米特拉·喬治（Demetra George），*Astrology For Yourself*, Berwick, ME: Ibis Press, 2006, pp. 153–174，以了解行星相位的初階解釋模式。

第二章

① 在 *In Elements of Hellenistic Astrology* 中，我將從希臘占星學的角度對這一問題作詳盡解說。

② 每顆行星在每個人的星盤中都是某些主題的一般代表因子（例如：月亮代表母親）；此外，依每顆行星在任何特定星盤所主管的宮位為基準，也都是特定主題的特定代表因子，並且在不同的星盤中各有不同；例如：巨蟹座恰好守護代表婚姻的第七宮，主星月亮也會主管婚姻的特定主題。

③ Tetrabiblos, I, 4.

④ 你可以很容易地辨別一顆晨星水星，因為它的黃道度數比太陽小，而一顆夜星水星的度數會比太陽大。

⑤ 在希臘占星學中，主管星（rulership）分為：三分性（trigon），界（bound）與外觀（decan），分別相當於中世紀占星學所使用的尊貴性（dignities）中的三分性（triplicity），界（term）與外觀（face）。

⑥ Mathesis, 3; 1, 10.

⑦ Antiochus, Introduction, I, 19.

⑧ Robert Schmidt, PHASE Conclave 2006 Lecture, Cumberland, MD.

⑨ Valens, Anthology, IV, 11.

⑩ Paulus Alexandrinus, Introductory Matters, 10.

⑪ Porphyry, Introduction to Ptolemy, 28.

⑫ 當行星位於另外兩顆行星之間正被包圍其中。當兩顆凶星包圍一顆行星時，中世紀占星學稱為「圍攻」；吠陀占星師稱它被「剪斷」。傳統占星對此狀況，在黃道上的度數定義差異很大，需從行星是被凶或吉星所包圍來論。

⑬ Paulus Alexandrinus, Introductory Matters, 2.

⑭ Antiochus, Thesaurus, I, 1.

⑮ Ptolemy, Tetrabiblos, I, 24.

⑯ Antiochus, Thesaurus, 1.1; Paulus Alexandrinus, Introductory Matters, 14).

⑰ 入相位發生在一顆運行速度較快的行星接近一顆運行速度較慢的

行星（金星在白羊座 5 度正接近土星在雙子座 8 度形成六分相）；
離相位發生在一顆運行速度較快的行星離開一顆運行速度較慢的
行星（金星在獅子座 10 度正離開與土星在雙子座 8 度所形成的六
分相）。

第三章

① 有 關 相 位 圖 形 的 訊 息，請 參 閱 Marc Edmund Jones, Guide to
Horoscope Interpretation; Dane Rudhyar, Person-Centered Astrology。

第五章

① Paulus Alexandrinus, *Introductory Matters*, 3.

② Vettius Valens, *Anthology*, I. 1.

③ Vettius Valens, *Anthology*, I.1.

第六章

① 參見和迪米特拉·喬治，*Finding Our Way through the Dark, Tempe,
AZ: AFA*, 2008，內容完整闡述了月相週期、本命與次限推運盤。

② 如果你不知道什麼是流運，不熟悉閱讀星曆來確定流運行星的
位置，或者不曉得如何識別過流運行星與本命行星的相位，請
參閱布洛赫和喬治的 *Astrology For Yourself* 一書的〈Astrological
Timing〉篇。

③ 引用自迪米特拉·喬治，*Astrology For Yourself*。

④ Brian Clark, *Secondary Progressions, Australia: Astro Synthesis*, 1994.

第七章

① Vettius Valens, *Anthology*, II.36.

② Paulus Alexandrinus, *Introductory Matters*, 16.

③ Dane Rudhyar, *The Lunation Cycle, Santa Fe, NM: Aurora Press*, 1967.

④ 引用自迪米特拉‧喬治，*Finding Our Way Through the Dark*, AFA 2008，這個來源提供了關於本命月相和次限月相周期更全面的討論，並包含一本練習手冊，以幫助你繪製出這一生的次限推運月相。

第八章

① 精神點的計算與太陽有關，並視情況反轉公式 —— 日間盤從月亮到太陽計算，以及夜間盤從太陽到月亮計算。

② Vettius Valens, *Anthology*, I, 15; V, 2.

③ Ariel Guttman and Kenneth Johnson, *Mythic Astrology*, St. Paul, MN: Llewellyn Publications, 1993, p. 74.

④ Dane Rudhyar, *The Astrology of Personality*, New York: Doubleday, 1970, p. 296.

第九章

① 對於主要小行星和一些次要小行星的完整應對，請見迪米特拉‧喬治和道格拉斯‧布洛赫的《四女神星》（*Asteroid Goddesses*, *Berwick*, ME：Ibis, 2003）。

第十一章

① Vettius Valens, *Anthology*, II, 38.

② Ptolemy, *Tetrabiblos*, IV, 4.

③ Paulus Alexandrinus, *Introductory Matters*, 26.

④ 在普魯斯‧亞力山卓尼斯（Paulus Alexandrinus）的《奧林帕斯山評論》（Olympidorus commentary）中，為行動點（Lot of Action）（實踐／Praxis）提供了幾個公式：1. 從水星到月亮，透過上升點投射（夜間盤則相反）；2. 從水星到火星，透過上升點投射（夜間盤則相反）。

第十二章
① Hephaisto, Apotelesmatics, II, 27.

第十五章
① Robert A. Segal, *Myth : A Very Short Introduction*, New York: Oxford University Press, 2004.

② Edward Edinger, The Eternal Drama, Boston & London: Shambhala, 1994, p. 3.

③ Carl Jung, *Commentary on The Secret of the Golden Flower in Collected Works*, vol. 13. Princeton: Princeton University Press, 1967, paragraph 54.

④ Carl Jung, *The Psychology of the Child Archetype in Collected Works*, vol. 9, part 1. Princeton: Princeton University Press, 1990, paragraph 266.

⑤ Murray Stein, *In Midlife*, Dallas, TX: Spring Publications, 1983, pp. 64-65.

⑥ Stein, *In Midlife*, p. 65.

參考書目

一般參考書目

- Bloch, Douglas and Demetra George. *Astrology for Yourself*. Lake Worth, FL: Ibis Press, 2006.
- Clark, Brian. *Secondary Progressions*. Australia: AstroSynthesis, 1994.
- Costello, Priscilla and James Wasserman. *The Weiser Concise Guide to Practical Astrology*. San Francisco, CA: Red Wheel/Weiser, 2008.
- Edinger, Edward. The Eternal Drama. Boston & London: Shambhala, 1994.
- George, Demetra and Douglas Bloch. Asteroid Goddesses. Lake Worth, FL: Ibis Press, 2003.
- George, Demetra. *Finding Our Way through the Dark*. Tempe, AZ: American Federation of Astrologers, 2008.

—————————. *Mysteries of the Dark Moon*. San Francisco: Harper Collins, 1992.

—————————. *Elements of Hellenistic Astrology*. Forthcoming.
- Guttman, Ariel and Kenneth Johnson. *Mythic Astrology Applied*, Part III. St. Paul, MN: Llewellyn, 2004.
- Hillman, James. *The Soul's Code*. New York: Warner Books, 1996.
- Jung, Carl. *Collected Works*. Princeton: Princeton University Press, 1967-1990.
- Rudhyar, Dane. The Lunation Cycle. Santa Fe, NM: Aurora Press, 1967.

—————————. *The Astrology of Personality*. Santa Fe, NM: Aurora Press, 1987.

──────────. Person Centered Astrology. Santa Fe, NM: Aurora Press, 1990.

- Schmidt, Robert. *PHASE Conclave* 2006 Lectures CD set, Cumberland, MD: Project Hindsight, 2006.
- Segal, Robert A. *Myth: A Very Short Introduction*. New York: Oxford University Press, 2004.
- Stein, Murray. *In Midlife*. Dallas, TX: Spring Publications, 1983.

希臘占星學研究的主要參考來源

- Cumont, Franz, Alexander Oliveri, et. al., eds. Catalogus Codicum Astrologorum Graecorum (CCAG), 12 vols. Brussels: 1898-1953.
- Goold, G. P., trans. Marcus Manilius, Astronomica. Cambridge, MA: Harvard University Press, 1977.
- Greenbaum. Dorian, trans. Late Classical Astrology: Paulus Alexandrinus and Olympidorus. Reston, VA: ARHAT, 2001.
- Lopilato, Robert, trans. Manetho, Apotelesmatika. Providence, RI, 1998. Ph.D. dissertation.
- Maternus, Julius Firmicus. Mathesis, translated as Ancient Astrology: Theory and Practice, Jean Rhys Bram. Park Ridge, NJ: Noyes Press, 1975.
- Pingree, David, ed. and trans. Dorotheus of Sidon, Carmen Astrologicum.
- Leipzig: BSG B.G. Teubner Verlagsgesellschaft, 1976.
- ──────────, trans. and commentary. The Yavanajataka of Sphujidhvaja. Cambridge: Harvard University Press, vols. 1 &2, 1978.
- Robbins, F. E., trans. Claudius Ptolemy, Tetrabiblos. Cambridge, MA: Harvard University Press, 1930.
- Schmidt, Robert, trans. Antiochus of Athens. The Thesaurus. Berkeley

Springs, WV: Golden Hind Press, 1993.

- ——————, trans. Claudius Ptolemy, Tetrabiblos.
- Berkeley Springs, WV: Golden Hind Press, Books 1, 3, & 4, 1994, 1996,1998.
- ——————, trans. Claudius Ptolemy, The Phases of the Fixed Stars. Berkeley Springs, WV: Golden Hind Press, 1993.
- ——————, trans. and commentary. Definitions and Foundations: Antiochus, with Porphyry, Rhetorius, Serapio, and Antigonus. Cumberland, MD: Golden Hind Press, 2008.
- ——————, trans. Dorotheus, Orpheus, Anubio, & Pseudo-Valens, Teachings on Transits. Berkeley Springs, WV: Golden Hind Press, 1995.

——————, trans. Hephaistio of Thebes, Apotelesmatics.
- Berkeley Springs, WV: Golden Hind Press, Books 1 & 2, 1994, 1998.

——————, trans. Paulus Alexandrinus, Introductory Matters.
- Berkeley Springs, WV: Golden Hind Press, 1993.
- ——————, trans. Vettius Valens, The Anthology. Berkeley Springs, WV: Golden Hind Press, Books 1-7, 1993-2001.
- ——————, trans. Companion to the Greek Track. Berkeley Springs, WV: Golden Hind Press, 1994.
- ——————, trans. The Treatise of the Fixed Stars. Berkeley Springs, WV: Golden Hind Press, 1993.
- Schmidt, Robert. Sourcebook of Hellenistic Astrological Texts: Translations and Commentary. Cumberland, MD: Phaser Foundation, 2005.
- Schmidt, Robert and Robert Hand, eds. and trans. Astrological Record of Early Greek Sages. Berkeley Springs, WV: Golden Hind Press, 1995.
- Zoller, Robert, trans. Hermes, Liber Hermetis. Berkeley Springs, WV: Golden Hind Press, Books 1 & 2, 1993.

名詞釋義

軸點（angle）

意指在北半球朝向南方觀測太陽的視路徑，其動態對應至天宮圖中四個方位點的術語。它們是上升點（Ascendant）（位於東方地平線的日出點），上中天（Midheaven），也稱為中天（Medium Coeli），縮寫為 MC（太陽在南方天空中的至高點），下降點（位於西方地平線的日落點）和天底（Imum Coeli），縮寫為 IC（太陽通過地球下方的最低點）。在希臘文中，這些軸點稱為 horoskopos，mesouranema，dusis 和 hupogeion。

角宮（angular house）

第一、第四、第七和第十宮。古典占星學認為位於角宮的行星最為強勢。在希臘文中，角宮稱為 kentron。

流年小限法（annual profections）

每個星座依固定速率環繞星盤運行的符號象徵性行運法。流年小限每年推移一個星座，流月小限每月推移一個星座，流日小限則每 2.5 日推移一個星座。在這段期間內，小限星座所輪值的宮位事項會被強調出來，而該星座主星扮演著決定其宮位事項結果的角色。流年小限的時間主星即為流年小限星座的主星，主管著那一年的生活，而在那一年裡，該主星有機會實現它在本命星盤中所代表的事項。

年主星（annual lord of the year）

依據時間主星法，在那一年的時間內主管星盤的行星。

入相位（applying aspect）

用於描述一顆運行速度較快的行星，正在接近另一顆運行速度較慢的行星並形成相位時的術語。正在成形的相位，即入相位，其力量被認為比離相位更強。

阿拉伯點（Arabic part）

計算兩顆行星之間，或是某顆行星與某宮位之間的距離之後，再將此段距離以弧形從上升點投射出來的數學類推法。最初被稱為希臘點，而阿拉伯點當中最為人知的是幸運點。希臘占星學和中世紀占星學都使用了數百種不同的點，例如：精神點、婚姻點、父親點、以及死亡點；點的拉丁文是 pars。

上升點（Ascendant）

出生的那一刻，從東方地平線升起的黃道星座之準確度數；上升點所在的星座被稱為上升星座，通常被用來描述外表和性格。希臘文是 horoskopos，從中衍生出天宮圖（horoscope）這個字。

升交點（ascending node）

月球或行星在其運行軌道，由南向北穿越黃道時所交叉的點；希臘文是 anabibazo，意為「上升」，也稱作北交點，若在月球軌道

上則稱為月北交點。

上升時間（ascensional time）

一個星座通過東方地平線，並完全升起所需要的時間，又被稱為斜赤經（oblique ascension）。每個星座的上升時間會依據地理緯度而不同。

相位（aspect）

兩顆行星，或其他天體之間的角度關係。古代占星家依照兩顆行星所在星座的配置，以正多邊形來理解它們的關係，例如：六邊形的六分相、正方形的四分相以及三角形的三分相；現代占星家則從整圓的全部度數劃分，依據行星之間明確的分離弧來定義這種關係，而不考慮這些行星位在什麼星座。這兩種方法都認為，相互連結的行星會以和諧，或不和諧的方式，影響彼此所代表的事項。行星之間越接近 0 度（合相）、60 度（六分相）、90 度（四分相）、120 度（三分相）或 180 度（對分相）的精準弧形，其影響力越強。古典占星家只使用這五種相位，現代占星家則採用許多其他相位。

相位圖形（aspect pattern）

由三顆或更多的行星彼此形成相位時所構成的幾何圖形；例如：大三角，由三顆互為三分相位的行星所構成的等邊三角形，或大十字是由四顆互為四分相位的行星所構成的正方形。

不合意（aversion）

　　古代占星家用來指行星所在的星座彼此之間沒有形成相位的術語，特指半六分相（30度）和補十二分相（150度）。希臘文是apostrophe，意思是「不面對」或「避開」。

吉星（benefic）

　　字面上的意思為「做善事」的行星，通常指金星和木星。希臘文是agathopoios。

雙圈盤（bi-wheel chart）

　　在星盤外圈放置一組行星位置（例如：次限推運、流運或太陽回歸）來對應內圈的另一星盤（例如：本命星盤）。

獎賞（bonification）

　　透過與吉星──金星和木星的關連，例如：合相、六分相和三分相，以及其他條件，能增加有利，或減輕不利的代表事項。

界（bound／term）

　　每個星座內劃分出五個不等長的區段，每個區段由不同的行星──水星、金星、火星、木星、土星所主管，太陽和月亮不列入。這在中世紀占星學稱作「界（terms）」。當一顆行星位於另一顆行星的界時，其界主星能要求在它依其規則運作；而當行星位於自己的界時，它是自治的，僅受自身規則的約束。古代占星學文獻中記載了

幾種不同的界系統。希臘文是 horion。

果宮（cadent house）

第三、第六、第九和第十二宮。古典占星學認為行星位於果宮時為虛弱。在希臘文中，果宮稱作 apoklima。

黃緯（celestial latitude）

測量一行星在黃道以北或以南的距離。

黃經（celestial longitude）

測量一行星沿著黃道的距離。

界主行運法（circumambulation）

古典行運技巧的術語，意指以固定速率將行星推進繞行星盤，其字面意思是「四處走動」。此術語用於建立一系列的時間主星，主管不同時期的生活以及判斷壽長。界主行運法與主限向運法的概念相似。希臘文是 peripatesis。

焦傷（combust）

當太陽與行星合相時，通常指在 5 至 8 度內；這是中世紀占星學的術語，用來描述一種被認為會燃燒並弱化其行星所代表事項的狀態。

相位結構（configuration）

古典占星學的術語，意指若有行星位在多邊形的頂點所構成的六分相、四分相、三分相和對分相；行星能以整星座相位或角度相位來組成。

腐化（corruption）

行星與凶星火星和土星的某些相位結構，例如：合相、四分相、對分相，以及其他情況，使其帶來正向事項的能力受到不利的影響，危害或損壞的狀態。腐化也可稱為虐治（maltreatment）。

十度／外觀（decan／face）

將一個星座分成三等分的區段，每十度由一個不同的行星主管，影響位於該十度內的行星運作。十度，最初是採納自神話相關的三十六顆星所組成，是古埃及人對希臘化時期占星學的貢獻，它們在中世紀占星學被稱為外觀（face）。希臘文是 dekanos。

時間主星期間法（decennial）

希臘占星學和中世紀占星學所使用的行運技法，是將人生以每十年九個月的相同時間區段所劃分，每個區段期間都由特定行星主管那時期的生活。

降交點（descending node）

月球或行星在其運行軌道，由北向南穿越黃道時所交叉的點，

稱作南交點。希臘文為 katabibazo，意思是「向下」。若是在月球軌道，稱為月南交點。

落陷（detriment）

行星位於主管星座的對面星座。一般而言，落陷的行星難以發揮或維持它所代表的事物。太陽落陷於水瓶座，月亮落陷於摩羯座，水星落陷於射手座和雙魚座，金星落陷於白羊座和天蠍座，火星落陷於金牛座和天秤座，木星落陷於雙子座和處女座；土星落陷於巨蟹座和獅子座。

順行（direct motion）

當行星依黃道次序向前運行時為順行，反之為逆行，是行星在視覺上向後退行。

分離（disjunct）

詳見不合意（aversion）。

定位星（dispositor）

某行星所在星座的主管行星，這顆主星也影響了該行星的運作狀態；例如：當金星位於巨蟹座，因為月亮主管巨蟹座，所以月亮就是金星的定位星。在希臘占星學當中，定位星即為主管星。

日間盤（diurnal chart）

以上升／下降的軸線劃分，太陽位在地平線以上的星盤。日間區間是由太陽（為區間主）、木星、土星，以及晨星水星（在太陽之前升起）所組成。

入廟（domicile）

行星居住的星座，或者以現代占星的術語是行星主管的星座，譯自希臘文 oikos。太陽主管的星座是獅子座，月亮主管的星座是巨蟹座，水星主管雙子座和處女座，金星主管金牛座和天秤座，火星主管白羊座和天蠍座，木星主管射手座和雙魚座，土星主管摩羯座和水瓶座。古典占星學認為，行星入廟時，能夠自給自足，力量最強。

黃道（ecliptic）

從地球所見的太陽視路徑，有時稱為黃道圈，這條視路徑可沿著黃道星座背景找到。

擇時盤（electional chart）

一個「被選定」、或開始進行某特定事件，為了討個吉兆所刻意選擇的星盤，例如做手術、結婚或開業。

包圍（enclosure）

意指某一行星兩側有其他行星包圍。在中世紀占星學，當行星被兩顆凶星包圍時，稱為「圍攻」（besieged），被認為是不祥之

兆；而行星也可能被兩顆吉星所包圍，這種情況下則被認為受到保護。

入旺（exaltation）

該行星所代表的生活事項，其狀態獲得提升，榮譽和尊崇。太陽入旺於白羊座，月亮入旺於金牛座，水星入旺於處女座，金星入旺於雙魚座，火星入旺於摩羯座，木星入旺於巨蟹座，以及土星入旺於天秤座。希臘文是 hupsoma。

入弱（fall）

行星位在入旺星座的對面星座，古典占星學認為該行星所代表的事項被貶低，受辱並且不被尊重。太陽入弱於天秤座，月亮入弱於天蠍座，水星入弱於雙魚座，金星入弱於處女座，火星入弱於巨蟹座，木星入弱於摩羯座，以及土星入弱於白羊座。希臘文是 tapeinoma。

性別（gender）

行星和星座依照陽性或陰性能量分類為主動或被動。位在陽性星座的行星，其代表的事項較為主動，相關事件會在較年輕的時候發生；位在陰性星座的行星，其代表的事項進展較慢，發生的時間也較晚。陽性星座是白羊座、雙子座、獅子座、天秤座、射手座和水瓶座；陰性星座是金牛座、巨蟹座、處女座、天蠍座、摩羯座和雙魚座。陽性行星是太陽、水星、火星、木星和土星；陰性行星是月亮和金星。

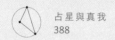
偕日升（heliacal rising）

　　恆星或行星在黎明前，比太陽先升起、出現在東方的天空；在它經過與太陽合相且不可視的階段之後。

偕日降（heliacal setting）

　　當恆星或行星在日落後被看見、並且隨之沒入西方地平線；在它將與太陽合相且不可視的階段之前。

下中天（imum coeli）

　　詳見軸點（angle）。

補十二分相（inconjunct）

　　詳見不合意（aversion）。

喜樂（joy）

　　意指行星在特定宮位裡喜悅歡樂的狀態。水星喜樂於第一宮，月亮喜樂於第三宮，金星喜樂於第五宮，火星喜樂於第六宮，太陽喜樂於第九宮，木星喜樂於第十一宮，土星喜樂於十二宮。當行星喜樂時，往往帶來更有利的結果。

地平線（line of the horizon）

　　由上升點和下降點連結構成的軸線，指示地平線上的日出點和日落點。

幸運點（Lot of Fortune）

關於人生中意外的好運，可被預期的類型與程度，中世紀和現代占星學稱為 Part of Fortune。許多古典占星家依日間盤和夜間盤分別計算這個點或其他希臘點；日間盤是從太陽到月亮的弧形、或夜間盤是從月亮到太陽的弧形，再從上升點依黃道星座次序投射該弧形。希臘文是 klerostuche。

希臘點（lot）

希臘文術語，相當於阿拉伯點（Arabic part）。

月交點（lunar node）

詳見升交點（ascending node）與降交點（descending node）。

月亮回歸（Lunar Return）

每個月，當流運月亮回到與出生當下相同度數的時刻都可以起一個盤，該星盤可被解讀為當月的機會與挑戰的縮影。

月相（lunation phase）

指太陽與月亮之間的相對位置，或相距的弧形。

凶星（malefic）

字面上的意思為「做壞事」的行星，通常指火星和土星。希臘文是 kakopoios。

模式（modality）

在現代占星學中，以啟動、固定和變動的類別來描述星座，在古典占星學的術語是「四分法」，並將這三種類別稱為回歸（tropical）、固定（fixed）和雙重（bi-corporeal）。

互容（mutual reception）

當兩顆行星位於彼此的廟宮星座或其他具有尊貴主權的星座時，即為相互接納的關係；例如，太陽位在天蠍座而火星位在獅子座時，被認為能夠給予彼此力量、較各自原有的更強。

天底（nadir）

直接相對於天頂下方的點。天頂是頭頂正上方延伸至天空中的最高點，天底則是地球下方的最低點。技術上而言，這兩個點一起被稱為地平線的極點，不應與上中天（MC）與下中天（IC）相混淆，或與第十宮和第四宮混淆。

本命星盤（nativity）

古典占星學使用的術語，意旨誕生星盤。來自拉丁文 natus，意為「出生」。

夜間盤（nocturnal chart）

由上升／下降軸線定義，當太陽位於地平線以下的星盤。夜間區間由月亮作為區間主，金星、火星和夜星水星（在太陽之後升起）

所組成。

交點（node）

詳見升交點（ascending node）和降交點（descending node）。

未經歲差調校的太陽回歸（non-precessed Solar Return）

計算每年大約生日前後，當太陽回到與誕生星盤同度同分時的星盤。

北交點（north node）

詳升交點（ascending node）

容許度（orb）

兩側度數的精確範圍，這個術語常在討論相位時使用。例如：四分相可在 90 度的範圍兩側有 0 到 8 度的容許度。

等分相位（partile aspect）

行星各自在不同星座、而黃道度數完全相同時的一種相位，例如：月亮在獅子座 8 度與金星在雙子座 8 度有等分六分相位。

關鍵相（phasis）

行星處於偕日升或偕日降（與太陽精準相距 15 度）或正在停滯、逆轉順行或順轉逆行的狀態。從字義「階段（phase）」而來，

在希臘占星學裡認為這種狀態強化行星的能量。

行星狀態（planetary condition）

根據區間、星座、宮位、相位、太陽和月亮的狀態，來判斷行星實現其代表事項的能力，以及其事項結果將有利或是不利的程度。

行星交點（planetary node）

詳見升交點（ascending node）與降交點（descending node）。

歲差調校後的太陽回歸（precessed Solar Return）

經歲差調校後，計算每年大約生日前後，太陽回到與出生時相同位置的星盤；是以恆星黃道來判斷而非回歸黃道。由於地球的歲差現象，將與本命太陽的度數略有不同，每年相差約 50 秒的弧度，因而可能與「未經歲差調校的太陽回歸」有不同的上升點。

歲差（precession）

一種因地球的橢圓形狀所產生的旋進運動，其效應使得天球赤道上的春分點以每年大約 50 秒、每 72 年 1 度的速度在黃道星座向後漂移，並需時 25,695 年完成一個周期。在近年的文學作品中，此現象曾以分點歲差（the precession of the equinoxes）結合歷史時代的形式被討論，例如在流行歌曲中出現的「水瓶世紀（the Age of Aquarius）」。

出生前月相（pre-natal lunation）

出生前的新月或滿月，該月相的度數被視作敏感點，貫其一生。

主限向運法（primary direction）

一種符號象徵性行運技法。依據通過上中天 1 度所需的赤經時間，將行星推進與其他行星或軸點形成精準相位，藉以研究未來事件。

小限法（profection）

詳見流年小限法（annual profection）。

推運法（progressions）

古典占星學與現代占星學使用的一種符號象徵性行運技法。次限推運（secondary progressions）中，行星和交點的位置從生日開始，以一日象徵一年的比例推進運行，再與本命行星及四軸點的位置進行比較。三限推運法（tertiary progressions）中，行星和交點以一日象徵一月的比例推進運行，然後與本命行星和四軸點的位置進行比較。

次限月相周期（progressed lunation cycle）

相較於次限推運的太陽周期，次限推運的月亮周期約為 30 年。

容納（reception）

意指兩顆行星之間的關係，其中一顆行星不是位在自己主管的

星座時，則由該星座的主管行星（或廟主星）所接納；例如，水星在天蠍座被火星容納，因火星是天蠍座的古典主星。同時詳參互容（mutual reception）。

喜樂條件（rejoicing conditions）

增加行星愉悅的條件。當行星位於喜樂宮位時，會使該宮位的事項變得愉快。根據區間狀態，尚有幾個喜樂條件有助於貢獻更有利的行星成就：行星位於有利的半球時（日間行星位於日間半球和夜間行星位於夜間半球），或位於有利的星座（日間行星位於日間星座和夜間行星位於夜間星座），以及相對於太陽，此行星的升起狀態（日間行星先於太陽升起和夜間行星隨太陽之後升起）。

換置回歸（relocated return）

啟用太陽回歸、月亮回歸或行星回歸的技法時，採用實際所在的地理經緯度來計算回歸盤，而不用出生地的地理座標。

逆行運動／逆行（retrograde motion ／ retrogression）

意指在天空中所見的行星，是沿著黃道向後退行的視運動。由於逆行行星的移動速度非常緩慢，古典占星家認為這是一種行星能量及其象徵事件的衰退現象。

上升星座（rising sign）

詳見上升點（ascendant）。

莎比恩符碼（Sabian symbol）

黃道三百六十度的每一度數都有個象徵意象。雖然每一度數都有傳統的主星，但現在的莎比恩符碼始於 1925 年的心靈覺醒，由馬克‧艾德蒙‧瓊斯（Marc Edmond Jones）、丹‧魯迪海爾（Dane Rudhyar）、琳達‧希爾（Lynda Hill）等人提出內容的解析。

次限推運法（secondary progression）

詳見推運法（progressions）。

區間（sect）

古典占星學將行星劃分為兩組不同的群組或派別，日間區間包括太陽、木星和土星，夜間區間包括月亮、金星和火星，水星可以屬於任何一個區間，取決於它是在太陽之前上升，或之後上升；位於所屬區間內的行星，較能以個人的最佳利益行事。希臘文是 hairesis。

恆星黃道（sidereal zodiac）

以恆星星座為主的黃道。

代表因子（significator）

行星與某些人、事物、和事件的關聯。一般代表因子與固定的主題有關，特定代表因子與行星主管的宮位主題有關，因而依據星盤而有所不同。例如：水星在每個星盤中皆是學生、書籍和商業交易的一般代表因子，但同時也是雙子座和處女座所守護之宮位主題的特定

代表因子。

太陽回歸（Solar Return）

　　每年生日前後，當太陽回到與本命相同位置的星盤，可以預測未來一年的情形；在古典占星學中有時會使用「太陽返照（Solar Revolution）」這個術語。

太陽弧推運法（solar-arc directions）

　　古典和現代占星學使用的一種符號象徵性行運技法，是將所有行星，使用與太陽運行時相同的速度來推進，一天相當於一年。

日相周期（solar-phase cycle）

　　行星相對於太陽的周期，以及該周期當中的關鍵點，包括行星的能見度、偕日升和偕日降、速度和運行的方向，又稱為會合周期（synodic cycle）。

南交點（south node）

　　詳見降交點（descending node）。

停滯（station）

　　行星看似靜止運行的狀態，在持續數天之後則會從順行轉為逆行，或逆行轉為順行。

續宮（succedent house）

第二、第五、第八和第十一宮。古典占星學認為，當行星位於續宮時，擁有中等的力量。在希臘文中，續宮稱為 epanaphora。

比較盤（synastry）

比較兩人，或是更多人或更多事件的星盤，以評估適性與結果。

會合週期（synodic cycle）

詳見日相周期（solar-phase cycle）。

三限推運法（tertiary progression）

詳見推運法（progression）。

時間主星（time lord）

由各種行運技法判斷生命中某一段時期內主管事務的行星，無論行星在本命星盤代表著什麼、或好或壞，當它是時間主星時，將更有可能發生。

流運（transit）

行運技法，查看現在行星相對於本命星盤的黃道位置。

三分性（trigon／triplicity）

意指在黃道十二星座中的三角關係，中世紀占星學稱為三分性，

最初與四個方位的風向有關，而不是和四元素——火、土、風、水的關聯。三分性星座的組別有白羊座、獅子座和射手座；金牛座、處女座和摩羯座；雙子座、天秤座和水瓶座；巨蟹座、天蠍座和雙魚座。在古典占星學中，三分性提供另一種主星系統，每一組的三分性包括一個日主星、一個夜主星，和一個伴主星。而各組別的主星配置有多種變化。

回歸黃道（tropical zodiac）

將太陽在赤道以南和以北運行通過的視路徑作為基準的季節性黃道，依二分二至點劃分，定義了白羊座、巨蟹座、天秤座，和摩羯座的起始度數。

太陽光束下（under the Sun's beams ╱ USB）

當行星位於太陽之前或之後 15 度的距離內，在這區域中行星會被太陽的強光遮蔽，被稱為「太陽光束下」。古典占星學認為，除非行星「位在它的戰車上」——意即入廟、入旺或位於自己的界，不然將削弱行星所代表的事項。這與中世紀占星學術語「燃燒」類似。

空亡（void-of-course）

常用於描述月亮狀態的現代術語。從月亮所在星座的最後一個相位、直到進入下一個星座之前的這段間隔期，稱作空亡。在希臘占星學的定義中，此間隔期的定義延伸為月亮在一天一夜內都沒有入相位任何行星的範圍，即 13 度；某些作者更指明 30 度範圍。在傳統

的定義中，月亮入相位的範圍可以跨越至下一個星座，這是在近代占星學中罕見的定義。

整宮制（Whole Sign house system）

希臘占星學和早期阿拉伯占星學選用的宮位系統。星座與宮位是相同的，每個宮位都包含完整的 30 度，且只有一個星座。

黃道釋放法（zodiacal releasing）

由一系列星座及其主星產生的時間主星系統，以「幸運點」為主，描述身體和物質的相關事項，而精神點描述與職業相關的事務。

Future 033

占星與真我：整合古典與現代占星學，揭開誕生星盤的本質

Astrology and the Authentic Self: Integrating Traditional and Modern Astrology to Uncover the Essence of the Birth Chart

作　　　者／迪米特拉‧喬治（Demetra George）
審　　　校／瑪碁斯（Maki S. Zhai）
譯　　　者／王柏緣
協 力 編 輯／連瑩穎
企 劃 選 書／何宜珍
責 任 編 輯／韋孟岑
版　　　權／黃淑敏、翁靜如、邱珮芸
行 銷 業 務／莊英傑、黃崇華、李麗渟
總　編　輯／何宜珍
總　經　理／彭之琬
事業群總經理／黃淑貞
發　行　人／何飛鵬
法 律 顧 問／元禾法律事務所　王子文律師
出　　　版／商周出版
　　　　　　臺北市中山區民生東路二段141號9樓
　　　　　　電話：(02) 2500-7008　傳眞：(02) 2500-7759　E-mail：bwp.service@cite.com.tw
發　　　行／英屬蓋曼群島商家庭傳媒股份有限公司城邦分公司
　　　　　　臺北市中山區民生東路二段141號2樓
　　　　　　讀者服務專線：0800-020-299　24小時傳眞服務：(02)2517-0999
　　　　　　讀者服務信箱E-mail：cs@cite.com.tw
劃 撥 帳 號／19833503　戶名：英屬蓋曼群島商家庭傳媒股份有限公司城邦分公司
訂 購 服 務／書虫股份有限公司客服專線：(02)2500-7718；2500-7719
　　　　　　服務時間：週一至週五上午09:30-12:00；下午13:30-17:00
　　　　　　24小時傳眞專線：(02)2500-1990；2500-1991
　　　　　　劃撥帳號：19863813　戶名：書虫股份有限公司　E-mail：service@readingclub.com.tw
香港發行所／城邦(香港)出版集團有限公司
　　　　　　香港 灣仔 駱克道193號東超商業中心1樓
　　　　　　電話：(852) 2508-6231　傳眞：(852) 2578-9337
馬新發行所／城邦(馬新)出版集團【Cité (M) Sdn. Bhd】
　　　　　　41, Jalan Radin Anum, Bandar Baru Sri Petaling, 57000 Kuala Lumpur, Malaysia.
　　　　　　電話：(603)90578822　傳眞：(603)90576622　E-mail：cite@cite.com.my
商周出版部落格／http://bwp25007008.pixnet.net/blog
行政院新聞局北市業字第913號

封 面 設 計／Copy
內頁設計編排／蔡惠如
印　　　刷／卡樂彩色製版印刷有限公司
經　銷　商／聯合發行股份有限公司　電話：(02)2917-8022　傳眞：(02)2911-0053

2019年（民108）11月12日初版
定價520元　Printed in Taiwan
著作權所有，翻印必究
ISBN 978-986-477-748-8

城邦讀書花園
www.cite.com.tw

國家圖書館出版品預行編目（CIP）資料

占星與真我／迪米特拉‧喬治（Demetra George）著;王柏緣譯-- 初版. -- 臺北市:商周出版:家庭傳媒城邦分
公司發行, 民108.11
408面 ; 14.8x21公分. -- (Future;33)
譯自：Astrology and the authentic self : integrating traditional and modern astrology to uncover the essence
of the birth chart
ISBN 978-986-477-748-8 (平裝)
1.占星術 2.自我實現　292.22　108017057

FUTURE

FUTURE

FUTURE

FUTURE